节日研究

Festival Studies

第十九辑

主编　王加华
主办　山东大学

山东大学出版社
SHANDONG UNIVERSITY PRESS
·济南·

图书在版编目(CIP)数据

节日研究.第十九辑/王加华主编.—济南:山东大学出版社,2022.5

ISBN 978-7-5607-7535-7

Ⅰ.①节…　Ⅱ.①王…　Ⅲ.①节日—研究—世界　Ⅳ.①K891.1

中国版本图书馆 CIP 数据核字(2022)第 085007 号

策划编辑　武迎新
责任编辑　郭凯迪
封面设计　牛　钧　王秋忆

出版发行　山东大学出版社
社　　址　山东省济南市山大南路 20 号
邮政编码　250100
发行热线　(0531)88363008
经　　销　新华书店
印　　刷　济南华林彩印有限公司
规　　格　787 毫米×1092 毫米　1/16
　　　　　17.25 印张　265 千字
版　　次　2022 年 5 月第 1 版
印　　次　2022 年 5 月第 1 次印刷
定　　价　86.00 元

《节日研究》编委会

目录

节日书写

中国古代岁时民俗书写的多重样态*

李文宁**

摘　要

古人对岁时民俗的记录和阐释，渗透在月令文献、类书、方志以及各种体裁的文学作品中，形成中国古代岁时民俗书写的不同样态。对不同时代、不同样态的岁时民俗书写进行对比关联，发现其表现为月令模式、个人回忆模式、节日阐释模式三种形式，而这三种形式深刻呈现了中国古代节日阐释体系从注重天人关系到注重人人关系的转向。

关键词

岁时民俗　节日书写　模式　阐释

岁时民俗书写是中国古人对岁时民俗的文字记录和阐释，渗透在月令文献、类书、方志以及各种体裁的文学作品中。不同类型的岁时民俗书写，呈现出不同的书写特点，显示出不同书写主体或群体对时间、节日的不同体悟与阐释。较早关注中国古代岁时民俗书写的，主要是文献学领域，如日本学者和田久德、守屋美都雄、坂本太郎对《荆楚岁时记》的整理、辑佚、校注，

* 本文系教育部人文社科青年项目“宋代岁时民俗文本研究”（18YJCZH083）的阶段性成果。

** 李文宁，聊城大学文学院讲师。

其中尤以守屋美都雄成果最为丰富[1]，又如国内学者谭麟、姜彦稚、宋金龙、王毓荣等对《荆楚岁时记》的译注或辑校，以及李道和的《民俗文学与民俗文献研究》[2]从文献学角度对《岁时广记》等岁时民俗文本进行的作者、版本考证及内容校勘、梳理。20世纪90年代，民俗学领域也开始关注民俗文献，相关成果如张紫晨的《中国民俗学史》[3]和王文宝的《中国民俗学史》[4]。这两部著作从民俗学角度简单介绍了先秦至明清时期与民俗相关的著述，覆盖面广，资料翔实，但并未着重强调岁时民俗著述，也未探讨此类文献的书写特点。另外，有的学者通过对单个岁时民俗文本的阐释从而生发对中国古代时间的认识，如萧放的《〈荆楚岁时记〉研究——兼论传统中国民众生活的时间观念》[5]、《岁时记与岁时观念：以〈荆楚岁时记〉为中心的研究》[6]通过对《荆楚岁时记》的细致分析，探讨中国古代民众的时间观念。也有的学者结合历史文献、节日空间理论和实地田野考察，横向探索节日文化空间，使研究成果更具理论深度，如萧放、张勃的《城市·文本·生活：北京岁时文献与岁时节日研究》[7]将历史文本与节日空间、节日田野调查相结合，对北京岁时文献与城市节日生活作较为深入的研究。还有的学者从历史民俗学角度，以断代的方式对某一朝代的岁时民俗文献展开研究，如张勃的《明代岁时民俗文献研究》[8]。

这些学者对岁时民俗书写的研究，主要集中在对单个岁时民俗文本的作者、版本进行探讨，甚少对中国古代岁时民俗文本的内容、书写特点及书写模式进行系统整理。将不同时代、不同类型的岁时民俗书写进行对比关联，可以呈现中国古代岁时民俗文本的不同书写模式，如月令模式、个人回

① 守屋美都雄对中国古代岁时文化的研究，主要涉及《四民月令》《风土记》《千金月令》《齐人月令》《金谷园记》《保生月录》《金门岁时录》《四时宝镜》《秦中岁时记》《辇下岁时记》《四时纂要》《岁华纪丽》《岁时广记》《养生月览》等典籍，其研究成果多收入《中国古岁时记之研究：以资料复原为中心》(中國古歳時記の研究：資料復元を中心として)(帝国书院，1963)一书。

② 李道和：《民俗文学与民俗文献研究》，巴蜀书社2008年版。

③ 张紫晨：《中国民俗学史》，吉林文史出版社1993年版。

④ 王文宝：《中国民俗学史》，巴蜀书社1995年版。

⑤ 萧放：《〈荆楚岁时记〉研究——兼论传统中国民众生活的时间观念》，北京师范大学出版社2000年版。

⑥ 萧放：《岁时记与岁时观念：以〈荆楚岁时记〉为中心的研究》，华中师范大学出版社2019年版。

⑦ 萧放、张勃：《城市·文本·生活：北京岁时文献与岁时节日研究》，中国社会科学出版社2017年版。

⑧ 张勃：《明代岁时民俗文献研究》，商务印书馆2011年版。

忆模式、节日阐释模式，对这些不同模式的书写特点进行分析，进而可以发现中国古代节日阐释体系经历了从注重天人关系到注重人人关系的转向。

一、中国古代岁时民俗书写的月令模式

中国古代民众无法对自然变化给出清晰合理的解释，因此对自然心存敬畏。统治阶层对自然变化加以文化阐释，并借助民众对自然的敬畏之心，对民众在不同时节的活动加以规定，且以政令的方式予以强制执行。相应地，产生了依照天文、物候来安排农事、政事的记录文字，此即月令体文本。这类文本开启了中国古代岁时民俗书写自上而下视角的月令模式。关于"月令"，王梦鸥云："按其所谓'月'，乃包举天时；所谓'令'，即其所列举之政事。故合'月''令'而言，恰为'承天以治人'之一施政纲领。"[①]月令体文本无论在体例方面还是在内容方面，都对后代岁时民俗文献产生了重大影响。《夏小正》、《吕氏春秋》十二纪纪首、《礼记·月令》是典型的月令体文献，后两者以月度的方式叙述四时八节的时令与政令，依照阴阳五行的思想原则将四时属性分别贯彻到十二个月中，推出了十二月政的新形式。

(一)《夏小正》

依孔广森的统计，《夏小正》正文仅有470个字，文字精简，涉及天文、历法、物候、人文等内容。此书"上纪星文之昏旦、雨泽之寒暑，下陈草木稊秀之候、虫羽飞伏之时，旁及冠昏、祭荐、耕获、蚕桑之节，先王所以敬授人时，与《明堂》《月令》实表里焉"[②]。此后，《吕氏春秋》十二纪、《淮南子·时则训》等时令之作，莫不以此为依归。作为夏令记录文本，《夏小正》是"月令"文本的早期形式，其篇幅精简，以凝练的文字描绘一年中不同月份的天象、气候、鸟兽活动、植物的生长变化以及祭祀、农事等人事活动(见表1)。

---

① 王梦鸥：《礼记月令校读后记》，《孔孟学报》1967年第14期。此文又见李曰刚等：《三礼论文集》，(台北)黎明文化视野股份有限公司1981年版，第251～265页。

② (清)孔广森撰，王丰先点校：《大戴礼记补注序录》，《大戴礼记补注》，中华书局2013年版，第7页。

表 1　《夏小正》中各月天象、动物、植物、农事情况

月份	主要内容			
	天象	动物	植物	农事
正月	初昏参中 斗柄县在下	雁北乡 雉震呴 鱼陟负冰 田鼠出 獭献鱼 鹰则为鸠 鸡桴粥	囿有见韭 柳稊 梅杏杝桃则华 缇缟	农纬厥耒 初岁祭耒 始用暘也 农率均田 农及雪泽 初服于公田 采芸
二月		初俊羔,助厥母粥 昆小虫,抵蚳 来降燕 有鸣仓庚	荣堇 荣芸	往耰黍,禅 绥多女士 丁亥,万用入学 祭鲔 剥鳝 时有见稊,始收
三月	参则伏	羚羊 螜则鸣 田鼠化为鴽 鸣鸠	委杨 拂桐芭	摄桑 颁冰 采识 妾子始蚕 执养宫事 祈麦实
四月	昴则见 初昏,南门正	鸣札 鸣蜮	囿有见杏 王萯秀 秀幽	取荼 执陟攻驹
五月	参则见 时有养日 初昏大火中	浮游有殷 鴂则鸣 良蜩鸣 鸠为鹰 唐蜩鸣		乃瓜 启灌蓝蓼 种黍菽糜 煮梅 蓄兰 颁马 将闲诸则
六月	初昏,斗柄正在上	鹰始挚		煮桃

续表

月份	主要内容			
	天象	动物	植物	农事
七月	初昏，织女正东乡 时有霖雨 斗柄县在下，则旦	狸子肇肆 寒蝉鸣	秀萑苇 湟潦生苹 爽死 荓秀 灌荼	
八月	玄校 辰则伏 参中则旦	丹鸟羞白鸟 鹿人从 鴽为鼠	栗零	剥瓜 剥枣
九月	内火 辰系于日	遰鸿雁 陟玄鸟蛰 熊 罴 貊 貉 鼶 鼬 则穴 雀入于海为蛤	荣鞠树麦	主夫出火 王始裘
十月	初昏，南门见 时有养夜 织 女 正 北 乡，则旦	豺祭兽 黑鸟浴 玄雉入于淮为蜃		
十一月		陨麋角		王狩 陈筋革 啬人不从
十二月		鸣弋 元驹贲		纳卵蒜 虞人入梁

资料来源：(清)王聘珍撰，王文锦点校：《大戴礼记解诂》，中华书局 1983 年版，第 24～47 页。

由表 1 可知，上半年(正月至五月)的人事活动较下半年(六月至十二月)更丰富且频繁，多是农事及畜牧活动，如正月“农率均田”“农及雪泽”“初服于公田”，二月“往耰黍”，三月“摄桑”，四月“取荼”，五月“种黍菽糜”“煮梅”“蓄兰”“颁马”，六月“煮桃”，八月“剥瓜”“剥枣”等。

总体而言，作为记录夏代历法的文献，现存《夏小正》在内容上有如下特点：第一，尚未确立明确的节气观念，文本中仅有“时有养日”“时有养夜”似与今时之夏至、冬至一致。第二，时间与农事生产活动的联系更紧密，而与农事之外的政务等人事活动并未融为一体。农事之外的以上层人士为主体的活动，仅有“丁亥，万用入学”“绥多女士”“王狩”。所记录的贵族活动也多与农事有关，如“妾子始蚕，执养宫事”“祈麦实”。第三，呈现出祭祀文化的痕迹，并将之投射到动物行为，如“獭献鱼”“豺祭兽”即是将獭、豺捕捉到猎物之后的行为与人类祭祀行为类比，故用“献”“祭”描绘。此一时期的历法更多的是根据经验确定与天象、物候相对应的劳作时间点，使劳作者有则可依，尚未将道德理想和伦理价值附于其上。

（二）《吕氏春秋》十二纪纪首

《吕氏春秋》举春秋以包四时，“十二纪”中每季下列三篇，四季则有十二篇。学者普遍认为这样编目是为了使思想与各“纪”之气相应，以收天人感通之效。“十二纪”不能尽述的内容，则别立“览”“论”。整部《吕氏春秋》的思想体系是天子必须法天，顺天而施政，逆之则有咎灾。“十二纪”纪文即是据这种思想，先条陈其纲，并在“览”“论”中详细叙述君道与治术、臣道与士节、月纪与政令等内容。

《吕氏春秋》十二纪纪首约6000字，详细记载一年中的主要节气和四季天象、物候、气候变化。其书写重点在于对人事活动的规定，这是对《夏小正》的极大发展。其中涉及的人事活动主要包括天子王官活动、民众农事活动，如严格规定天子的衣食住行，将天子、王官在特定时月的行为活动上升到国策的高度，使之与天象、物候变化相参照，赋予这种行为以神圣性，如若不执行，就会遭到上天的惩罚。王室的各种仪式活动占了很大篇幅，如孟春迎春、元日祈谷的一系列仪式，仲春祭祀高禖的一系列仪式，季春祭祀先帝的仪式。这一系列庄严宏伟的祭祀礼仪传达的是王朝敬天法地的虔诚，呈现的是王权的合理性和神圣性。自周以后，中国历代王朝莫不如此。另外，文中还显示出，不按季节行事也会遭到上天的惩罚：农作物歉收，民不聊生，社会动荡，战乱四起，国有大恐。这一方面反映出自周以来的天命无常观，如《诗经·大雅》《小雅》中屡次出现天命无常的观念，“天命靡常”[①]，“天难忱

① （清）王先谦撰，吴格点校：《诗三家义集疏》下册，中华书局1987年版，第826页。

斯，不易维王”[①]，“民莫不逸，我独不敢休。天命不彻，我不敢效我友自逸”[②]；并将天命眷顾与人自身的德行联系起来，“是月也，生气方盛，阳气发泄，生者毕出，萌者尽达，不可以内。天子布德行惠，命有司，发仓帘，赐贫穷，振乏绝，开府库，出币帛，周天下，勉诸侯，聘名士，礼贤者”[③]，天子有德，依时行政，才能得到上天的庇佑。另一方面也反映出自然规律对人行为的约束。天子是否虔诚地遵循自然规律、敬奉祖先，关系到农作物的丰歉、百姓的苦乐、社会的安定与动荡、国家的盛衰。

在《吕氏春秋》十二纪纪首，物候部分与《夏小正》的内容相似，但在人文思想及历法应用方面，则有稍加增益之处。与《夏小正》相较，其内容上的差别体现在以下几个方面：第一，对自然气候及天象的记录程度不同。《夏小正》只记录了9个月的天象，而《吕氏春秋》十二纪纪首的物候部分则对天象观察完备，有二十八宿星名；《夏小正》大概只记录了10个月的物候，十二纪纪首则有12个月的物候记录。第二，《夏小正》仅单纯记录与农事相关的季节物候，以供民众日用参考，未涉及天子等领导阶层的一系列上升到国策的政治行为；而《吕氏春秋》十二纪纪首的物候部分，除参考《夏小正》所载的农事活动外，又将自然物候与人事施政相结合，以大量篇幅列举十二月的烦琐政令，以及违反政令会遭受的自然惩罚等，既强调人的主体德行，也重视自然规律对人的制约。第三，《夏小正》以一年十二月纪，上无季节，下无日数，亦未明言岁首；而《吕氏春秋》十二纪纪首以立春为岁首，将一年划分为春、夏、秋、冬四季，且用孟、仲、季加以区分，以凸显四时，又依四时五行的要求安排日常生活、施政祭祀等，这是阴阳家传播阴阳五行于四时的结果。第四，物候的古今差异、南北差异在文献中也有体现，如前后移易、删略变更、时间偶有迟早之异等。《夏小正》记录“雁北乡”“雉震响”[④]在正月，而《吕氏春秋》十二纪纪首则记在十二月；《夏小正》云“九月……王始裘”[⑤]，《吕氏春秋》十二纪纪首则为“孟冬……天子始裘”[⑥]。

---

① (清)王先谦撰，吴格点校：《诗三家义集疏》下册，中华书局1987年版，第828页。
② (清)王先谦撰，吴格点校：《诗三家义集疏》下册，中华书局1987年版，第682页。
③ 王利器：《吕氏春秋注疏》第1册，巴蜀书社2002年版，第265～266页。
④ (清)王聘珍撰，王文锦点校：《大戴礼记解诂》，中华书局1983年版，第25页。
⑤ (清)王聘珍撰，王文锦点校：《大戴礼记解诂》，中华书局1983年版，第44～45页。
⑥ 王利器：《吕氏春秋注疏》第2册，巴蜀书社2002年版，第954页。

(三)《礼记·月令》

《礼记·月令》,古代学者或云周公所作,但因其文字与《吕氏春秋》十二纪纪首几乎完全一致,故也有学者认为出自《吕氏春秋》。《吕氏春秋》十二纪纪首和《礼记·月令》中的物候可分为植物、动物与气象三类,分别有18项、42项、30项。据统计,《夏小正》中的物候同样可以分为以上三类,分别有16项、37项、4项,共57项。《吕氏春秋》十二纪纪首和《礼记·月令》中有31项物候与《夏小正》相同,其中植物5项、动物23项、气象3项。这表明,《吕氏春秋》十二纪纪首和《月令》的物候记载受到《夏小正》的影响很大,但又有巨大的发展,以气象候的数量增加为最,从4项增至30项,植物候与动物候的数量则略有增加,分别从16项增至18项,从37项增至42项。

月令是王官之时,规定天子王官在特定时间开展特定活动,于无形中掌控着民众之时。月令体文本主要记录天子王官在特定时间举行的祭祀仪式及政事活动,以此对民众起到某种教化示范作用。其重要意义在于,通过观察大自然的变化将时间具体化,以及为适应大自然的变化而规定天子王官的活动,将时间与政治关联起来,赋予政治行为以某种天赋的神圣性。事实上,月令体文本是统治者自上而下的时间管理文书,侧重于反映人类与自然的关系。后世岁时民俗文本依循月令体文本,以二十四节气为时间主线。不同时代的统治阶层依据自身的利益需要以及民众的生活需求,不断对节日进行调整,或凸显,或增加,或淡化。后世岁时民俗文本记录主体扩大,内容涉及皇室、王公贵族、士大夫、普通老百姓等不同阶层的节日活动。节日既要符合民众需求,也要通过某种权威性的程序或制度确定下来,以便公众自觉遵守,这也成为统治阶层维护人心的手段。

二、中国古代岁时民俗书写的个人回忆模式

南北朝以后,个人撰写的岁时民俗著作大量涌现,或为地域性的岁时民俗专著,如《荆楚岁时记》《秦中岁时记》《辇下岁时记》《乾淳岁时记》《帝京岁时纪胜》《燕京岁时记》《吴郡岁华纪丽》等;或为笔记体的风俗记录,如《东京梦华录》《梦粱录》《武林旧事》等笔记对特定时代、特定地域节日风俗的记

录。这些个人撰写的岁时民俗著作，包含着大量回忆性内容，由此开启了中国古代岁时民俗书写的个人回忆模式。下文将以《荆楚岁时记》和笔记中的岁时民俗记录为例，分析此类岁时民俗文本的书写特点。

（一）《荆楚岁时记》

《荆楚岁时记》由南朝梁宗懔撰写，是我国第一部以民众为主体的岁时专著，也是最早描写荆楚地区岁时民俗的著作。该著将时令、风俗、地域结合为一体，不论是内容还是体例，都对后世岁时民俗文本有着重大影响。在月令文本中，统治阶层依据天文物候确定了时间，并对天子王官在特定时间的行为活动作出明确规定，而到东汉应劭的《风俗通义》、西晋周处的《风土记》，则逐渐将关注对象转移到普通民众。《荆楚岁时记》沿用了月令文献的时间框架，但内容上借鉴了《风俗通义》《风土记》对普通民众生活的记录，从而开创了这种记录民众岁时生活的独特模式。

《荆楚岁时记》为宗懔滞留长安，追忆故都荆楚之作。从体例上看，全书以节日时间为序，描绘荆楚民众一年四季十二个月的节气节日生活。这种个体追忆故土风俗的书写方式在《东京梦华录》《武林旧事》等后世民俗文本中一再出现。现存《荆楚岁时记》记录的主要节日有正月一日、人日、立春、正月十五、春分日、社日、寒食、三月三、五月五、夏至、伏日、七月七、七月十五、八月十四、九月九、十月十五、仲冬、腊日、岁前等，内容较为简洁，附有杜公瞻的注。在流传过程中，杜公瞻的注与原文时有混淆，守屋美都雄对宗懔原文和杜注作了认真考察，对可以明确区别开的条目加以整理，而对无法区别的部分标注存疑。[1] 依据现有文本，《荆楚岁时记》所记录的节日内容大致可分为祭祀类、纪念类、庆贺类、驱除灾邪类、祈求美好类、赏玩游戏类等，同一节日可能有多重节日内容（见表 2），如五月五日端午竞渡，虽为纪念屈原投汨罗，但也的确成为民众当日的一项游戏活动。

① 参见刘晓峰：《〈荆楚岁时记〉在日本》，《民间文化论坛》2006 年第 1 期。

表 2　　《荆楚岁时记》中的节日类型、节日名称和节日内容

节日类型	节日名称	节日内容
祭祀类	正月十五	作豆糜，加油膏其上，以祠门户 先以杨枝插门，随杨枝所指，仍以酒脯饮食及豆粥插箸而祭之
	社日	四邻并结综会社，牲醪，为屋于树下，先祭神，然后飨其胙
	腊日（十二月八日）	并以豚酒祭灶神 以黄犬祭之，谓之黄羊
赏玩游戏类	元日至月晦	并为酺聚饮食 士女泛舟，或临水宴乐
	立春	打球、秋千、施钩之戏
	三月三	士民并出江渚池沼间，为流杯曲水之饮
	寒食	斗鸡 镂鸡子 斗鸡子
	五月五日	五月五日，四民并蹋百草，又有斗百草之戏 竞渡
	九月九	四民登高插茱萸，并籍野饮宴
	岁前	为藏彄之戏
纪念类	寒食	禁火寒食追悼子推，禁火三日，造饧大麦粥
	五月五日	竞渡，俗为屈原投汨罗日，伤其死，故并命舟楫以拯之
庆贺类	正月一日	长幼悉正衣冠，以次拜贺 进椒柏酒，饮桃汤 进屠苏酒，胶牙饧 下五辛盘 进敷于散，服却鬼丸 各进一鸡子 造桃板著户，谓之仙木。凡饮酒次第，从小起
	岁暮	家家具肴蔌诣宿岁之位，以迎新年 相聚酣饮 留宿岁饭，至新年十二日，则弃之街衢，以为去故纳新也
佛教	七月十五日	僧尼道俗悉营盆供诸佛

续表

节日类型	节日名称	节日内容
驱除灾邪类	正月	鸡鸣而起，先于庭前爆竹，以辟山臊恶鬼 帖画鸡户上，悬苇索于其上，插桃符其傍，百鬼畏之 正月夜多鬼鸟度，家家槌床打户，捩狗耳，灭灯烛以禳之 正月未日夜，芦苣火照井厕中，则百鬼走
	三月三	取鼠曲汁蜜和粉，谓之龙舌粄，以厌时气
	五月	俗称恶月，多禁。忌曝床荐席，及忌盖屋
	五月五	采艾以为人，悬门户上，以禳毒气 以五彩丝系臂，名曰辟兵，令人不病瘟
	六月	伏日，并作汤饼，名为辟恶
	八月	八月十四日，民并以朱水点儿头额，名为天灸，以厌疾
祈愿类	正月十五	杖打粪扫，呼令如愿
	七夕	人家妇女结彩缕，穿七孔针 或以金银鍮石为针，陈瓜果于庭中以乞巧，有喜子网于瓜上，则以为符应
农事	春分	民并种戒火草于屋上 有鸟如乌，先鸡而鸣，架架格格。民候此鸟则入田，以为候
	四月	四月也，有鸟名获谷，其名自呼。农人候此鸟，则犁杷上岸
	夏至	取菊为灰，以止小麦蠹

资料来源：(梁)宗懔著，谭麟译注：《荆楚岁时记译注》，湖北人民出版社 1999 年版。

如表 2 所示，《荆楚岁时记》所载的驱除灾邪类、祈愿类的节日内容占比很大，其次是赏玩游戏类、祭祀类，农事类内容相对较少，这表现出民众趋吉避凶的生活态度，以及追求身体康健、生活平安富贵的美好愿望。月令文本所呈现的节气节日的神秘性、神圣性，在《荆楚岁时记》中有所减弱，节日生活的世俗性得到凸显。这种世俗性，即趋吉避凶的生活态度和向往美好生活的愿望，从此贯穿于中国古代岁时民俗文本中。

(二)笔记中的岁时民俗书写

"笔记"，本指执笔记述，后来人们将零星琐碎的随笔、杂录统名为"笔记"，宋代以后，其作为文体的观念逐渐形成。作为一种文学体裁，笔记的内容广泛，不仅包括难以归入正史的杂史、野史，文人逸闻轶事，还包括文学作品的创作心得、批评杂议以及地理环境、自然风景、风俗人情、市井民生、学术性考证辨析等等。可以说，笔记是跨越文学与非文学，事实与虚构，议论、抒情与叙事的一种文体。

以《东京梦华录》《武林旧事》《梦粱录》为例。这三部作品是宋代遗老追忆故都之作，其自序清晰地表达了追忆故国的写作意图。经历了繁华盛世、纷飞战火、朝代更替、君主易位后，或为满足年老时对往昔岁月的怀旧情绪，或受文化传承的责任感影响，作者力图再现故都的各种风俗，为子孙后代留下可供考证的资料。作者所描绘的记忆中的故都生活具有浓厚的感情色彩，倾向于呈现繁华的太平盛世景象。由此，这三部记录岁时民俗的笔记，呈现出与月令文本截然不同的书写模式——个人回忆模式，即从普通的社会个体的视角，回忆往昔的节日生活。如果说月令文本的书写在某种程度上体现了节气节日的神圣性和制约性，那么笔记中的岁时民俗书写则更多地呈现出节气节日的世俗性和狂欢性。这种书写模式具有以下三个特点：

第一，梦幻中的现实性。这三部著作不是作者对当下岁时生活的记录，而是对往昔岁时生活的回忆，其中记录的节日节庆活动可能都是真实的，但由于再现故都繁盛景象的主观意识，所以描写对象是有选择性的。比如，三部著作的岁时民俗部分，都以皇室节日庆典活动为主要描述对象，并用大量笔墨描绘皇室节日活动的各种仪式、活动参与人员的外貌服饰，就算是对民众节日赏游活动、节日集市的描绘，也呈现出一幅太平盛世的景象。《东京梦华录》卷六至卷十共有 43 条标目，其中以“驾”字开头或包含“驾”字的标目，如“十四日车驾幸五岳观”“驾幸临水殿观争标锡宴”等就有 22 条之多，占全书岁时内容的一半。这些条目细致描绘了皇室活动的仪仗、仪式，出席人员的服饰、举止、饮食，对研究北宋宫廷生活具有重要的资料价值，多为后代岁时民俗文献所征引。《梦粱录》卷一至卷六的岁时民俗部分共有 48 条标目，其中记录皇室朝廷活动如祭祀、科举考试、皇室生日方面的有 25 条，花费了大量笔墨描绘皇室活动的仪仗、仪式。

对仪式的重视源自中国儒家礼乐思想。陈来认为，自周以后，中国历代王朝莫不敬天法地、岁时祭祀，并形成一套庄严宏伟的祭祀礼仪体系，这是保持政治神圣性的重要方式。[1] 仪仗、服饰、音乐是礼仪体系中不可缺少的内容，皇室节日活动在隆重仪式的烘托下呈现出某种程度的神圣性。经过文本对比，我们发现《梦粱录》与《东京梦华录》对皇室祝寿仪式的记录几乎完全一致。比如，教坊乐部人员服饰的款式、颜色完全一致，祝寿仪式中使用的乐器、乐器的排放位置、乐器形状、杂剧演员的服饰及颜色也完全一致，表述几乎只字不差，而进盏程序及具体内容有60%是完全一致的。这种一致性也见于"预教习车象""驾出宿大庆殿"标目，两书对车队的仪仗、车象的装饰、驯象人的服饰和动作的描绘基本一致，对一系列仪仗、百官的服饰和头冠、"喝探兵士"过程的记录也完全一致。对于这种情况，笔者只能推测南宋迁都临安后，沿袭了一些北宋的政策性规定，如宫廷出行的仪式、宫廷宴会各个环节的程序等，所以《梦粱录》所记录的官方节庆活动与《东京梦华录》所记录的几乎没有不同；或者是《梦粱录》《东京梦华录》此部分都是借鉴史书资料，作者为凸显故都繁盛、皇室显赫而刻意择其入书，并非自己的亲身经历。由此，文本所描述的皇室节日活动仪式、仪仗消退了其原始的神圣性，更多地被作为凸显故都节日繁华的要素而呈现似真亦幻性。

第二，凸显节日的世俗性。宋代尤其是南宋，是一个注重经济发展的时代，普通民众的节日生活表现出明显的娱乐、消费色彩。《东京梦华录》《梦粱录》《武林旧事》三个文本主要描绘北宋都城汴京和南宋都城临安的节日生活，再现当时汴京、临安的城市空间和城市景观，繁荣的节日集市，以及民众对节日赏游活动的热衷。《东京梦华录》中有着大量的空间描写，如对皇室游玩景点金明池、琼林苑、宝津楼宴殿等场景及其地理位置的细致、朴实描写，能具体呈现宋代汴京的空间格局和重要景点，使人感受到汴京的节日氛围。临安和汴京的地域环境不同，节日游赏活动由此也发生了变化，因而《梦粱录》所描绘的临安西有湖光可爱，东有江潮堪观，四月的观潮盛景也是北宋汴京所没有的，各种节日娱乐活动如竞渡、弄潮也随之而来。节日中的商品买卖活动显示出北宋时期商品经济的活跃。在各个节日来临之际，时令果蔬、特色手工食品以及具有纪念意义的手工制品纷纷上市，如手工制品磨喝乐、材质样式各异的灯品等，为节日市场的繁荣增添了不少色彩。《东

① 参见陈来：《古代宗教与伦理：儒家思想的根源》，三联书店1996年版，第207页。

京梦华录》《梦粱录》都描绘了元宵节时民众观灯的盛大热闹场面,《武林旧事》则详细介绍了元宵节时的各式灯品,并为此专设一节介绍。这些都可谓是节日世俗化甚至狂欢化的重要体现。

第三,节日中官民之互动。这一点主要体现在文本对皇室以外的官方节日活动,如科举、节气节日的休假以及社会福利的描绘中。宋代以科举取士,科举成为民众实现晋升和社会价值的重要通道,《梦粱录》几乎将科举的考试、阅卷、放榜等全流程地展现出来。此外,一些特殊日期,如正月朔日、元宵、立冬日等,在政府的重视和倡导下于特定的历史时期也成为节日,并有相应的休假及福利,如《梦粱录》就对节日休假、节日福利发放有所记录。

> 正月朔日,谓之元旦,俗呼为新年。一岁节序,此为之首。官放公私僦屋钱三日,士夫皆交相贺,细民男女亦皆鲜衣,往来拜节。
>
> 今杭城元宵之际,州府设上元醮,诸狱修净狱道场,官放公私僦屋钱三日,以宽民力,舞队自去岁冬至日,便呈行放。
>
> (四月)上旬之内,车驾诣景灵宫,行孟夏礼,驾过处,公私僦舍,官放三日。
>
> 立冬日,朝廷差官祀神州地祇、天神太乙。十五日,水官解厄之日,宫观士庶,设斋建醮,或解厄,或荐亡。立冬之后,如遇瑞雪应序,朝廷支给雪寒钱关会二十万,以赐军民。官放公私赁钱五七十,以示优恤。
>
> 十一月仲冬,正当小雪、大雪气候。大抵杭都风俗,举行典礼,四方则之为师,最是冬至岁节,士庶所重,如馈送节仪,及举杯相庆,祭享宗禋,加于常节。……此日宰臣以下,行朝贺礼。士夫庶人,互相为庆。太庙行荐黍之典,朝廷命宰执祀于圜丘。官放公私僦金三日。车驾诣攒宫朝享。
>
> 季冬之月,正居小寒、大寒时候。若此月雨雪连绵,以细民不易,朝廷赐关会,给散军民赁钱,公私放免不征。[1]

在元旦、元宵、立冬、仲冬等传统节气节日,南宋官方会免公私房租三日,以示体恤民情。官方对传统节气节日的介入,既是依循民间对传统节日

---

① (宋)吴自牧撰,傅林祥注:《梦粱录》,山东友谊出版社 2001 年版,第 1、6、27、71、74～75 页。

的重视，表现出对百姓生活的体恤之意，也影响了民众对这些特殊日子的态度。这些都可视为官方、民间以节日为契机而展开的互动。

三、中国古代岁时民俗书写的节日阐释模式

钟敬文先生曾将中国传统的民俗著述分为两大类型：其一是编者自己对民俗的记录，其二是类书性质的，即汇辑别人的记录而成，以后一类较为多见。[①] 唐宋以来，官修及私人撰写的类书大量出现，如《艺文类聚》《北堂书钞》《初学记》《白孔六帖》《事类赋》《太平御览》《事物纪原》《海录碎事》《锦绣万花谷》《事文类聚》《古今合璧事类备要》《玉海》《天中记》《古今类传岁时部》等。这些类书大都有岁时民俗部分，虽书写体例和叙述模式不尽相同，但大量引用前代岁时文献及其对节日的阐释，从中可一窥古人对节日的阐释脉络。

《太平御览》《事物纪原》《事类赋》这三部类书岁时民俗部分的书写体例、叙述方式、叙述内容，具有一定代表性。[②] 在书写特点方面，《太平御览》时序部的书写特点在于布局宏大，引用资料丰富，具有较高的文献价值；《事物纪原》岁时风俗部的书写特点在于具有强烈的民俗色彩以及独特的叙述方式，即直接寻求所述事象的源头，辨别流传过程中的谬误，而非围绕某一事象作发散性的资料罗列；《事类赋》岁时部的书写特点在于以赋加注的形式展示一年四季的节俗，无一句无出处。《事类赋》这种形式的岁时民俗书写，不仅能使读者领略到赋铺采摛文的艺术魅力，在诵读中铭记历代节日习俗的相关人物和事件，还开创了岁时民俗书写的新模式，此可视为士人学者传承民俗传统的方式之一。

在内容方面，三部类书的岁时民俗部分主要通过引用大量文献来阐释中国古代历法，各季的天象物候、政令，当季的节日风俗以及历史上各类人物在四季的活动、事迹。虽然叙述模式各异，但引用书目却大同小异，对节

---

① 参见钟敬文：《钟敬文文集·民俗学卷》，安徽教育出版社 2002 年版，第 493 页。

② 对此三个文本的岁时民俗书写体例及特点，可参李文宁《〈太平御览〉时序部的体例特点及文献价值初探》[《湖北民族学院学报》（哲学社会科学版）2016 年第 3 期]、《〈事物纪原〉岁时风俗部叙述模式及其成因初探》（《长江学术》2016 年第 3 期）两文。

日及节俗的阐释基本呈现出从注重天人关系到注重人人关系的转向。例如,《太平御览》时序部对天象物候、季节节气的描写,《事类赋》关于四季物候、季节节气和季节政令的叙述,都显示出中国古人通过观察天象物候,掌握大自然运动变化的规律,并依此规律限定人的活动。这些叙述更多地呈现出自然对人的制约,可谓是对天人关系的某种阐释。对天象物候、四季政令的描绘和记录,在《夏小正》和《礼记·月令》等先秦月令文本中已然存在,后世文献对其进行重复引用,将这种天人关系深烙于人的意识之中。

此外,三部类书还记录了历代民众在特定时节的生活习惯,这种生活习惯的形成缘于人与天的互动,也缘于人与人的互动。比如,对于"寒食"这一节日,《事类赋》是这样阐释的:"古有司烜之禁,俗有介推之言。陆翙《邺中记》曰:寒食断火,起于子推,据《左传》《史记》,并无介推被焚之事。《周礼》:司烜,仲春以木铎修火禁于国中。注:季春将出火也。今寒食准节气是仲春之末,清明是三月之初,然则禁火盖周之旧制。"[①]《太平御览》等其他类书的记录与此大致相同。至迟在西晋,民间流传最广的寒食说法是,为了纪念介子推被焚烧致死而断火三日;但《左传》《史记》中并无介子推被焚一事,《周礼》所载司烜仲春禁火,是因为季春时节容易起火。由此可以推断,寒食禁火这一习俗最初是为应对自然变化而形成的,这应是天人关系的体现;到了西晋,寒食禁火则演变为对忠义之臣的纪念,此种节日阐释带有一定意识形态意味,是人类社会中人与人关系的体现。再如,对于"中和节",《事物纪原·正朔历数部·中和》是这样阐释的:"《唐会要》曰:贞元五年正月十一日敕:'四序嘉辰,历代增置,汉宗上巳,晋纪重阳。朕以春方发生,候维仲月,句萌悉达,自今以二月一日为中和节。'"[②]汉代重视上巳,两晋重视重阳,唐代设二月一日为中和节,以中和节代替晦日,这是依据自然与人之关系而人为设置的节日。又如,对于端午"遗扇"习俗,《事物纪原·岁时风俗部·遗扇》是这样阐释的:唐太宗端午赐长孙无忌、杨师道飞白扇二枚,"庶动清风,以增美德"[③]。很显然,此一习俗的形成与自然无甚关联,传达的是人类社会

① (宋)吴淑撰注,冀勤等校点:《事类赋注》,中华书局1989年版,第71页。

② (宋)高承撰,(明)李果订,金圆、许沛藻点校:《事物纪原》,中华书局1989年版,第10~11页。

③ (宋)高承撰,(明)李果订,金圆、许沛藻点校:《事物纪原》,中华书局1989年版,第436页。

的某种美德，呈现的是人与人的关系。还有，“三日曲水”也能呈现节日阐释由注重天人关系转向注重人人关系的脉络。《续齐谐记》载，晋武帝对“三日曲水”的习俗有疑问，挚虞和束皙给出了不同的解释。挚虞解释说：“汉章帝时平原徐肇以三月初生三女，至三日而俱亡，一村以为怪，乃相携之水滨盥洗，因水以泛觞，曲水之义起于此也。”①挚虞认为，民众以曲水驱除不祥，祈求康健。此一阐释更贴近民众在自然中谋求生存的意识，更多呈现出人与自然的关系。束皙对此则解释道：“昔周公城洛邑，因流水以泛酒，故逸诗云：羽觞随波。又秦昭王三日置酒河曲，见有金人出捧水心剑曰，令君制有西夏。及秦霸诸侯，乃因此处立为曲水，二汉相缘皆为盛集。”②这一阐释更能迎合君主建功立业、喜好佳事的心理。以处理好人与人的关系作为节日产生的主要依据，意味着人们的关注重点从大自然转向人类自身，从在大自然的淫威下谋求生存，转向关注人类自身对赏心乐事的喜好，这是人类节日发展的一个转折点。

总之，本文将中国古代不同类型的岁时民俗书写进行对比关联，探讨中国古代岁时民俗书写在几千年的历史发展中所呈现的不同样态，同时从书写的角度探讨中国古代节日在漫长历史发展中保持某种程度稳定性的原因，从而把握节日发展方向，以期为当今节日文化现象和节日政策提供对比和借鉴。

① (宋)李昉等：《太平御览・时序部・寒食・三月三日条》，中华书局1985年版，第143页。
② (宋)李昉等：《太平御览・时序部・寒食・三月三日条》，中华书局1985年版，第143页。

唐宋节俗中的卫生防疫

——以敦煌本《珠玉抄》《大唐新定吉凶书仪》为中心[*]

朱国立　马托弟[**]

摘　要

敦煌文献《珠玉抄》《大唐新定吉凶书仪》记录了大量古代的节俗活动，这些材料表明古人在节日期间会通过采制药物、服用药物性食品、使用药材制品、佩戴符咒、举行特殊仪式等方式，预防和治疗疾病。古人举行这些仪式活动，不仅体现了他们趋吉避凶、治病防病的现实追求，还展现了他们的"防疫思想"。另外，从知识史的角度来看，敦煌文献中的童蒙教材、书仪范本起到了传播医药知识和医疗卫生防疫观念的作用，一些以单验方为主的医药文献则在一定程度上起到了强化和宣扬节日体系的功用。由此，可在一定程度上窥得唐宋时期医疗卫生防疫情况之一斑。

关键词

节日　敦煌文献　疾病观　卫生防疫　仪式

---

* 本文系国家社科基金冷门绝学研究专项学术团队项目"敦煌河西碑铭与河西史研究"(21VJXT002)的阶段性成果，且受中国民俗学会和嘉兴市人民政府"'端午与文明生活'2021嘉兴端午全国学术研讨会"的资助。在修改过程中，业师王晶波教授、清华大学刘晓峰教授、山东大学王加华教授等给予了诸多建议、鼓励和帮助，谨致谢忱！

** 朱国立，兰州大学敦煌学研究所2018级博士研究生；马托弟，兰州大学敦煌学研究所2018级博士研究生。

引 言

中国传统节日很多在先秦时期既已萌芽，至两汉时期逐渐定型，诸如除夕、元旦、上巳、寒食、端午、七夕、重阳等重要节日都已产生，经过魏晋南北朝的衍变、发展和融合，及至隋唐，臻于鼎盛，到了宋代，则基本上都已经出现。节日是历史发展的产物，“反映着一定时代人们的生活方式、心理特征、审美情趣和价值观念”[①]，具有一定的“动态性”。经累世之发展，加之经济、文化、宗教、政治等的变革，以及风俗移易，时至今日很多节日在习俗、饮食乃至节期等多个方面已与中古时期大相径庭，但人们借由节日所传达的对身心健康的追求、对幸福生活的向往、对社会和谐的憧憬等美好愿望则一以贯之。对古人而言，预防和治疗疾病，增强体质，“却恶疾，除万病”，是美好愿望中的重点。他们的这种美好愿望，在节日期间的特殊物品、特定饮食、特定习俗、特殊仪式等节俗行事中有显著的体现，并延续至今，成为中华民族的优秀传统和民俗习惯。《唐代重要节日习俗中的“治未病”思想探究》一文，就选取元日、中和节、社日、寒食、上巳、端午、重阳、冬至等8个节日中的民俗活动，结合《黄帝内经》治未病理论，指出“通过探究唐代节日习俗可以看出，当时习俗多与防病祛疾有关”，“将医疗预防及治疗手段，融入重要的民俗活动中，很多习俗沿袭至今形成中华民族的优秀传统与民俗习惯，使‘治未病’思想在上千年的岁月里不断继承和发展，不仅使得中国传统医学充满生机，更为现代疾病的防治奠定了坚实的基础并提供了指导思想”。[②]因此，通过对唐宋节日行事的梳理，可以探究这一时期节日背后所蕴含的人们对疾病的认识、对医疗手段的认知与选择以及时人卫生防疫的思想、态度和具体措施等问题。

中国传世文献中保留的大量唐宋时期的节日相关资料，为这一课题的开展提供了基础。不过，尽管相关文献丰硕，但由于阶层属性，这些文献往往具有一定的局限性。这恰如于赓哲在分析唐宋医疗社会史资料时所言：

① 秦永洲：《中国社会风俗史》，山东人民出版社2000年版，第161页。

② 袁诣涵、郝征：《唐代重要节日习俗中的“治未病”思想探究》，《中医药导报》2020年第4期。

"唐代的文献是精英士大夫阶层的文献，是'城市的'文献，而宋代虽然城市化程度比唐代大为增加，但其文献却有更大的覆盖面。"[①]虽然宋代的文献覆盖面更为广大，但这些资料的"民间属性"依然不高。所幸，敦煌藏经洞发现的大量社会历史文献、社会经济文献等材料，能够反映基层的社会真实，折射当时的社会和时代特征。[②] 从节日承袭来看，敦煌与中原王朝保有很强的一致性，这正如《唐宋敦煌节日研究的价值与意义》所说："敦煌的节日，除二月十五日外，全部涵盖于《唐六典》《唐会要》中的节日名目之中，这表明敦煌地区在节日相关规定上因袭了唐帝国的既有成规，承袭了中原的节日体系和名目。另外，从史料来看，即便到了五代宋初时期，敦煌的节日体系和名目仍然与中原文化保持了很强的一致性。"[③]所以，以敦煌节日文献为中心探究唐宋时期的节日行事与卫生防疫问题，尽管有窥豹之嫌，但仍可起到得唐宋节日行事与卫生防疫情况之一斑的作用。[④]

为此，我们对敦煌文献进行系统梳理，发现节日的相关记载散见于入破历、文范、书仪、杂抄等材料之中。其中，入破历是物品收支的集中记载，更多具有籍账文书的性质，虽对节日与卫生防疫的关联偶有所涉，但名目极少且记载散乱。而文范如 S.2832《十二月时景兼阴晴云雪诸节》，则集中载录了从岁日到岁除日之间一年中十几个节日的由来（节日传说），兼及部分节日的风尚内容[⑤]，除腊月八日提及沐浴众僧之外，没有涉及卫生防疫的内容。P.2721、P.3671、S.4663、S.5755 等十余个写卷杂抄，亦即本文所说《珠玉抄》，又被称为《益智文》《随身宝》，其"辩年节日"条（该部分内容可题为《珠玉抄·辩年节日》，下文简称为《辩年节日》）记载了众多节日的由来、传说以及节俗活动等内容，其中很多的节日行事活动与古人的卫生防疫有关。对于

---

① 于赓哲：《从疾病到人心——中古医疗社会史再探》，中华书局 2020 年版，第 116 页。

② 参见张弓：《敦煌春月节俗探论》，《中国史研究》1989 年第 3 期。

③ 朱国立：《唐宋敦煌节日研究的价值与意义》，《敦煌学辑刊》2020 年第 4 期。

④ 需要补充说明的是，敦煌文献中最能反映当时社会医疗状况的是医学文献。这些文献因其历史价值和现实意义得到了学界的关注，以"全方位、多层次地展示敦煌医学博大精深"为编撰目的，潘文、袁仁智主编的《敦煌医学文献研究集成》（中医古籍出版社 2016 年版）达 156 万余字，足见先贤时彦对古代医学的重视。这些成果可以为我们更全面地了解唐宋时期中国医疗水平、卫生防疫、医药发展等情况提供参考。

⑤ 详见黄征、吴伟编校：《敦煌愿文集》，岳麓书社 1995 年版，第 81、84～85 页；郝春文等编著：《英藏敦煌社会历史文献释录》第 14 卷，社会科学文献出版社 2016 年版，第 253～255 页。

该写卷的概况、录文、研究状况等问题，郑阿财与朱凤玉进行了系统整理和研究[①]，兹不赘述。为便于讨论，现将相关内容迻录如后：

> 辨年节日。昔人皇九头，兄弟九人，人别居住，是以因次，即立九州。年月一日易十日，十日易百日，故以三百六十日为一岁。二月社者何谓？社者是地之主。神农尝五谷，后稷播种。何名六畜？牛、马、猪、羊、鸡、犬。祝融造锸、釜、犁、铧，燧人出火，勾龙能平水土，故以春秋二社祭之。三月三日何谓？昔幽王临水而游，妻将亡，女赍酒食，至何(河)上咄(眺)望[②]观看，作乐[③]，解除幽王恶事，及收艾，大良。四月八日何谓？天子太子初生之日，广会圣众，设斋供养。五月五日何谓？高辛子姓(性)耆粽，以其因之。又说昔屈原投汨罗水而死，后人作粽祭之也。六月六日何谓？其日造酱、曲，及收枸子，大良。此月三伏日何谓？其日食汤饼，去瘴气，除恶疢。七月七日何谓？看牵牛织女，女人穿针乞巧。又说高辛氏小子，其日死，后人依日受吊。十四、十五日何谓？为大目乾连母青提夫人，缘将儿功德之物，避儿广买鸡肫，造诸恶业，堕在十八重地狱中，即至饿鬼狱中，受种种苦。目连投佛出家，后禅定观知，遂告诸佛，啼泣救母。令七月十五日，造盂兰佛盆供养。因此一切七代先亡父母，并皆得食吃自馀，时因为罪重悭贪，故作猛火，水亦复然(燃)也。八月一日何谓？其日以墨点之，名为灸，以厌万病，大良。九月九日何谓？昔帝喾子名尧，八岁封为唐侯，十六升天登位.尧九月九日大会诸侯，用面米拟造酒[④]曲。米未到之间，其九日，帝喾崩，扶尧登位，百官总集，不得用酒。即用米糩吹(饮)[⑤]之。团作番饼，用胡麻作米糩会诸侯。自尔已来，不令断绝也。十月晓又口旦，何谓？昔汉高祖十月一日入秦，故作一日节，方饨为尚。十一月冬至何谓？冬至之日，阳爻始动，万物生芽；冬至之日，万物燋淬，是以贺吉不庆凶也。十二月八日何谓？其日沐浴转障，除万病，名为温室，于今不绝也。腊煞何

① 详见郑阿财、朱凤玉：《敦煌蒙书研究》，甘肃教育出版社 2002 年版，第 165～194 页。其《辩年节日》录文，后文简称为“郑录”。

② 郑录为“咷盥”，S.4663、S.5755 均写作“咄望”，据写本和句意改为“眺望”。

③ 郑录据 P.2721 录为“作渠”，似不通；S.4663、S.5755 二图版中均为“作乐”，前后通顺，据此改。

④ S.4663 为“造酒曲”，兹据补。

⑤ 郑录为“吹(炊)”，S.4663 为“饮”，后者似更通顺，改之。

谓？冬末为神农和合诸香药[①]，并因晋武帝，至今不绝。寒食断火何谓？昔芥（介）之推在覆釜山中，被晋文公所烧，文公收葬，故断火，于今不绝。[②]

除此之外，敦煌保存的书仪材料（一者，自中原传入加以抄传、衍变，以"郑余庆书仪"为例；二者，系本地士人参考其他书仪节略、改写而成，以"张敖书仪"为主）亦记载了很多节俗、节日饮食、节期等内容，这些内容很多与卫生防疫相关。其中，S.6537V《大唐新定吉凶书仪·节候赏物第二》（简称《节候赏物》）是典型。该写卷书题为《大唐新定吉凶书仪一部并序》，并题有"银青光禄大夫吏部尚书兼太常卿郑余庆撰"，共179行，前30行为序文，以下依次是"年叙凡例第一""节候赏物第二"等八部分，尾残[③]。其中，第二部分和第四部分均记录了节日相关的内容，但后者主要记述的是节日的典故和休假制度，《节候赏物》则集中记录了不同节日期间赏物"轨范"。这些内容虽不免带有官方特点和礼制色彩，但其中很多赏物均涉及了节日与卫生防疫的问题，可资补足《珠玉抄》中的相关内容。现将相关记载逐录如下：

岁日赏屠苏酒、五辛盘、假花果、狡（胶）牙饧。正月十五日赏丝笼、羔糜。二月二日赏拾菜、刀笼、迎富果食。二月三日赏镂尺。寒食［赏］假花、彩毬、镂鸡鸭子、推饼、鞭、秋千、气毬、饧粥、饼餤。四月八日赏餻糜、洗佛、行道。五月五日赏续寿衣服鞋履、百索、粽糭、扇。夏至赏结杏子。七月七日赏金针、织女台、巧等（节）草（果）、苽、炉饼。七月十五日赏亡人衣服、麻、谷。八月一日赏点炙枝（枝）、朱椀子。九月九日赏茱萸树、菊花酒。十月一日赏新乔麦面。冬至日赏毡履、袍袄。腊日赏头膏、面脂、口脂脂、藻（澡）豆。春日赏人腠（胜）、生菜、胡饼、鸡鸾等。右按诸家仪，无二月二日、二月八日、四月八日、十月一日，今时俗等赏，

① 郑录为"冬末为神农和诸香药"，据图版改为"冬末为神农和合诸香药"。

② 郑阿财、朱凤玉：《敦煌蒙书研究》，甘肃教育出版社2002年版，第171～172页。

③ 周一良、赵和平《敦煌写本郑余庆〈大唐新定吉凶书仪〉残卷研究》一文对此写卷进行了描述、录文和综合研究。详见周一良、赵和平：《唐五代书仪研究》，中国社会科学出版社1995年版，第146～190页。

并具录载。[①]

需要说明的是,《珠玉抄》是一般庶民使用的抄撮日常知识和基本学养的通俗蒙书,是当地知识传授的重要资料和教材[②];《大唐新定吉凶书仪》则系唐代郑余庆所撰的重要的综合性书仪,是时人重要的书仪范本。二者可以在很大程度上代表唐宋时期敦煌地区节日开展的情况,较为集中地反映节日行事与卫生防疫之思想在彼时的状况。因此,本文选择以敦煌《珠玉抄》和《大唐新定吉凶书仪》为中心,兼采其他相关敦煌文献和传世典籍之记载,对唐宋节俗中的卫生防疫问题作以浅析,以待方家。

另外,我们进一步对敦煌本《辩年节日》《节候赏物》及医药文献等所载的和"节日与卫生防疫"这一问题有涉的内容进行分析,发现其中和卫生防疫最为直接关联者,当为节日期间的采药与制药活动;此外,节日饮食、节日仪式[③]以及其他习尚都与卫生防疫有着密切的联系。故后续行文,我们循着这个思路,主要从这四个方面对相关问题进行探析。

一、节日采药、制药之俗与卫生防疫之"法"

自东汉起,古人采药、配合法药(制药)、酿酒、制曲就有了固定的"日宜"——三月三、五月五、七月七、九月九,或一定的十支配合与"建除"。[④] 这些"日宜",在某种程度上,渐渐发展成为节日采药、制药的风俗活动。实际上,采药、制药的活动,在《四民月令》作者崔寔生活的年代,就具有了较为固定的"节期",形成了相应的风俗习惯。另外,据石声汉先生的研究,在《四民月令》2371个字的正文中,"制造法药、收采药材等一七十五字,占百分之七

① 周一良、赵和平《唐五代书仪研究》(中国社会科学出版社1995年版,第157、183页)对此有录文和研究,录文又可参周绍良主编《全唐文新编》第3部第1册(吉林文史出版社2000年版,第5590～5598页)。另外,杨琳《〈大唐新定吉凶书仪·节候赏物第二〉校证》(《敦煌研究》2011年第1期)一文以《唐五代书仪研究》录文为底本,参考图版及传世典籍进行了重新录文,并对其中习俗进行了探究,可供参考。

② 郑阿财、朱凤玉:《敦煌蒙书研究》,甘肃教育出版社2002年版,第181～182页。

③ 这里所说的节日仪式,不仅特指带有宗教性、神圣性的仪式,更含括端午佩戴五彩绳(百索)、八月一日点天灸、腊月八日沐浴等广义上的以增强体质、预防疾病为目的的卫生防疫仪式。

④ (汉)崔寔撰,石声汉校注:《四民月令校注》,中华书局2013年版,第107页。

点四”[①]，足见这一活动在当时人民的生活中已经占有了十分重要的地位。敦煌文献中所见节日采药、制药活动的记载，正是这种风俗源远流长、延绵发展的见证，是古人面对疾病、认识疾病、预防疾病、治疗疾病的具体表现。

从前揭文献来看，《辩年节日》所记节日期间采药之事有二。其一，“三月三日何谓？……及收艾，大良”。由于三月三日艾蒿尚未完全成熟，此时所采艾药更为珍贵，具有治病、防病的重要功效，所以上巳“收艾”在唐代已经成为较流行的节俗活动，如孟浩然《上巳日涧南园期王山人陈七诸公不至》中就有“浴蚕逢姹女，采艾值幽人”的诗句。除了采艾之外，时人还有采三月三日桃花的习俗，并认为此时的半开桃花有奇效。敦煌文献中的“单方”残卷对此就有所载，如 P.2666《单药方残卷》言：“治秃人，三月三日半开桃花，阴干百日，与赤桑葚、腊月猪脂和灰，净洗疮，然后涂猪脂，即瘥，永更不发。”[②]其二，六月六日，“其日造酱、曲，及收枸子，大良”。六月六日有晾经节、天贶节、禾苗节等。时值酷暑，其日收枸子——枸子当系枸杞子的简称，具有益精明目、滋补肝肾的功效——易于晾晒、保存，故而有六月六日“收枸子”的节日行事。

除了采收药物之外，造酱和曲也是六月六日的重要习尚。表面来看，制作酱和曲只是一次常规的食品加工活动，但在一定意义上却可视为节日制药的行为。因为二者除可供日常食用外，还具有重要的药用价值：酱具“除热，解毒。治蜂虿虫伤，汤火伤”的功效，而夏天为瘴气多发、蚊虫繁盛的季节，此时的酱无疑对防治夏季蚊虫叮咬之类的“时疾”具有重要的作用；曲即酒曲，除用来做酒，还可用于赤白痢的治疗。《诸病源候论·痢病诸候》记载，赤白痢是一种严重的疾病，其《赤白痢候》言：“然其痢而赤白者，是热乘于血，血渗肠内则赤也；冷气入肠，搏于肠间，津液凝滞则白也；冷热相交，故赤白相杂。重者，状如脓涕而血杂之；轻者，白脓上有赤脉薄血，状如鱼脂

① （汉）崔寔撰，石声汉校注：《四民月令校注》，中华书局 2013 年版，第 98～99 页。

② P.2666《单药方残卷》在马继兴主编的《敦煌医药文献辑校》和丛春雨主编的《敦煌中医药全书》中均有录文，陈明《备急单验——敦煌汉语医药文献中的单药方》一文以此为基，兼采其他研究论著，并将该写卷与 S.6177、P.2635、P.2882 等医药文献进行对比、梳理。本文所采 P.2666、S.6177 等医药文献录文均参考陈氏成果。参见陈明：《殊方异药：出土文书与西域医学》，北京大学出版社 2005 年版，第 142～152 页。

脑。”[①]夏秋季正是痢疾高发的季节，此时所造之酒曲，在一定程度上对于痢疾的防治具有重要作用。因而，六月六日造酱、曲，表现出古人“未雨绸缪”的预防观。当然，如果从民俗活动的文化生成来看，古人之所以选择在六月六日采药、造酱和曲，是“时宜”文化发展的必然结果，与卫生防疫未必有太深的关涉。还有学者从不同的研究视角指出，古人六月六日采药、造酱和曲，是受道教影响而产生的风俗。“因为六月六日是道家节日，《道经》云：‘六月六日北极府君生。’《道书》又说：‘六月六日崇宁真人降生。’”还因为“此日是古代农民祭谷神之日。《月令萃编》卷十引《东阳县志》就说：‘六月六日农家于是日祈谷神，谓之“六六福”，盖亦农人祈谷报赛之意。’由于此日象征‘六六福’，故有去瘴除恶之作用”。[②]

如果说六月六日造酱、曲的活动，只能勉强算作节日制药的行为，那么《辩年节日》中所载“腊煞何谓？冬末为神农和合诸香药，并因晋武帝，至今不绝”，则可视为节日期间制药风习的明确记载。神农乃我国医药之祖，此记载意在说明腊月制药之俗古已有之，“并因晋武帝”，与太康年间腊日赐神药的典故有关。从文献记载来看，制作腊药的活动，《岁华纪丽》《岁时杂记》《梦粱录》等书都有所载，似可知在唐宋时期已经形成了腊八节制作腊药禳病祛疾的传统。这种传统在敦煌地区颇为流行，在佛教寺院之中亦广受欢迎，如P.3234《寺院算会历》（五代时期）中“十二月八日炒药，食油半升”，S.1519《寺院籍账》中“庚午年十二月八日面五升、油半升祭拜吴和尚及炙药食用”，“辛亥年十二月七日直岁法胜所破油面历：油半升、苏半升，八日炙药食用”，这些记载均与寺院“制作腊药”活动有关。[③] 从气候条件来看，之所以在腊月制药，是因为所谓的“和合诸香药”一般要做成丸药，丸药在腊月制作易于存放。若从这一节俗活动产生的历史文化背景和环境来看，腊药的制作很大程度上是古人择日俗信影响的结果，是古人时间生活规律的展现。当然，亦有人从信仰实践的视角出发，认为十二月的节俗与驱傩活动有关，其言：“腊月合药治病，名为‘腊煞’。……这是敦煌民间合药治病驱傩风俗

① （隋）巢元方撰，鲁兆麟等点校：《诸病源候论》，辽宁科学技术出版社1997年版，第90～91页。

② 高国藩：《敦煌民俗学》，上海文艺出版社1989年版，第462页。

③ 佛教寺院吸收中国固有的制作腊药的传统，并与佛教节日体系中的十二月八日佛成道日相结合，形成了不同习俗和谐共处的场景，发展形成的腊八节成为世俗、佛教都十分重视的节日。

的反映，此俗约起源于晋代”；十二月八日沐浴之俗则是“敦煌民间有关沐浴健身驱傩风俗的反映”。[①]

二、节日药、食之俗所体现的卫生防疫观

就《辩年节日》《节候赏物》的记载来看，药品在节日期间的食、用和其他节日饮食内容，在相关节俗中占比最高，且基本与治病疗疾和“治未病”的卫生防疫观有涉。具体来看，大致可以分为以下二端。

其一，节日期间所服食、使用（如佩戴、摆放）药品之俗中治病疗疾和“治未病”的观念。《珠玉抄》记载，自尧舜时期始，形成了九月九日重阳节饮酒的传统，但对于饮酒品类及其他习俗则语焉不详。不过，《节候赏物》相关记载可为我们提供明确的信息：“九月九日赏茱萸树、菊花酒。”按照中医理论，酒可令人忘却烦恼，而菊花则有“延寿客”的美称，“能治热头风旋倒地，脑骨疼痛，身上风令消散”。因此，重阳节饮菊花酒是为养生之法，可防秋季燥热余邪侵袭人体。而茱萸“主心腹疾，积冷，心下结气，疰心痛；治霍乱转筋，胃中冷气，吐泻腹痛不可胜忍者；疗遍身顽痹，冷食不消，利大肠拥气”，可温体驱寒，防深秋寒邪侵入人体，护卫人体健康。另外，《节候赏物》载“岁日赏屠苏酒、五辛盘”，可知古人有岁日饮屠苏酒、吃五辛盘的习俗。其中，屠苏酒具有强身防疫的功效，《备急千金方》曰：“辟疫气，令人不染温病及伤寒，岁旦饮之……正月朔旦平晓出药，置酒中煎数沸，于东向户中饮之。”而五辛盘则是将大蒜、小蒜、韭菜、芸苔、胡荽等五种辛香之物混在一起吃，可温阳气，散寒气，活血通脉。[②] 另外，唐宋及至今日，有端午悬挂艾草的习俗。无论是人们在节日期间服食的菊花酒、屠苏酒、五辛盘这类可食用的药酒、药物，还是节日期间所佩饰的茱萸、艾这些药材，都旨在强健体魄，预防疾病，这反映了古人朴素的疾病预防观。

其二，节日饮食中的“食疗”之法与疾病预防。从前列材料来看，每个节日各有其具纪念意义或象征意涵的节令食物，岁日里的胶牙饧、正月十五日

① 高国藩：《敦煌民俗学》，上海文艺出版社1989年版，第497页。

② 关于重阳节饮酒、佩戴茱萸及岁日饮用屠苏酒、吃五辛盘等节令食品的卫生防疫功能，可参见袁诣涵、郝征：《唐代重要节日习俗中的“治未病”思想探究》，《中医药导报》2020年第4期。

的糕糜、二月二日的迎富果实、五月五日的粽子、三伏日的汤饼、七月七日的乞巧瓜果、十月旦或冬至的馄饨等,各具特色。其中,乞巧瓜果具有求子的意涵,胶牙饧、糕糜及迎富果实则更多的是为了衬托节日氛围,起到以娱人心的作用。五月五日端午节吃粽子的缘由在于"高辛子性耆粽,以其因之。又说昔屈原投汨罗水而死,后人作粽祭之也",更多地呈现了纪念意义。三伏日的汤饼则功能显赫,"其日食汤饼,去瘴气,除恶疢"。时人认为吃热汤饼,可以将毒气排出体外,达到祛除瘴气和热病的效果。这既能说明古人惧怕瘴气、恶疢,也体现了他们利用"食疗"的方式防范夏季高发疾病的意识和愿望。到了冬季则有别样的风俗,《辩年节日》载"十月晓又日旦,何谓?昔汉高祖十月一日入秦,故作一日节,方饨为尚",既讲述了一日节的传说,又表述了吃馄饨的节俗所谓"方饨为尚"是也。寒冬吃馄饨的作用,与张仲景发明饺子预防耳朵被冻伤的传说相似,取热性食物温阳、驱寒之意,不过更多的说法是冬至吃馄饨或饺子。例如,敦煌文献P.3502《冬至相迎书》就有"长至初启,佳节应期,空酒馄饨,幸垂过访"之语,足可说明馄饨作为节令食物在冬至流行之盛。实际上,结合S.76《食疗本草》残卷在敦煌的流传和唐宋时期敦煌的社会生活实况,敦煌民间治疗疾病十分注重食疗法。[①] 总的来看,节日期间调整饮食,以食疗的方式预防疾病,是古人卫生防疫的重要举措,亦是防疫思想在节俗活动中的融入。

三、节俗仪式与除瘴、却病、厌疾的防疫思想

古人认为,在特殊时日,通过一定的作用于身体的"手段",可以实现除瘴、却病、厌疾的防疫目的。这些在节日中出于一定目的,作用于身体的"手段",就是我们所说的节俗仪式。《辩年节日》中"八月一日何谓?其日以墨点之,名为灸,以厌万病,大良",所说的正是古代八月一日"点灸"治病防病的节俗仪式,其中的"以墨点之"的"墨"当系朱砂调和的特殊之墨。对此,《节候赏物》有"八月一日赏点炙秡(枝)、朱椀子"的记载,其中的"炙枝"是蘸取朱砂在小儿眉心点灸的工具,"朱椀子"是研磨、调制朱砂的碗,更可能是

① 详见高国藩:《敦煌民俗学》,上海文艺出版社1989年版,第317~318页。

装有调和好的朱砂的碗。朱砂作为药材，具有镇静、安神和杀菌等功效，而在穴位处点炙，应当能够起到一定的治病、防病功效，因而古人相信通过这种方式，可以"厌万病"，起到治病和预防的作用。实际上，八月一日在古代是天灸日，又被称为天医节、六神日，是古人治病防病的日子。[①] 这一习俗历史久远，在南朝梁宗懔《荆楚岁时记》、隋杜台卿《玉烛宝典》、宋代庞元英《文昌杂录》等文献中都有记载。据于赓哲的研究，就中古中国来说，"医"的范围宽泛，治疗手段也多元："如果将'医'看作当时人认可的应对疾病的手段的话，那么古代'医'的范围十分宽泛，人员包括传统意义上的'医人'，也包括僧道、巫觋（手段包括宗教、巫术和物理化学疗法）。"[②]八月一日点天灸这种仪式，在唐宋时期，不失为一种带有神异性和信仰性的医疗手段，也是古人卫生防疫思想的重要体现。

另外，《辩年节日》和《节候赏物》所记载的端午佩戴五彩绳以祛疾、厌鬼、避凶的做法，至今仍在中国发挥着它的活力。有趣的是，据笔者调查，甘肃庄浪县、静宁县、华亭市等地，如今还流传有端午节系五彩绳避灾除病，等到七夕节方可将其取下扔在高处，以供喜鹊叼走为牛郎织女搭建鹊桥的习俗和传说。所谓五彩绳，即《节候赏物》中所说的"五月五日赏百索"之"百索"，又被称为续命缕、续命丝、延年缕、长寿线、辟兵绍、五色线、五彩缕等。其实，除百索之外，唐宋时期敦煌端午节还流传着佩戴符咒的习俗，如P.3835、S.2615存有端午辟蛊毒之符，符文曰："已前符，端午日取未日出时书，就砚内酳磨黑土，含一口酳，直至书了，便用马牙，朱笔符上赤字，厌阿禰伽，药涂抹身，蛊毒自除。"其中朱砂、酒，确有杀毒、镇静等功效，不过朱符则带有道教色彩，其仪式性较为显著。敦煌还有在端午受气之法，如P.3835、S.2615《受气法》曰："取端午日寅时受五方气，各一遍，连嗽三口，如是二十一遍，至四十九遍亦得。便用香盘受气，便诵咒……然后戒香、定香、慧香、解脱香、解脱知见香，光明云台遍法界，供养十方一切佛，见闻普薰证寂灭，一切众生亦如是。"这种方法源于道家的"食气法"，兼取佛教供养一切佛和普利众生的思想，对时人而言当为一种特殊的医疗卫生仪式。

---

① 从敦煌文献来看，唐宋之际的敦煌不仅有八月一日点天灸的习俗，还有在八月一日洗浴、去垢的节俗，后文有论，兹不赘述。

② 于赓哲：《从疾病到人心——中古医疗社会史再探》，中华书局2020年版，第75页。

此外，《辩年节日》还记载了春秋二社、冬至“阳爻始动，万物生芽；冬至之日，万物憔淬，是以贺吉不庆凶也”以及十二月八日“沐浴转障，除万病”等节日行事，其旨趣在于对疾病的禳除和对平安健康的追求。当然，社日和冬至的“贺吉不庆凶”的行事，是对天地、阴阳的调和，其仪式性是显而易见的；而“沐浴转障，除万病”的做法，即便从现在的卫生防疫知识来看，亦具有清洁保健的科学意义，似乎体现了古代敦煌人民“沐浴健身的思想”①。不过，通过与P.3244《五辛文书》“右件一十六味，皆纯真上妙者……取解脱香水以为丸，其丸大小如菩提子，欲服药时选无为吉日入净堂中，先含阿拂利汤漱口，次以忏水遍身沐浴，然后面向光明正念服”②及P.2661V《诸杂略得要抄子》“常以八月一日取东流水，洗浴，去耷中垢，令人不息，少不老，冬不寒，夏不热，大验”③这类做法的对比，我们就能发现，沐浴尽管确有清洁保健之功效，但特殊时日特别是节日期间的沐浴行为则更多地具有仪式的性质。实际上，唐宋敦煌十二月八日沐浴除万病的思想已与《佛说温室洗浴众僧经》关系密切。对于二者的联系，我们通过S.2832《时文轨范》“腊八日”条可以得知。其载：“腊月八日，时属风寒月，景在八辰。如来说《温室》之时，祇试(树)浴众僧之日。故得诸垢已尽，无复烦恼之痕；虚净法身，皆沾功德之水。”④而在《荆楚岁时记》中，沐浴转障更是腊八仪式的有机组成。其言：“十二月八日为腊日。谚语：‘腊鼓鸣，春草生。’村人并系细腰鼓、戴胡公头及作金刚力士以逐疫，沐浴转除罪障。”⑤因之，足知《珠玉抄》中十二月八日沐浴之事，是一种以转障除病为目的的节日仪式。

这种在节日期间举行特殊仪式以求治病防疫、避邪祛疾的做法，不仅存在于《珠玉抄》这类综合知识性类书之中，在具有“备急单验”的敦煌医方中

---

① 对于古代敦煌民俗活动中体现的“沐浴健身的思想”，高国藩在《敦煌民俗学》中有所论及。详见高国藩：《敦煌民俗学》，上海文艺出版社1989年版，第288～289页。

② 该写卷图版见于上海古籍出版社、法国国家图书馆编：《法藏敦煌西域文献》第22册，上海古籍出版社2002年版，第291页；李应存、史正刚：《从敦煌佛书中的医学内容谈佛教的世俗化》，《敦煌学辑刊》2007年第4期。现参考其文并对照图版，对所引的部分录文进行了校改。

③ 上海古籍出版社、法国国家图书馆编：《法藏敦煌西域文献》第17册，上海古籍出版社2001年版，第131～134页。关长龙对该写卷进行了叙录和校录，详见关长龙：《敦煌本数术文献辑校》，中华书局2019年版，第1269～1282页。

④ 郝春文等编著：《英藏敦煌社会历史文献释录》第14卷，社会科学文献出版社2016年版，第254～255页；周绍良主编：《全唐文新编》第4部第5册，吉林文史出版社2000年版，第11632页。

⑤ (梁)宗懔撰，(隋)杜公瞻注，姜彦稚辑校：《荆楚岁时记》，中华书局2018年版，第71页。

也有所见[①]。如P.2666《单药方残卷一种》所载“二月社日，取酒二升，著屋梁上，宜家田蚕，财钱横生，大吉”，P.2882《不知名医方第六种残卷》提及“七月七日，取田中瓜下土，著小儿脐中，令儿多智聪明”，“八月一日，去脐中土垢，令人无患”[②]，足以说明这类活动的常见性。从其产生根源来看，在节日期间举行特殊仪式以求治病防疫、祛疾避邪的做法，与中国传统的时日禁忌思想有着千丝万缕的联系，也是古人认识疾病、面对疾病、应对疾病过程中的一种选择，体现了时人的疾病观、医疗观、防疫观。

四、其他节日习尚与卫生防疫之关系

除了药物、饮食和仪式之外，节日期间的赏物活动也与卫生防疫具有一定的关系。如《节候赏物》中说“冬至日赏毡履、袍袄”，毡履、袍袄均具有保暖驱寒之效用，可以在很大程度上有效预防风寒感冒之类的疾病；腊日则“赏头膏、面脂、口脂、澡豆”，头膏、面脂、口脂可以用来抵御风寒所导致的皮肤干燥、皲裂情况，澡豆则可以用来清洁身体，这无疑具有卫生保健的功用。

《节候赏物》还记载了二月三日赏镂尺的习尚，所记当是唐德宗中和节之事。实际上，“赐尺”之习，并非德宗首创，只是在此之后才变成了一种节日“定制”，而赐尺的意义在于皇帝勉励臣下治理政事裁度有方。《全唐文》就收录了唐玄宗、张九龄君臣关于赐尺的诗状和答批。张九龄在受到玄宗赏赐的“御制诗并宝尺”后进状，言：

> 右：今日高力士宣敕，赐臣等御制诗并宝尺。伏以尺者纪度之数，宜丽天文；诗者律吕之和，是生节物。圣恩下逮，天旨旁流，因物寓言，以言垂象。臣虽瞽陋，伏见宸衷，窃谢良工，徒秉刀尺，终期死力，取配

① 陈明在对敦煌药方进行分析时指出：“正是出于对实用性、灵验性和备急性（简便性）的日常医疗的需求，敦煌医药文献中才有这么多的单方。”（陈明：《殊方异药：出土文书与西域医学》，北京大学出版社2005年版，第154页）可见这些医方的实用性之强，亦可推知它们在当时民众之中得到了大量抄传、使用。

② 对于敦煌汉语文献中的单药方，陈明《备急单验——敦煌汉语医药文献中的单药方》一文进行了较为系统的整理。详见陈明：《殊方异药：出土文书与西域医学》，北京大学出版社2005年版，第142～156页。

钧衡，而未副所图，退省知罪，臣等不胜负荷感惧之至。[①]

玄宗则答批道：

尺之为数，阴阳象之。宰臣匠物，有以似之。卿等谋猷，非无法度。因之比兴，以喻乃心。尽力钧衡，深知雅意。[②]

其中将赐尺之调和阴阳、规制臣下、申明法度的功能表露无遗。我们之所以在这里大费周章地分析赐尺之事，是因为其功能实际上关乎君王和臣子的"德行"问题。在古人的认知中，德行不仅关乎个人的道德水准，更对于预防疾疫、护卫人民的健康具有重要的意义，这恰如《弥漫之气：中国古代关于瘟疫"致"与"治"的思维模式》所言："'德行'也被视为一种具备弥漫性的抵御疫病的手段，一国之君，一郡之长，一家之主，德行可以庇佑全境域，反之则会导致瘟疫蔓延。"[③]另外，古人还认为病从心起，通过个人修行，可以预防生病，抵抗不正之气，"'治心''修养'是保持健康的首要条件"，"中国传统医学思想并不是从规避和消除病源角度考虑'未病'问题，而是将预防未病看作是个人修行"。[④] 因此，一定程度上而言，在古人的认识世界里，节日中与提升"德行"有关的习俗，乃是治疗疾病和抵御疫病的"良策"。

另外，节日行事中亲近自然、顺应四时、适度游艺等内容，在古人的认识中可以起到调和阴阳、抵御四时不正之气的功效。而不正之气在唐宋时期依然被人们认为是致病的重要原因，所以这些"调和阴阳"的节日习尚，在当时对治病疗疾、预防疫病具有重要意义，是时人眼中可以增强体魄、预防疾病的重要举措。以此观之，《节候赏物》中所说的寒食赏的假花、彩毬、镂鸡鸭子、鞭、秋千、气毬等物，则具有娱乐身心、增强体质进而预防疾病之功效。

当然，节日行事是由一系列不同的行为活动、饮食习尚、节俗习惯等元素组成的复杂、有机的节日内容"复合体"，蕴含了宗教、文化、医疗乃至政治制度等内容。我们将其按照采药制药、药品食用和使用、饮食和仪式等层面

① （唐）张九龄：《谢赐尺诗状》，周绍良主编：《全唐文新编》第2部第1册，吉林文史出版社2000年版，第3274页。

② 《答张九龄谢赐尺诗批》，周绍良主编：《全唐文新编》第1部第1册，吉林文史出版社2000年版，第473页。

③ 于赓哲：《弥漫之气：中国古代关于瘟疫"致"与"治"的思维模式》，《文史哲》2016年第5期。

④ 于赓哲：《中国中古时期城市卫生状况考论》，《武汉大学学报》（人文科学版）2015年第3期。

进行分类讨论，难免失之偏颇。如三伏日吃汤饼祛疾防病的做法，既是节日饮食的直观表现，也不免带有节日仪式的成分，而从驱除体内寒气的层面而言，汤饼则具有药的性质与作用；再如七月十五日造盂兰盆、赏亡人衣，虽然表面上来看与治病防疫之事毫无关系，但举行这一仪式对时人来说不仅可以尊亲敬祖，调适身心，得到祖神的护佑，还可以安抚孤魂野鬼，免遭它们的戕害，于古人而言亦是十分重要的保持身心健康的方法。尽管如此，仍奢我们这种尝试可为日后相关研究提供有益之鉴。

余论

通过对敦煌文献《珠玉抄》和《大唐新定吉凶书仪》等资料所涉节俗活动的分析，我们发现敦煌文献中的童蒙教材、书仪范本类的文献，起到了传播医药知识和医疗卫生防疫观念的作用，一些以单验方为主的医药文献，则在一定程度上起到了强化和宣扬节日体系的功用。节日知识与医药知识和医疗卫生防疫观念互相交织，见证了唐宋时期敦煌地区的医疗卫生实践。我们还发现，唐宋时期"邪恶"致病观、德行治病防病观在民众中较为流行，因而他们采取驱邪避恶的仪式、物品、食品、药物等，或祛疾治病，或防患于未然。当然，以现今科学的眼光来看，这些方式更多的是一种带有巫术性质的心理安慰，不过在古人看来却是一种有效的方式，是一种朴素的疾病病因观、疾病治疗观和疾病预防观，反映了当时人们的防疫思想。

节日以其特殊的时间序列性和内在逻辑性，为相关仪式、饮食、习俗等行事的开展提供了契机，并因时间的神圣性、特殊性而赋予、增加了这些活动的文化属性和思想意涵。实际上，节日不仅是人们生活时间序列的有机组成和重要节点，还是重要的文化思想载体。或许应当将节日研究置于更为宏大的视野之中、更为宽泛框架之下，综合运用文献学、民俗学、社会史和政治史等传统的范式和方法，并适当参引宗教学、全球史、医疗社会史等视角重新审视这一问题，以便更全面、多元、深入地剖析节日文献所蕴含的精神世界和古人的宇宙图式。对此，我们深为认同《时间与东亚古代世界》所提倡的"把中国古代时间文化发展进程放到中华民族生存、繁衍和发展的大历史中来看，放到东亚文化发展的历史中来看，放到人类发展史和世界历史发展的长河来看。要注重发掘中国古代时间文化中蕴藏的文化结晶。中国丰厚的时间文化传统和大量的相关历史实践,包含着深厚的社会思想和人文精神理念"[①]之路径。据此观之,唐宋时期的节日实践是中国古代时间文化的典型和有机组成,其节日行事所蕴含的古人的疾病观、医疗观、卫生防疫观以及卫生医疗实践,恰是唐宋时间文化传统所包含的社会思想和人文精神理念的体现。

① 刘晓峰:《时间与东亚古代世界》,社会科学文献出版社2021年版,第10页。

裴丽珠与中国岁时节日研究*

王玉冰**

摘 要

19 世纪下半叶至民国年间，来华西方人积累了有关中国岁时节日的丰富资料与研究成果。久居北京的裴丽珠和米托发诺于 1927 年合作出版的《岁时》，以民俗知识为材料，按月份的顺序，从十二月开始描述中国人的日常信仰和岁时节日实践。《岁时》独特的节日民俗志书写框架，部分参考了西方汉学界的成果，但主要参照了中国传统岁时文献特有的书写方式，是西方人按照传统节日志记录民国时期中国节日习俗的较早尝试。

关键词

裴丽珠 《岁时》 节日民俗志 民俗资料

近代来华西方人积累的中国民俗资料，除了文本记录这一载体之外，还有大量的文字、图像、音频、视频、实物等不同形态。按载体来分，常见的有图像类、实物类以及文字类资料，这三者既独立又有重叠。① 图像类，主要指西方人收藏的有关中国的风俗绘画、西方人拍摄的照片以及销往海外的画、年画、纸马等；实物类，指的是来华西方人在中国购买的涉及中国岁时节日

---

* 本文系国家社科基金重大项目“海外藏珍稀中国民俗文献与文物资料整理、研究暨数据库建设”(16ZDA163)的阶段性成果。

** 王玉冰，中山大学中国语言文学系 2018 级博士研究生。

① 王霄冰将民俗资料分为文字、图像、文物、影音资料四类，这一观点有助于拓宽民俗资料的内涵。相关论述，详见王霄冰：《民俗资料学的建立与意义》，《民俗研究》2020 年第 3 期。

的民俗文物,如民间的神像、年节用品、祭祀用具等;文字类,主要有来华西方人的书信、日记及传教士编写的中西通书等,如波乃耶(J. Dyer Ball)的《华英和合通书》(*Anglo-Chinese Concord Almanac*)、理雅各(James Legge)的《英华通书》(*Anglo-Chinese Calendar*)、卢公明(Justus Doolittle)的《西洋中华通书》(*European Chinese Almanac*)[①],以及发表在汉学杂志上的论文和学者个人出版的学术著作,如荷兰汉学家高延(Jan Jakob Maria de Groot)在1881年和1883年出版的荷兰语版《厦门岁时记》(*Jaarlijksche Feesten en Gebruiken van de Emoy-Chineezen*)[②]、法国汉学家葛兰言(Marcel Granet)所著《中国古代的节庆与歌谣》(*Fêtes e Chansons Anciennes de la Chine*,1919)、英国女作家裴丽珠(Juiet Bredon)和米托发诺(Igor Mitrophanow)合著的《岁时》(*The Moon Year*:*A Record of Chinese Customs and Festival*,1927)、美国公理会传教士何乐益(Lewis Hodous)的《中国的风俗》(*Folkways in China*,1929)。

近年来,国内民俗学界对早期民俗学发生史的资料挖掘与梳理,使得一些尘封在历史中的学术机构或群体诸如北京辅仁大学、法国耶稣会士,以及诸如编辑中国民间故事的戴遂良(Léon Wieger)、三次记录妙峰山朝圣的甘博(Sidney Gamble)、调查山西婚俗和民间文学的司礼义(Paul Serruys)、辑录歌谣的司登德(George Carter Stent)等近代西方学人的中国民俗研究成果重新进入民俗学者的视野。[③] 然而,国内学者的中国节日研究鲜少提及近代来华西方人的中国民俗学研究成果,尤其是用外文书写的中国节日民俗志文本。有鉴于此,我们以西文的《岁时》一书为核心,梳理相关外文资料,

① [英]烈伟亚力:《1867年以前来华基督教传教士列传及著作目录》,倪文君译,广西师范大学出版社2011年版,第114、124、210页。

② 1886年,受吉美博物馆创始人吉美(Emile Guimet)的赞助,两卷本的《厦门岁时记》被翻译成法语在巴黎出版。J. J. M. de Groot, *Les Fêtes Annuellement Célébrées à Émoui* (*Amoy*): *Étude Concernant la Religion Populaire des Chinois*, trans. by C. G. Chavannes, Paris: Ernest Leroux, 1886.

③ 张志娟:《北京辅仁大学的民俗学教学与研究——以〈民俗学志〉(1942～1948)为中心》,《民俗研究》2014年第5期;卢梦雅:《早期法国来华耶稣会士对中国民俗的辑录和研究》,《民俗研究》2014年第3期;卢梦雅、刘宗迪:《戴遂良与中国故事学》,《民族文学研究》2017年第2期;林海聪:《妙峰山庙会的视觉表达——以甘博照片为中心的考察(1924～1927)》,《民俗研究》2019年第5期;岳永逸:《"土著"之学:司礼义的中国民俗学研究》,《民族文学研究》2020年第1期;崔若男:《术语互译:ballad的汉译与歌谣运动研究》,《民俗研究》2020年第1期。

考察长期生活在中国的外国人所写的中国节日民俗志，以丰富中国民俗学的史料，同时为国内的节日民俗提供研究个案。

一、亲历与游览：记录民俗的一种方式

裴丽珠(Juliet Bredon)，系英国女作家，晚清海关税务司赫德(Sir Robert Hart)的外侄女。其父裴式楷(Robert E. Bredon)长期任职于中国海关，母亲莉莉·弗吉尼亚(Lily Virginia)在美国旧金山长大，裴丽珠是他们的独生女。裴式楷青年时代是英国军队的医疗工作人员，有时驻扎在香港。担任海关总税务司的赫德在1866年娶了裴式楷的姐姐。在赫德的庇护下，裴式楷工作顺利，步步高升，1898～1908年任副总税务司，1908～1910年任海关代理总税务司，随后退休。1879年9月3日，裴丽珠的父母在旧金山结婚。[①] 1882年7月18日《萨克拉门托日报》(*Sacramento Daily Union*)刊载的一份前往中国的乘客的名单，列有裴式楷及妻子、孩子和女佣的名字。[②]据此推测，裴丽珠出生在1879年至1882年间，很可能是1880年或1881年。裴丽珠的父母在北京的居所位于船板胡同。[③] 1911年，裴丽珠与法国人罗尔瑜(Charles Henri Lauru)结婚，因而在资料中可发现裴丽珠的名字也写作Madam Lauru或Mrs. C. H. Lauru。1898年罗尔瑜开始在海关工作，1910年被任命为副税务司，1914年进入设在北京的盐务稽核总所任财政秘书，在职近二十年。[④] 1937年12月13日，裴丽珠访问旧金山时因心脏病逝世[⑤]，当时的两份著名英文报纸《字林西报》(*The North-China Daily News*)和《北华捷报》(*The North-China Herald and Supreme Court & Consular*

---

① Anonymous, "Married", *Daily Alta California*, Vol.31, No. 10736(5 September 1879), p.1.

② Anonymous, "Passenger List", *Sacramento Daily Union*, Vol,15, No. 126(18 July 1882), p.1.

③ Anonymous, "From Day to Day: Lady Bredon, of Chuan Pan Hut'ung, Peking, Widow of Sir Robert Bredon", *The North-China Daily News*, 3 April 1939, p.10.

④ 李少兵、齐小林、蕾薇：《北京的洋市民：欧美人士与民国北京》，北京师范大学出版社2016年版，第82页。

⑤ Anonymous, "Obituary: Mrs. Charles H. Lauru", *The North-China Daily News*, 13 December 1937, p.12.

Gazette)都登载了讣告与纪念短文。[①]

裴丽珠在北京度过了一生中的大部分时光。早年大概在北京的洋人学校受过教育,周克允曾担任她的家庭中文教师。裴丽珠活跃于北京的名人社交圈,既与著名的学者钢和泰有通信交往[②],也曾将著作《中国人的影子》(*Chinese Shadows*,1922)赠予胡适[③]。海关洋员的后代披露,裴丽珠能说一口流利的中文,健谈的她可以与不同的中国人交流。[④] 因为未生育,也未任职,裴丽珠有足够的闲暇去观察、亲历北京的社会习俗。

裴丽珠的著作有《赫德爵士传奇》(*Sir Robert Hat, the Romance of a Great Career*,1909)、《北京》(*Peking: A Historical and Intimated Description of its Chief Places of Interest*,1919)[⑤],歌谣和故事集《中国人的影子》《岁时:中国的风俗与节日》《中国的春节》(*Chinese New Year Festivals*,1930),小说体传记《百坛记》(*Hundred Altars*,1934)等。其中,《北京》与樊国梁(Pierre Marie Alphonse Favier)的《北京:历史和记述》(*Péking: Histoire et Description*)、喜仁龙(Osvald Sirén)的《北京的城门和城墙》(*The Walls and Gates of Peking*)等书并列,被西方读者视为了解北京古城历史风貌的经典读物。1927 年,胡适在为怀特兄弟(Herbert Clarence White & James Herry White)的摄影作品集《燕京胜迹》(*Peking the Beautiful*)作序时,称"《北京》一书非常有价值"[⑥]。

民国时期,外国人出游的范围不仅限于北京及其周边,他们的足迹还遍布中国各个省份,且到各地游历时一般有官府的保护公文。在 1919 年出版

---

① Anonymous, "Juiliet Bredon Lauru", *The North-China Daily News*, 13 December 1937, p.4; Anonymous, "Juiliet Bredon Lauru", *The North-China Herald and Supreme Court & Consular Gazette*, 15 December 1937, p.7.

② 内容有 1934 年 9 月 10 日和 1936 年 2 月 25 日钢和泰给裴丽珠写信,商量参加宴会的时间。参见邹新明编:《美国哈佛大学哈佛燕京图书馆藏钢和泰未刊往来书信集》中册,广西师范大学出版社 2016 年版,第 248、250、251、253、254 页。

③ 《第 148 届西文签名本(胡适)专场拍卖》,点滴拍卖网,https://www.qudiandi.com/auction/item/aid/3541.html,2018 年 5 月 5 日。

④ 参见[英]玛丽·蒂芬:《中国岁月:赫德爵士和他的红颜知己》,戴宁、潘一宁译,广西师范大学出版社 2017 年版,第 261 页。

⑤ 该书中文译本的信息,可参见[英]裴丽珠:《北京纪胜》,王慕飞译,中国文史出版社 2018 年版。

⑥ 《燕京胜迹》初版于 1927 年,由胡适作序,慈禧太后御前女官德龄公主参与撰文。另,怀特兄弟也称怀德兄弟。参见[美]怀特兄弟:《西洋镜:燕京胜迹》,赵省伟编,赵阳、于洋洋译,广东人民出版社 2018 年版,第 4 页。

的《北京》一书，裴丽珠感谢了提供资料的汉学家，以及协助她完成该书的米托发诺(Mitrophanow)。[①]《北京》记载了裴丽珠与友人一起游览北京城的名胜古迹，尤其是寺庙。在游览中，裴丽珠询问了绅士、寺庙的住持及僧人、寺庙中的老妇人和其他人(甚至得到了警察的帮助)关于北京的习俗。[②] 在《北京》的前言中，裴丽珠颇为谦逊地讲道："西方人无法真正欣赏北京并给出恰当的评价……因为这需要一个前提，既要极为熟悉中国历史，又要非常了解中国人的秉性和信仰，还要熟稔中国劳苦大众的日常俚语和方言，深谙街头巷尾的吆喝声以及商铺的叫卖声，更不必说还要熟习文人墨客的精神世界，领会统治阶级的想法和意图。"[③]

《岁时》的第二作者米托发诺，1914 年抵达北京学习中文，之后在俄罗斯公使馆任二等通赞，同时兼任中俄银行的助理，热衷于收藏中国艺术品。曾在香港高校任教的莱斯布里奇(H. J. Lethbridge)推测，米托发诺是圣彼得堡的贵族和沙皇政府的前官员，因 1917 年俄国革命后无法返回俄国，故不得不留在中国。"米托发诺与裴丽珠在《岁时》的合作程度很难准确评估：他参与写作，抑或仅仅作为研究助手？人们必须承认，这个问题现在还不是很重要。"[④]然而，莱斯布里奇甚至不知道裴丽珠于 1937 年逝世，资料阙如使他无法评估《岁时》两位作者是如何合作的。其他的资料或许可以为《岁时》的写作过程提供一些参考。笔者查到了 1916 年美国人怀德与米托发诺等人一起游历江苏的公文——怀德是《燕京胜迹》的作者，居留中国期间拍摄了许多照片——这次游历的随行名单里有"美国人美馆二等参赞怀德、陶仕登携眷、伍灼泮、顾临、鲍德施女士、巴兰士女士、戴毓昭女士、戴伟生携眷、双德客、斐夫人、孔惠莲女士、安德森、华司敦、芮恩娄携眷、马熙、邱蔡氏、邱永康、蔡邱氏、白福绵、明哈利携眷、狄克森携眷、明乐林、吴理安女士、明夫人；

---

① Mitrophanow 的中译名参考了已有的文献。1917 年和 1918 年的《政府公报》有其任职记录，称其为二等参赞米托发诺，因此本文将其译名确定为米托发诺。参见《民国七年十月十日上午十一钟三十分驻京各国公使觐见衔名单》，《政府公报》1918 年 10 月。

② Juliet Bredon, *Peking: A Historical and Intimated Description of its Chief Places of Interest*, Shanghai: Kelly & Walsh, 1922, pp.197-198, p.209.

③ [美]怀特兄弟：《西洋镜：燕京胜迹》，赵省伟编，赵阳、于洋洋译，广东人民出版社 2018 年版，第 4 页。

④ Juliet Bredon and Igor Mitrophanow, *The Moon Year: A Record of Chinese Customs and Festivals*, Hong Kong: Oxford University Press, 1982, pp.i-vii.

俄国人米托发诺、陆克社赤"[①]。从这份名单可知，随行人员里有多位女士，还有一些人携眷出游。然而，目前我们还不能考证裴丽珠是否在其中，因为并不能确定裴丽珠是否使用过别的中文名。尽管没有直接的证据显示米托发诺与裴丽珠经常一起出游，但是裴丽珠在书中多次提到她与西方朋友甚至是中国的绅士结伴游览各地的胜迹。

因为长期生活在北京，亲历各种社会风俗，多次到各地游览，裴丽珠获得了大量的民俗资料。此外，大量的西文文献也为她提供了中国民俗的相关知识。米托发诺也许给她提供了一些俄文参考文献，例如比却林神父（Father Hyacinth）的《读书人的宗教信仰》（*Description of the Religion of the Literati*）、格奥尔基耶夫斯基（Gueorguievsky）的《中国人的神话观念和神话》（*Mythical Conceptions and Myths of the Chinese*）、波波夫（P. S. Popoff）的《中国万神殿》（*The Chinese Pantheon*）、瓦希里夫（V. Vassilieff）的《东方的宗教：儒、释、道》（*Religions of the East*: *Confucianism*, *Buddhism*, *Taoism*）等。此外，《中国科学美术杂志》（*The China Journal*）编辑部给《岁时》撰写的宣传语，提及书中的一些照片是米托发诺交给出版社影印的，裴丽珠在1927年还专程前往上海搜集资料，并为《岁时》编写索引。[②]

《岁时》一书也许是裴丽珠主笔，这可以从裴丽珠独著的作品《中国的春节》来分析。《中国的春节》是一本装饰精美、图文并茂的彩色连环画册，在形式上，采用一些小条目概括春节的各项习俗，在内容上，其中记载的习俗与《岁时》第四章《十二月》、第五章《正月》描述的内容高度重合，有很多句子一致。如果《岁时》涉及米托发诺执笔的内容，裴丽珠没有理由不在《中国的春节》上加署米托发诺的名字。

二、移风易俗：《岁时》的写作背景

1912年1月1日，孙中山就任中华民国临时大总统，后通电各省改用公

① 《保护美人怀德、俄人米托发诺等游历（不另行文）》（中华民国五年五月十三日江苏巡按使公署饬第二千九十号），《江苏省公报》1916年第876期，第16～17页。

② China Journal Editorial Dept, "A Forthcoming Book on Chinese Festivals and Ceremonies", *The China Journal*, Vol. 7, No.4 (July 1927), pp.183-184.

历，并且将公历的一月一日称为元旦。① 随着清政府的垮台，中国岁时节日体系也发生了变化，首要的就是以前属于官方祭典的祭礼大多被废除了，例如立春时官府组织的鞭春牛活动、冬至时皇室举行的祭天大典等，只有个别祭典得到民国政府的推崇。1915 年，北洋政府通令关、岳合祀，徐世昌为主的官员制定了《关岳合祀典礼》，随后各省也发通告由官方祭祀关帝和岳飞。② 裴丽珠自 1882 年起便在中国居住，经历过晚清以及民国两个时代，亲历了中国岁时习俗的变迁。《岁时》便讲到北京的关帝庙里设有岳飞的塑像，"民国士兵分别于每年的五月十三日和二月十五日在关帝庙举行祭礼（关帝庙在北京的德胜门附近，由摄政王载淳的先人堂改建而成）。关帝庙有关帝、岳飞、关平、周仓、关羽的战友以及坐骑赤兔马——赤兔马可日行万里，曾到处奔跑以救助落难者。关帝还手握青龙偃月刀，现代士兵都无法举起这把宝刀"③。

直至 1927 年，中国民间都是阴阳历并行；但 1927 年之后，民国政府在全国范围内推行公历，而阴历则成为被批判、要废除的对象，一些民众教育馆也举办过年俗展览会以便民众认识到旧历年的弊端要害。④《岁时》的出版时间为 1927 年年底，正是废除阴历、推行新历的关键时间点。1930 年裴丽珠还在《字林西报》上发表《阴历新年难以废除：北平的消极抵抗》（"Lunar New Year Dies Hard：Peking Passively Resists"）一文，指出尽管民国政府禁止民众过阴历新年，但是在北京以及华北，人们依然习惯过农历新年。身在美国的裴丽珠观察到唐人街的华人也在热烈庆祝新年。她认为在很长一段时间内，民众仍坚持过农历新年。⑤

除了推行新历，民国政府还致力于规范城市里的岁时节日活动。例如

---

① 参见《临时大总统改历改元通电（一九一二年一月二日）》，中国社会科学院近代史研究所中华民国史研究室等编：《孙中山全集》第 2 卷，中华书局 1982 年版，第 5 页。

② 徐世昌：《杂录・大总统令・关岳合祀（三年十一月二十日）》，《政府公报分类汇编》1915 年第 40 期，第 36～37 页。

③ Juliet Bredon and Igor Mitrophanow, *The Moon Year: A Record of Chinese Customs and Festivals*, Shanghai: Kelly & Walsh, 1927, pp.329-330.

④ 参见郑伯鲁编：《年俗展览会之经过及其内容》，河南省立民众教育馆，1934 年，第 2 页。

⑤ Juliet Bredon, "Lunar New Year Dies Hard: Peking Passively Resists", *The North-China Daily News*, 17 February 1930, p.7.

1928年10月民国政府颁布《神祠存废标准》《淫祠邪祀调查表》等[①]，随后各地政府也拟定了执行标准，这使得各地的神诞节庆活动都受到了很大的影响，中国的节日体系也发生了很大的变化。在节日风俗方面，政府一度禁止新年放鞭炮，《岁时》指出“中国人喜欢鞭炮，为了迎合这种无害的喜好，天主教的传教士有时也会让人在弥撒最庄严的时刻放鞭炮。在动荡不安的年代，警察禁止百姓在新年放鞭炮，以免误认他们为叛乱者，用步枪射击并吓着胆小者，这对北京人来说是一种真正的剥夺”[②]。出于安全的考虑，民国政府还一度禁止民众赛龙舟：“由于洪水突发，或是河道淤塞，或是宗族争斗，福州和广州都发生过很多事故，以至于数年来警方禁止赛龙舟，尽管现在又允许了。”[③]不但如此，城市里的一些岁时节日活动有了现代的意味。1926年在广州举行的端午节游行不但具有现代特色，而且有反帝国殖民、反资本主义压榨的意味，游行队伍模拟了签订不平等条约的场景，游行的工人举着“劳动时间最长，薪水最少”的标语牌。[④]

另一个值得注意的现象是，民国时期官方对于民间自发的祈雨仪式态度相当暧昧。一方面，祈雨被官方认为是迷信的、反科学的；另一方面，在东北和华北，一些官员积极参与祈雨，以便在政治上获得民众的支持。《岁时》引用了一些外文著作和西文报纸如《字西林报》上与祈雨有关的新闻报道。据说铁可以带来雨水，因此“1925年，干燥的季节过后，铁碑被带到了京城，已退位的溥仪亲自祈雨，这是用铁碑祈雨的例子。普意雅(Georges Bouillard)在《北京风俗》(*Usages et Coutumes à Pekin*)中讲述了类似的故事，为了祈雨，一个高官被派去拿铁钱。北京　汉口铁路的第一趟专列便是为这位官员准备的，以便他可以到直隶的南部拿这个神物”[⑤]。祈雨的例子还有很多，

---

① 严昌洪：《20世纪30年代国民政府风俗调查与改良活动述论》，《华中师范大学学报》(人文社会科学版)2002年第6期。

② Juliet Bredon and Igor Mitrophanow, *The Moon Year: A Record of Chinese Customs and Festivals*, Shanghai: Kelly & Walsh, 1927, p.78.

③ Juliet Bredon and Igor Mitrophanow, *The Moon Year: A Record of Chinese Customs and Festivals*, Shanghai: Kelly & Walsh, 1927, p.307.

④ Juliet Bredon and Igor Mitrophanow, *The Moon Year: A Record of Chinese Customs and Festivals*, Shanghai: Kelly & Walsh, 1927, pp.305-306.

⑤ Juliet Bredon and Igor Mitrophanow, *The Moon Year: A Record of Chinese Customs and Festivals*, Shanghai: Kelly & Walsh, 1927, p.344.

不但官员参与其中，在华教会也不得不参与到事关民生的祈雨仪式中。“1926年6月，在中国长春（满州）也有一场独特的仪式，当时中国人要求俄罗斯东正教的牧师为祈雨举行教堂礼拜。”①

三、参照传统民俗文献：《岁时》构筑的中国节日体系

《岁时》由别发洋行出版，全书共15章，514页，图文并茂，有黑白插图38幅、彩色插图两幅、中国黄道十二宫表一张，附录的西文参考书目列举了101本包括英文、法文、德文和俄文的著作，附录还有中文-罗马拼音索引。《岁时》的序言指出，近代来华西方人要理解中国社会生活，有几重困难：研究者西方人的态度以及被研究者中国人对西方人的态度，而且中国习俗多样，一些习俗为特定地域所有。

> 中国人担心西方人不理解中国传说的含义，因而往往不喜欢提及。此外，中国神仙、英雄的传奇故事，往往令西方人奇怪，因为西方人不了解中国人的历史与文化。最后，中国地域广阔，以至于一个地区保留下来的传统，在另一地区可能已消失。事实上，“阴历节日”随处可见。但是，作为了解中国人灵魂的关键，一些仅在某些省份流行，甚至是某地特有的习俗，同样重要和有趣。②

这些困难对于久居北京的裴丽珠来说不成问题。裴丽珠《北京》一书附录的《北京主要集市、节日表》，显示出她相当熟悉北京的节日和庙会。这个按时间顺序排列的节日表，或许还启发裴丽珠写作《岁时》，完整地呈现了中国的岁时节日习俗。

与此同时，笔者还注意到明恩溥（Arthur H. Smith）《中国的乡村生活》（*Village Life in China: A Study in Sociology*，1899）一书写到春节时，也把春节习俗概括为几个小条目，然后将饺子视为春节的第一要素，指出团聚是春节的主要特征，新衣、赌博、宗教仪式、社交、节假日以及讨债等习俗与《岁

① Juliet Bredon and Igor Mitrophanow, *The Moon Year: A Record of Chinese Customs and Festivals*, Shanghai: Kelly & Walsh, 1927, p.346.

② Juliet Bredon and Igor Mitrophanow, *The Moon Year: A Record of Chinese Customs and Festivals*, Shanghai: Kelly & Walsh, 1927, p. x.

时》的内容有相似之处。[1] 通过对比可以发现,《岁时》借鉴了明恩溥书中提到的一些细节,例如债主在新年第一天仍打着灯笼去讨债,而且这种行为对欠债人来说非常不光彩。但是《岁时》按月记录岁时节日习俗的安排,主要参考的还是中国传统的岁时节日文本。

首先,例如《荆楚岁时记》《燕京岁时记》《清嘉录》等中国已有的传统节日民俗志,有按月份、分条目记录岁时节日习俗的传统。《岁时》前三章介绍中国的历法、众神以及传统时期的国家祭典,然后以月份为序,从十二月开始,分十二章描述中国人的日常信仰和岁时节日活动。全书一共有105个条目,每个小条目概括了所描写的节俗。

其次,中国传统节日民俗志在来华西方人中有一定的知名度。1931～1937年留学北京的美国人卜德(Derk Bodde)便翻译了富察敦崇的《燕京岁时记》(*Annual Customs and Festivals in Peking*,1936),译作出版后得到中国民俗学者的阅读与点评,周作人撰文指出了英语翻译中的一些错误。《燕京岁时记》也有日文译本出版。[2] 从这个角度而言,中国传统的民俗文本,尤其是优秀的岁时文献,是西方人了解中国节日的重要资料来源。

再次,《岁时》的内容与传统岁时节日民俗志所呈现的内容高度重合。《岁时》既详细记载了中国的国家祭祀,也一一列举了佛教、道教在岁时节日所举行的活动。不但如此,《岁时》还关注京城内因岁时节日而形成的庙市、节日期间举行的民间艺术表演、节日风物与节俗食品等。《燕京岁时记》将其所记录的内容分为"风俗、游览、物产、技艺"四类,所谓"游览"即各地定期举行集市或庙市[3],与《岁时》的描述基本一致。

最后,岁时节日往往与特定的地域空间联系在一起。《岁时》尽管主要描写北京以及北方地区的岁时民俗,但是也分析了流行于其他地方的岁时习俗,这与传统节日民俗志如《荆楚岁时记》比较南北民俗异同的惯例是一

---

① 参见[美]明恩溥:《中国的乡村生活》,陈午晴、唐军译,电子工业出版社2016年版,第163～174页。

② Tun Li-Ch'en, *Annual Customs and Festivals in Peking*, trans. by Derk Bodde, Peiping: Henri Vetch,1936;Derk Bodde, *Festivals in Classical China: New Year and Other Annual Observances during the Han Dynasty*(206*B.C.*-*A.D.*220), Princeton: Princeton University Press, 1975. 中译本见[美]德克·卜德:《古代中国的节日》,吴格非等译,学苑出版社2017年版。卜德的翻译情况见顾钧:《卜德与〈燕京岁时记〉》,《民俗研究》2011年第3期。

③ 参见王碧莹、张勃标点:《燕京岁时记(外六种)》,北京出版社2018年版,第120页。

脉相承的。尽管《岁时》在正文中未列出每条参考文献，但是它参考了记录其他地区民俗的汉学研究著作，例如格雷(John Henry Gray)和庄士敦(R. F. Johnston)的著作。在描述了北方的中秋节之后，《岁时》说广州人的中秋节越来越隆重，习惯庆祝三天，中秋前一天迎月，中秋当天赏月，中秋第二天送月，并记录了中秋当夜广东地区仙公、仙婆施行催眠术治病的仪式：

> 在月光的照耀下，被催眠者将额头靠在一根直立杆的顶端，一只手扶着杆子。然后，催眠者在他的头顶和身上挥动燃香，通常有两个或三个人一起帮他催眠，他们反复低声向月亮祈祷。在半个小时之内，被催眠者跌倒又被扶起，催眠者向其脚部做各种动作。最终，被催眠者的疾病或身上的魔鬼就会被祛除。①

经对比，这一仪式最初由格雷记录在《中国：法律、风貌及习惯之历史》(*China: A History of the Laws Manners, and Customs of the People*)第一卷《节庆》中。② 裴丽珠引用格雷等西方汉学家的著作，目的在于对中国不同地域的岁时节俗进行比较。

四、民俗资料与文化书写：《岁时》的学术价值

《岁时》自出版后经多次印刷，目前较常见的版本有台湾成文书局 1972 年版、香港牛津大学出版社 1982 年版、英国伦敦的劳特里奇出版社(Routledge & Kegan Paul)2005 年版。③ 除了英文版，1937 年该书还被翻译成德文出版，但其中的 25 幅插图与英文版完全不同。④ 一些西方学者曾撰文讨论《岁时》的学术价值，如《中国科学美术杂志》上刊有两篇介绍《岁时》的书评⑤，指

① Juliet Bredon and Igor Mitrophanow, *The Moon Year: A Record of Chinese Customs and Festivals*, Shanghai: Kelly & Walsh, 1927, p.403.

② John Henry Gray, *China: A History of the Laws, Manners, and Customs of the People*, Vol. 1, London: Macmillan, 1878, p.265.

③ Juliet Bredon and Igor Mitrophanow, *The Moon Year: A Record of Chinese Customs and Festivals*, London: Routledge & Kegan Paul, 2005.

④ Juliet Bredon and Igor Mitrophanow, *Das Mondjahr: Chinesische Sitten, Bräuche und Feste, Darstellung und Kulturbericht*, trans. by Richard Hoffmann, Berlin: Paul Zsolnay, 1937.

⑤ 书评很可能由英国博物学家、该杂志的主编苏柯仁(Arthur de Carle Sowerby)主笔，苏柯仁在其文章中也介绍了《岁时》。Arthur de Carle Sowerby, "The Old Chinese Calendar and the New", *The China Journal*, Vol.10, No.1(January 1929), pp.1-3.

出《岁时》不仅读起来非常有趣，而且章节安排合理，是一本有价值的著作。不仅如此，期刊主编还赞扬作者并非简单地罗列事实，而是忠实地描画在家庭、商店、家族墓地、寺庙和田野进行的仪式，把仪式作为日常生活的一部分呈现在读者面前，帮助读者更好地理解中国习俗及其内涵。①

美国基督教监理会女布道会教育传教士李淑德（Emma Service Lester）②在《皇家亚洲文会北华支会会刊》（*Journal of the North-China Branch of the Royal Asiatic Society*）上发表评论道：

> 《岁时》装帧精美，插图生动，组织材料的能力令人钦佩，称它是中国习俗与节日的百科全书，并非夸大其价值。从中国孩子们元宵节的戏剧装扮到丧葬上的超度仪式都包含了准确的信息和真切的生活氛围。
>
> 在英语填字游戏流行之后，人们渴望拥有一本能够回答许多常识性问题的书籍。《岁时》回答了许多关于中国风俗的"提问"。目前，研究中国各个历史阶段的著作不断增加，而《岁时》秉持真实记录原则，可以说是其中最好的；更重要的是，《岁时》全面介绍了中国人的日常生活，习俗与节日以及关于它们的传说、社会活动和宗教实践蕴藏在日常生活中。事实上，中国社会独特而丰富多彩的形态，换句话说，中国人生活和哲学的基本结构，体现在岁时节日盛会中。
>
> 也许大部分的材料可以在更专业的著作中找到，文末罗列的参考文献可以证明这一点。作者的主要贡献在于依照阴历的时序安排和组织常见的或不常见的习俗。作者描述中国习俗的方式通俗易懂，给人以新鲜感，这不同于标准的学术语言。
>
> 有人可能会反对，《岁时》仅仅重视北京地区的节日和习俗。然而，北京足以代表整个中国。
>
> 人们对所有的中国习俗特别是与中医有关的习俗普遍怀有一种同

① China Journal Editorial Dept, "Reviewed of *The Moon Year* by Juliet Bredon & Igor Mitrophanow", *The China Journal*, Vol. 7, No.6 (November 1927), pp. 291-292.

② 1906年李淑德来华，开始的驻地不知，1910年到苏州，后在教会主导的上海中西女子中学做英文教师。参见黄光域：《1807～1949基督教传行中国纪年》，广西师范大学出版社2017年版，第293页；《李淑德照片》，《墨梯》1919年第3期；《李淑德女士照片》，《墨梯》1925年第1925期。

情的态度。《岁时》描述的观音和地藏传说比其他著作的更优美。特别有趣的是，作者仔细比较了中西的民间风俗，指出它们的相似之处。正是通过这些细致的记录以及传播中国文化的精神，中国在国际社会中应有的地位将很快被认识。所有想了解中国人日常生活、礼仪实践及其思想的读者都应该阅读一下《岁时》。[①]

卜德在其专著《古代中国的节日》中也指出《岁时》提供了有价值的研究资料，但是没有参考古代的文献，而且站在西方人的角度看待中国习俗。[②] 莱斯布里奇则认为"《岁时》可读性强，而且提供了丰富信息，充满了关于中国宗教习俗和信仰的事实。它也是令人愉快的著作，读者不会觉得里面的脚注或旁白是在卖弄学问"，"《岁时》不仅记录了中国的风俗与节日，而且描述了它们在20世纪发生的变化，因为随着社会、政治、经济的发展，裴丽珠所描述的大部分内容在中国已经消失。无论好坏，我们今天所看到的民俗，往往是古老仪式或习惯变化后的版本"。[③] 新加坡国立大学历史系的威克斯(P. C. Wicks)也赞赏《岁时》"优雅、引人入胜的散文写作风格，即使在六十年后，也为读者提供了品读的乐趣……其细腻的笔触，给中国文化研究带来了启发和直接的帮助。公允地讲，《岁时》是同时期的学术典范"[④]。

《岁时》也是近现代西方汉学家研究中国文化时的参考文献。美国汉学家太史文(Stephen F. Teiser)在《中国中世纪的鬼节》中多处引用《岁时》的记录，指出孝或"善待死者"是裴丽珠《岁时》记载的"故事的主旨，其记述栩栩如生"。[⑤] 德国学者罗梅君(Meehthild Leutner)的《北京的生育、婚嫁和丧葬：19世纪至当代的民间文化和上层文化》也多处参考了裴丽珠的记录，并指出民国时期来华西方人的资料，比之较早关注迷信、奇闻趣事的记录，"更

① E. S. Lester, "*The Moon Year: A Record of Chinese Customs and Festivals*, By Juliet Bredon and Igor Mitrophanow. Kelly & Walsh, Ltd., Shanghai", *Journal of the North-China Branch of the Royal Asiatic Society*, Vol. 50, No. 1 (December 1928), p. 312.

② Derk Bodde, *Festivals in Classical China: New Year and Other Annual Observances during the Han Dynasty* (206B.C.-A.D.220), Princeton: Princeton University Press, 1975, p.4.

③ Juliet Bredon and Igor Mitrophanow, *The Moon Year: A Record of Chinese Customs and Festivals*, Hong Kong: Oxford University Press, 1982, p.vii, ix.

④ P. C. Wicks, "Reviewed Work(s): Things Chinese by J. Dyer Ball; *The Moon Year: A Record of Chinese Customs and Festivals*, by J. Bredon and I. Mitrophanow", *Journal of Southeast Asian Studies*, Vol. 16, No. 1(January 1985), pp. 176-177.

⑤ [美]太史文：《中国中世纪的鬼节》，侯旭东译，上海人民出版社2016年版，第9～10页。

强调实践的社会的内在联系和变化特征”[①]。瑞典人类学家艾尧仁(Göran Aijmer)在其专著《帝国晚期华中的新年庆典》(*New Year Celebrations in Central China in Late Imperial Times*)开篇便引用了《岁时》一书对新年庆祝活动的描述,然后抛出“是什么让中国人如此忙碌,从中国的文化传统和社会历史来看,新年庆祝活动的本质是什么”等问题。[②]

其实,《岁时》不仅是一部知识性的节日风俗志,而且具有较强的学术性。作者善于利用所知的民俗材料与历史文献,考证古代节日的起源。谈到重阳节登高的起源时,《岁时》先引用了高延《厦门岁时记》有关重阳节登高的观点:“高延在《厦门岁时记》中对登高节提出了有趣且合理的观点。他将节日的起源追溯到史前时期,认为丰收时节发生过抢夺相邻部落收成的冲突(见《十一月》),一些人很有可能被派往山上并作为运送粮食的先遣部队。因此,在这个季节,保守的中国人(在忘记了节日起源之后的很长一段时间内人们仍延续这一习俗)每年都携带食物和菊花酒登高。这种习俗曾经像战争那样紧张,现在变成了轻松的郊游。”对于重阳节放风筝的习俗,作者大胆猜想“需要远距离传递信息才是发明纸鸢的原因,纸鸢早在成为玩具之前,就已是战争的工具”。[③]

身为女性的裴丽珠,特别关注中国家庭内部的节日传承情况,重视不同年龄的女性在节日中的行为实践。她认为七夕节“主要是女性的节日。实际上,只有女性参加七夕的活动,除了仍在母亲保护下的小男孩,没有其他男性参与。以前,女性参加针线比赛,那些在刺绣或穿针方面表现出色并娱乐同伴的女孩子会获得奖励。平民少女仍就着月光或烛火,穿针引线。例如,江苏省的少女用一根红丝线穿七孔针,而且桌上几乎不用灯照明,成功则预示着她们将擅长女红”[④]。裴丽珠还提到年老的女仆人在春节期间占卜,以预测一年的好坏。通过占卜,女性展示了自己所积累的民俗知识与女

---

① [德]罗梅君:《北京的生育、婚姻和丧葬:19世纪至当代的民间文化和上层文化》,王燕生等译,中华书局2001年版,第21页。

② Göran Aijmer, *New Year Celebrations in Central China in Late Imperial Times*, Hong Kong: The Chinese University of Hong Kong, 2003, p.1.

③ Juliet Bredon and Igor Mitrophanow, *The Moon Year: A Record of Chinese Customs and Festivals*, Shanghai: Kelly & Walsh, 1927, pp.429-430.

④ Juliet Bredon and Igor Mitrophanow, *The Moon Year: A Record of Chinese Customs and Festivals*, Shanghai: Kelly & Walsh, 1927, pp.373-374.

性经验。作者对女性的节日着装与打扮的记录,一方面是西方女性对中国女性的凝视,另一方面也反映了西方研究者的审美趣味。①

裴丽珠也相当重视儿童在节日中的行为与实践。《岁时》描述了七月鬼节时母亲如何教导孩子尊敬亡魂,虔诚地叩头。"现在,小龙彻底清醒了,摇摇晃晃地磕了头,向鬼魂道歉。通过非常温柔的方式,中国孩子学会了善待死者。"②此外,裴丽珠还描述了北京街头上卖艺的女孩子们,如希望被雇用的唱曲姊、唱猥亵歌谣的女戏子、表演顶碗的马戏女孩,指出她们的表演给人留下了深刻的印象,书中还配有正在表演的女杂技演员的照片。③ 或许周作人会赞赏《岁时》关注儿童的节日行为,在为娄子匡的《中国新年风俗志》作序时,他指出:"自然,在外表面看起来,这并不是儿童的论文,其实,岁时风俗的记载,与儿童本身问题,也有极大的关系,儿童们也应当注意岁时与风俗。"④

杨堃评论《中国新年风俗志》的一段话,或许可以用来评论《岁时》:"因为民俗学如真脱离民间文艺之附庸地位,而能进入科学之林,那并不在于取材,而是在取材的方法,故民俗学书籍之价值,亦全以该书之材料,如何搜集、如何整理而定。如参考的资料是什么? 搜集的方法是什么? 是自己亲为调查的? 抑或从别人的游记或报告中抄下来的? ……这些问题,全要有一详细的说明。"⑤裴丽珠并没有在书中交代她是如何获取民俗资料的,甚至对书中的引文也没有给出详细的出处。这既反映了20世纪初的学术规范问题,也与那时候女性的受教育水平有关。直到19世纪末20世纪初,北京等外国人集中的城市才开办了一些女校,侨居中国的西方人可以在中国接受初等教育,但是如果她们想考大学,就需要回到西方。即使个别女孩有机会进入大学,大学多半是培养她们成为中小学女老师,而不是指导她们从事学

---

① Juliet Bredon and Igor Mitrophanow, *The Moon Year: A Record of Chinese Customs and Festivals*, Shanghai: Kelly & Walsh, 1927, pp.125-127.

② Juliet Bredon and Igor Mitrophanow, *The Moon Year: A Record of Chinese Customs and Festivals*, Shanghai: Kelly & Walsh, 1927, pp.380-381.

③ Juliet Bredon and Igor Mitrophanow, *The Moon Year: A Record of Chinese Customs and Festivals*, Shanghai: Kelly & Walsh, 1927, pp.154-155.

④ 周作人:《谈岁时风俗的记载——序娄编"中国新年风俗志"》,《民间月刊》1932年第2卷第1期。

⑤ 杨堃:《中国新年风俗志序》,《鞭策周刊》1932年第2卷第9期。

术研究。[①] 出于各种原因，无论是中国传统的民俗文献，还是近代来华西方人的中国民俗研究成果，几乎都由男性书写，女性书写的民俗志不算多，被学术关注的就更很少了。康丽曾指出，“性别在民俗学研究中依然处于较为边缘的状态”[②]，因而有必要关注与研究女性所书写的民俗志文本。

结　论

裴丽珠一生的大部分时光都在中国度过，通过亲历与游览的方式，她出版了多本记录中国民俗的著作，其中与米托发诺合作的《岁时》是一本记录20世纪初北京城岁时节日的民俗志。将《岁时》与传统岁时民俗文献的章节编排、内容、研究方法等方面进行对比，可以发现其在框架设置与写法上借鉴了中国传统民俗文献有关岁时节日的书写传统。从民俗资料学的角度看，《岁时》的目的是了解中国人的内部生活，帮助外国读者更好地理解中国的社会风俗。对于中文读者来说，这本图文并茂的民俗志有助于我们了解民国时期的岁时节日面貌。

① 参见[英]玛丽・蒂芬：《中国岁月：赫德爵士和他的红颜知己》，戴宁、潘一宁译，广西师范大学出版社2017年版，第261页。

② 康丽：《性别与民俗学研究》，《民间文化论坛》2018年第4期。

节令研究

冬至节俗源流及其文化内涵[*]

李向振[**]

摘　要

冬至是传统农耕社会重要的节令时序和岁时节日，兼具自然历法属性和社会人文属性。在漫长的历史发展过程中，随着人们生产生活水平的提高，冬至的节俗符号不断增加，逐渐形成官方与民间两套过节系统。官方与民间过节系统，既有各自的特色又保持着密切互动。由此，冬至节很早即成为礼俗互动的重要机制和各种社会关系调适的文化场域。同时，系统梳理冬至节俗源流，深入挖掘冬至的文化内涵，也是弘扬和复兴中华优秀传统文化的题中应有之义。

关键词

冬至　传统节日　二十四节气　文化内涵

冬至，又被称为亚岁、小岁、一阳生等，是传统农耕社会中重要的节令时序和岁时节日，兼具自然历法属性和社会人文属性。从天文历法上看，冬至是二十四节气之一，主要是生活于黄河中下游地区的古人根据星象、物候、气候等诸多因素确定的节令时序。作为一套独特的传统时间体系，二十四节气是古代人生产生活的智慧结晶。在二十四节气中，冬至和夏至是较早被确定的节点，早在西周之前，古人不仅已经认识到冬至的存在，而且赋予

* 本文系国家社科基金特别委托项目子项目“中国节日志・冬至”(JRZ2018003)的阶段性成果。

** 李向振，武汉大学社会学院副教授。

冬至以社会人文意义。[①] 从社会人文角度看，冬至由时令节点扩展到岁时节日是古人宗教观念和阴阳观念在时间认识上的投射和实践。在古人的观念中，冬至是一年中阴气最重、阳气最弱的时间节点，此日过后，阳气将逐渐增多而阴气则渐趋减弱，因此又称"冬至一阳生"。由于冬至是阴阳交替的重要节点，因而人们选择在此日进行各种庆祝和祭祀活动，相沿成习，逐渐形成岁时节日。20世纪初，民国政府开始推行西历（通常多称为"公历"或"阳历"）纪元，在传统春节的基础上增设"元旦"（公历1月1日）节。为保证西历顺利推行，官方通过放假、庆祝等活动表示对元旦的重视。大概是因为冬至距离元旦时间过近，冬至节的地位不断降低。不过，在推行西历初期，受影响较大的是城市居民，大多数农村地区仍然奉行着传统的以阴历为主、阳历为辅的农历历法系统，因而保持着冬至过节的传统。中华人民共和国成立以后，随着农耕技术的进步和公历纪元系统的进一步推广，冬至在广大农村地区的重要性也进一步减弱。20世纪80年代以来，随着传统文化的复兴，冬至作为传统节日重新引起人们的注意。

一、冬至与冬至节的别称

作为二十四节气之一的冬至，形成了丰富多样的民俗活动，在传统社会中承担着非常重要的岁时节日功能。由于兼具自然节气与岁时节日两种属性，冬至也存在着自然节气名称和岁时节日名称的不同。

（一）自然节令上的冬至别称

在古代中国社会，二十四节气是逐步完备起来的。从文献资料可知，古人至迟在西周时期就掌握了"二分""二至"这四个最重要的节气。比如《尚书·尧典》把春分叫作"日中"，将秋分叫作"宵中"；把夏至叫作"日永"，将冬至叫作"日短"，因为夏至白天最长，冬至白天最短。[②] 战国末的《吕氏春秋》

---

① 需要说明的是，在秦汉时期二十四节气完全定型之后的很长一段时间里，冬至都是作为二十四节气之首出现的。我们平时所说的"岁"，也是以冬至作为起点的，从冬至到来年冬至之间的时长算作一岁。由此，冬至在古代中国社会生活中的重要性可见一斑。

② （清）王闿运：《尚书笺》卷一，清光绪刻《湘绮楼全书》本，第4～8页。

中已经有了二十四节气之称，只是冬至和夏至被分别称为“日短至”和“日长至”[①]，与现代称法略有出入。《左传·僖公五年》载：“凡分、至、启、闭，必书云物。”[②]其中，“分”指春分、秋分，“至”指夏至、冬至，“启”指立春、立夏，“闭”指立秋、立冬。西汉时期刘向主持编纂的《淮南子》所载的二十四节气名称已与现代完全相同。[③]

在先秦时期的古典文献中，冬至有多种称谓，秦汉以后，“冬至”这一名称才逐渐成为主流说法。比如，前面所说的《尚书·尧典》中“日短”就是用来指称冬至的。与之相似的说法还有“日短至”，比如《吕氏春秋·仲冬纪》记载：“日短至，则伐林木，取竹箭。”[④]从现代天文地理学意义上说，冬至日白昼最短而黑夜最长，是因为太阳直射点的回归线运动。每年12月22日前后，太阳运行至南回归线附近，北半球地区白昼达最短，黑夜达最长，因此，冬至又可称为“日短至”。之后，太阳直射点开始由南回归线往北移动，北半球各地白昼渐长黑夜渐短，古书中亦有“日长至”之说，比如《孝经援神契》载：“大雪后十五日，斗指子，为冬至，十一月中，阴极而阳始至，日南至，渐长至也。”[⑤]大概就是取意白天越来越长。此外，还有“日南至”之说，比如《左传·僖公五年》记载：“春，王正月，辛亥朔，日南至。”[⑥]陆游《辛酉冬至》诗曰：“今日日南至，吾门方寂然。家贫轻过节，身老怯增年。毕祭皆扶拜，分盘独早眠。惟应探春梦，已绕镜湖边。”[⑦]

如前所述，“冬至”这一名称成为主流史书用名是在秦汉以后，比如《史记·天官书》载：“岁始或冬至日，产气始萌。”[⑧]再如《汉书·律历志》载：“推冬至，以算余乘人统岁数，盈统法得一，名曰大余。”[⑨]尽管如此，汉代之后，还

---

① (汉)高诱注，(清)毕沅校：《吕氏春秋》卷十一，清乾隆五十三年(1788)毕氏灵岩山馆刊本，第2页。

② (清)段玉裁撰：《春秋左氏古经·五十凡》，清道光元年(1821)经韵楼刻本，第70页。

③ 参见王力主编：《中国古代文化常识》，世界图书出版公司2008年版，第34页。

④ (汉)高诱注，(清)毕沅校：《吕氏春秋》卷十一，清乾隆五十三年(1788)毕氏灵岩山馆刊本，第2页。

⑤ (清)黄奭撰：《黄氏逸书考·孝经援神契》，《续修四库全书》第1209册，上海古籍出版社1996年版，第148页。

⑥ (清)段玉裁撰：《春秋左氏古经·五十凡》，清道光元年(1821)经韵楼刻本，第70页。

⑦ (明)刘景寅选：《精选陆放翁诗集·别集》，景刘氏嘉业堂藏弘治丁巳(1497)刊本，第4页。

⑧ (汉)司马迁撰，(唐)司马贞补，(宋)裴骃集解：《史记》卷二七，武英殿本。原本页码阙如，下文未标注页码者均同此情形，不再一一说明。

⑨ (汉)班固撰：《前汉书》卷二一下，武英殿本。

是有不少文人学者将冬至名为“长至”或“长日”。如《周易·复》载:“雷在地中,复,先王以至日闭关,商旅不行。”①晋代潘尼《长至》诗曰:“浑仪赋四气,玉衡运招摇。灵晷修斯夕,日南始今朝。”②杜甫《冬至》:“年年至日长为客,忽忽穷愁泥杀人。”③白居易《冬至宿杨梅馆》:“十一月中长至夜,三千里外远行人。若为独宿杨梅馆,冷枕单床一病身。”④唐宋以后,亦有不少文人在诗作中直接以“一阳生”代指冬至,比如杜牧《冬至日遇京使发寄舍弟》:“远信初凭双鲤去,他乡正遇一阳生。尊前岂解愁家国,辇下唯能忆弟兄。旅馆夜忧姜被冷,暮江寒觉晏裘轻。竹门风过还惆怅,疑是松窗雪打声。”⑤明清之后,除少数诗作仍以各种别称名“冬至”,其他旨在记述岁时的史书典籍则基本以“冬至”作为正式名称。

(二)岁时节日中的冬至节别称

在传统社会,冬至节又被称为观云节、履长节、书云节、一阳节、验岁日、既复日、兆晴日、令辰等。

1.观云节

唐代韩鄂所撰《四时纂要》记载:“占云:冬至日有青云从北方来者,岁美,人安;无云,凶;赤云,旱;黑云,水;白云,兵及疾;黄云,土功兴。”⑥由此可知,至迟在唐代时期,古人已经通过冬至日观云以占卜来岁丰歉。宋代王应麟所撰《玉海》记载:“开元十一年十一月癸酉日长至,太史奏:有云迎日,祥风至,日有冠珥,太平之嘉应”⑦,讲述的是唐玄宗开元十一年(723)冬至日时,太阳周遭有黄云围绕,按照古代占卜言辞,冬至日时太阳有冠珥,是天下太平的好兆头。尽管这些可以说明,冬至日观云,可观运势以及来岁丰歉,但尚未因此称冬至为观云节。直到明代,冬至作为观云节才开始在部分文献中出现,比如明代屠隆所撰《缥缃对类》记载:“观云节,冬至。”⑧不

① (明)王夫之撰:《周易大象解》,清同治四年(1865)金陵节署刊《船山遗书》本,第12页。
② (清)张英撰:《渊鉴类函》卷十六,清文渊阁《四库全书》本,第43页。
③ (宋)蒲积中辑:《岁时杂咏》卷三九,明抄本,第5页。
④ (唐)白居易:《白香山诗集》卷十三,康熙四十二年(1703)一隅草堂刊本,第24页。
⑤ (金)元好问编选,(元)郝天挺注:《唐诗鼓吹》卷六,元刘氏日新堂刻本,第15页。
⑥ (唐)韩鄂撰:《四时纂要》卷五,明万历十八年(1590)朝鲜刻本,第7页。
⑦ (宋)王应麟撰:《玉海》卷一九五,元至元六年(1269)庆元路儒学刻《玉海》明修本,第26页。
⑧ (明)屠隆撰:《缥缃对类》卷三,内府藏本,第31页。

过，作为观云节，冬至似乎仅限于占卜应验一类，并未形成更多相应习俗，流传亦不甚广泛。

2.履长节

时至冬至，从气候上说，北方地区尤其是黄河中下游地区开始进入寒冷期，人们需要添置棉衣准备过冬。因此，冬至日儿媳给公婆敬献棉鞋棉袜，有孝敬之意。另外，冬至日时，昼最短，夜最长，过了此日，则昼一天比一天长，夜一天比一天短。过去人们遵循日出而作、日落而息的生活规律，随着白昼变长，工作时间也相应变长。未出阁的年轻女子和其他女子，在冬至之后做女红时，通过每天增加一根线的方式，逐渐增加工作量。汉代崔骃《冬至袜铭》载："阳升于下，日永于天，长履景福，至千亿年。"[1]魏曹植《冬至献袜表》载："国家冬至献履贡袜，所以迎福践长。"[2]后逐渐演化为冬至日儿媳向公婆敬赠鞋袜，一为祈祝长寿，二为表达孝心，相沿成习，遂称"履长节"。唐末五代马缟所撰《中华古今注》亦记载："汉有绣鸳鸯履，昭帝令冬至日上舅姑。"[3]明代何庆元《观所题即事》载："履长节自帝城开，风日凄迷短鬓催。千里慈闱身作客，三生午梦酒停杯。重关静闭天花冷，弱线愁添寸草堆。阴受谢时还未谢，微阳消得许多摧。"[4]明代屠隆所撰《缥缃对类》记载："履长，冬至；履新，正旦。"又载："添线，并冬至。"[5]明代田汝成所撰《熙朝乐事》载："冬至谓之亚岁，官府、民间各相庆贺，一如元日之仪。吴中最盛，故有'肥冬瘦年'之说，舂粢糕以祀先祖，妇女献鞋袜于尊长，亦古人履长之义也。"[6]明代李泰所撰《四时气候集解》亦载："冬至，阴阳百物之始，日极南影，有履长之庆。"[7]清代以后，尽管有些地区仍然保留着冬至献履袜习俗，但已经不如之前兴盛。清初孔尚任《节序同风录》载："进家长新袜、缠足布，谓之履长，又曰迎福践长。"[8]乾隆《青城县志》载："十一月为冬至，谓之长至，又为履长节。

① （唐）虞世南撰：《北堂书钞》卷一五六，清文渊阁《四库全书》本，第 2 页。

② （清）杨晨撰：《三国会要》卷二〇，清光绪刻本，第 3 页。

③ （五代）马缟撰：《中华古今注》，商务印书馆 1939 年版，第 20～21 页。

④ （明）何庆元撰：《何长人集·南北游草诗类》，明万历间刻本，第 40 页。

⑤ （明）屠隆撰：《缥缃对类》卷三，内府藏本，第 23、24 页。

⑥ （明）田汝成撰：《熙朝乐事》，明刻《广百川学海》本，第 10 页。

⑦ （明）李泰撰：《四时气候集解》，明景泰六年(1455)胡廷璨刻本，第 52 页。

⑧ （清）孔尚任撰：《节序同风录》，清钞本。

按月令仲冬，阴阳争，死生分，君子斋戒，处必掩身，毋躁。节嗜欲，定心气。”[①]又乾隆《乐陵县志》记载：“十一月冬至，为履长节，唐宫中女红验日长短，冬至后每日添一线。杜诗‘刺绣五纹添弱线’是也。”[②]清末以后，冬至庆贺履长之习俗逐渐式微。另外，值得一说的是，部分文献将履长节与冬至乐律联系起来，如隋代杜台卿所撰《玉烛宝典》载：“十一月建子，周之正月，律当黄钟，其管最长，为万物之始，故至节有履长之贺。”[③]唐代韩鄂所撰《岁华纪丽》记载：“冬至日南长，律中黄钟，其管最长，故有履长之贺。”[④]不过，这种说法在后世古籍中并不多见。

3.书云节

书云节，多见于古人词章，并无相应节俗。“书云”，出于《左传·僖公五年》：“五年春，王正月，辛亥朔，日南至。公既视朔，遂登观台以望。而书，礼也。凡分、至、启、闭，必书云物，为备故也。”[⑤]这里的“书云物”就是观察、记录天象及云色，并以此占卜吉凶祸福，预测来岁年景和气候。先秦时期，“书云物”不仅表明一种仪式，还是国君之职。唐代于尹耕通过诗歌形式为后世解释了“书云物”的大体情形：“至日行时令，登台约礼文。官称伯赵氏，色辨五方云。昼漏听初发，阳光望渐分。司天为岁备，持简出人群。惠爱周微物，生灵荷圣君。长当有嘉瑞，郁郁复纷纷。”[⑥]宋代曹勋《幕中冬至书事》云：“书云节物动冠裳，愧我从军乐事妨。听得邻家响丝竹，壮怀无处不凄凉。”[⑦]元代曹伯启《冬至日白霫道中偶成录》诗曰：“穷途却值书云节，秫酒糠灯语夜阑。”[⑧]清代陈祖范《先子年七十有一终，于腊月初一冬至节，卧占首聊，祖范次三四句，今阅三十五冬至矣，追续成篇》载：“喜届书云节，重逢添线时。线为长命缕，云捧再中曦。潜德卿惭长，加年父逊儿。俄更三十五，洒泪续遗诗。”[⑨]

---

① (清)戴文炽纂:《青城县志》卷一，清乾隆二十四年(1759)刻本，第 9 页。

② (清)郑成中纂:《乐陵县志》卷三，清乾隆二十七年(1762)刊本，第 65 页。

③ (隋)杜台卿撰:《玉烛宝典》卷十一，清光绪十年(1884)黎庶昌日本东京使署刻《古逸丛书》本。

④ (唐)韩鄂撰:《岁华纪丽》卷四，明万历《秘册汇函》本。

⑤ (清)段玉裁撰:《春秋左氏古经·五十凡》，清道光元年(1821)经韵楼刻本，第 70 页。

⑥ (宋)蒲积中辑:《岁时杂咏》卷三九，明抄本，第 9 页。

⑦ (宋)曹勋撰:《松隐集》卷二〇，民国《嘉业堂丛书》本，第 7 页。

⑧ (清)梁国治纂:《钦定热河志》卷一二〇，清乾隆四十八年(1783)刻本，第 19 页。

⑨ (清)陈祖范:《司业诗集》卷四，清乾隆二十九年(1764)刻本，第 3 页。

4.验岁日

在古代，人们总是在重要节日时根据各种气候、物象等进行占卜，不同时令的节日承担着不同的占卜功能。由于冬至是一年四时八节中最后一个节日，再加上汉代以前行周历，以十一月为岁首，而冬至是十一月中气，因而冬至占卜来年光景成为重要习俗，故冬至又被称为“验岁日”。验，同“验”。孔尚任《节序同风录》载：“立八尺表于中庭，当午时，验日之晷，影长一丈三尺如度，则岁和人美；否，则岁恶民讹。晷进，则水，退，则旱；进一尺，则日食，退一尺，则月食。”①徐卓《节序日考》载：“广月令，十一月冬至，为验岁日。《淮南子》曰：以冬至日数，至来年正月朔日，恰五十日者，民食不乏，亦不剩；不满五十日者，减一升；过五十日者，盈一升，最验。”②《新刻原本王状元荆钗记》记载：“一阳气转春透彻，履长欢庆冬节，验岁瞻云人意切，听残漏晓临台榭。”③乾隆《重修襄垣县志》载：“合仓泉，在县西四十五里大平村，逢冬至日，即水之流止，以验岁之丰歉，多应。”④不过，根据文献记载，明清及以后，验岁日多为正月初一元旦或正月初七“人日”，各种相应仪式也在此日进行，如乾隆《湖南通志》载：“元旦，设香烛、楮钱、酒醴、果品……是日，占风之方向，以验岁之丰耗。”⑤民国《莱阳县志》载：“人日……亦有谓三日猫，四日鼠，五日猪，六日羊者，俗以阴晴风雪验岁丰歉。”⑥

明清以后，冬至节在民间日益隆重，各地区间的称呼也逐渐变多，比如江苏江都、甘泉、扬州等地区将冬至称为“长至”“大冬”，山西翼城等地区将之称为“豆腐节”，苏州有些地方将冬至称为“节关”，甘肃有些地方将冬至称为“拜小岁”，陕西米脂地区称之为“熬冬”，四川温江、三台等地区称之为“长至节”，河南宜阳地区称之为“拜冬节”，广东广州、佛山等地区称之为“团冬”，广西龙州等地区称之为“汤圆节”，等等。

---

① （清）孔尚任撰：《节序同风录》，清钞本。

② （清）徐卓撰：《节序日考》卷一，清嘉庆刻本，第14页。

③ （明）朱权撰：《新刻原本王状元荆钗记》卷下，明刊本，第37页。

④ （清）李廷芳修：《重修襄垣县志》卷四，清乾隆四十七年（1782）刻本，第6页。

⑤ （清）欧阳正焕纂：《湖南通志》卷四九，清乾隆二十二年（1757）刻本，第13页。

⑥ 王丕煦纂：《莱阳县志》卷三，民国二十四年（1935）铅印本，第16页。

二、从时序到节日:冬至节的历史演变

古人对于冬至的认识经历了从自然时序亦即节气日到社会风俗即节日的演进过程。人们最早认识冬至是基于农耕生产需要,根据日月星辰变化规律及气候、物候等自然现象将无序的时间予以有序化处理,从而赋予自然时间以社会属性。例如,根据谷物的成熟情况,确定了"年"(《说文》:"年,谷熟也");根据月相变化,确定了"月";在确定了年和月之后,辅之以其他自然现象,如物候、气候等,区分出四季,确定每年时长为十二个月;再以太阳直射点在南北回归线之间运行情况及正午日影长短等逐渐确立了二十四节气。在这一认识过程中,人们又根据社会生产与生活需要,从中选出部分具有代表性的节气作为岁时节日,使之与农事节律相合,并作为调节生活的机制。冬至就是这样一个很早就被赋予节日功能的自然节气。接下来,本文将根据文献记载,简要梳理冬至节起源、传承、流布、变迁等情况。

(一)先秦时期

关于冬至的起源,已经无从考证,只能从古籍记载的传说中一窥其貌。无论如何,冬至作为重要的时序节点在先秦时期即已出现,并且已经初步呈现出岁时节日的雏形。《史记·封禅书》载:"上幸雍,且郊。或曰:五帝,太一之佐也,宜立太一而上亲郊之。上疑未定。齐人公孙卿曰:今年得宝鼎,其冬辛巳朔旦冬至,与黄帝时等。卿有札书曰:黄帝得宝鼎宛朐,问于鬼臾区。鬼臾区对曰:黄帝得宝鼎神策,是岁己酉朔旦冬至,得天之纪,终而复始。于是黄帝迎日推策,后率二十岁复朔旦冬至,凡二十推,三百八十年,黄帝仙登于天。"[①]通过《史记》这则记载可见,关于冬至起源,传说与黄帝有关。黄帝在冬至日时获得来自上帝太一神的"宝鼎神策",故根据此日推测时令纪历;同时,传说黄帝是太一神的辅佐之一,根据此说,人间帝王在朔旦冬至日时会到郊外祭祀太一上帝。

根据宋代陈元靓的《岁时广记》,"《通历》及《高氏小史》曰:地皇氏以十

① (汉)司马迁撰,(唐)司马贞补,(宋)裴骃集解:《史记》卷二八,武英殿本。

一月为冬至"[①]。在古书记载中，地皇是上古时期的神话人物，有说其出现在伏羲、神农等之前，有说其就是神农氏，相关传说散见于《三五历纪》《历代神仙通鉴》《洛书灵准听》等。无论哪种说法，地皇都被认为是历法的发明者。这说明在古代传说中，冬至在很早时即已被作为自然时序而确定下来。不过，由于上古时期没有文字，许多资料只保留在后世整理的上古传说中，其真实性难以考证。当前所见有关冬至的古代文献，主要是春秋战国时期的《尚书》《易经》《左传》《周礼》等。

从现有文献资料来看，尽管冬至何时成为节日已经很难考证，但其作为一年中的重要节点，则由来已久，至迟不晚于西周时期。上古时期，人们在长期的农耕生活实践中，根据气候、物候、太阳影长等自然因素变化，发现了时间的节律性、结构性和周期性等特点，进而形成"年"的观念，并以此为基础逐渐形成四时观念。其中，四时主要就是指春、夏、秋、冬四季。由于人们最初辨识四季主要依据的是太阳正午影长及物候、气候变化，因此最先确定的是上述自然因素变化中最为明显的"二分"和"二至"。《尚书·尧典》记载："日中，星鸟，以殷仲春"，"日永，星火，以正仲夏"，"宵中，星虚，以殷仲秋"，"日短，星昴，以正仲冬"。[②] 其中，"日中""宵中"对应着"春分""秋分"，而"日永""日短"则对应着"夏至""冬至"。这说明，古人对冬至的认识比较早。随着社会生产力的发展，古人对天文历法的认识也进一步加强，并且加诸各种礼俗仪式，最终使得这些原本用来区隔以年为周期的时间节律的自然节气逐渐变成社会和政治文化意涵更加丰富的岁时节日。

根据文献记载，先秦时期由于通行周历，而周历以阴历十一月为岁首，因此作为十一月中气的冬至就被赋予了更多的节日功能。比如《周礼·春官》记载："凡以神仕者掌三辰之法，以犹鬼、神、示之居，辨其名物。以冬日至致天神、人鬼，以夏日至致地示、物鬽，以禬国之凶荒、民之札丧。"[③]前面说过，由于先秦时期，尤其是春秋战国时期，各诸侯国采用的历法并不统一，因此冬至的重要性及具体节俗活动也很可能有所不同，但受文献资料所限，各诸侯国及民间冬至过节的具体活动，已难以考证。另外，需要指出的是，先

① (宋)陈元靓撰：《岁时广记》卷三八，清《十万卷楼丛书》本，第 1 页。

② (清)王闿运撰：《尚书笺》卷一，清光绪刻《湘绮楼全书》本，第 4～8 页。

③ (明)何乔新撰：《周礼集注》，明嘉靖刻本，第 56 页。

秦时期曾存在夏历、殷历和周历等所谓“三正”[①]，由于三正岁首不同，所以其四季起止、各月时令也各不相同。春秋战国时期的书籍中，三正并不统一，比如《春秋》《孟子》《左传》等多用周历，《楚辞》《吕氏春秋》多用夏历，《诗经》则既有夏历又有周历。以不同月份为岁首的历法，使冬至日的重要程度体现得并不相同。其中，在以周历为纪历标准的《春秋》《左传》等古籍中，冬至是岁首所在月份的中气，因而是非常重要的岁时节日(甚至承担了后世的“元旦”功能)，有盛大的祀天祭祖仪式；在以夏历或殷历为标准的古籍中，对冬至节俗的记载则相对较少，主要是将其视为天文历法中的重要节气来表述。

从现存资料来看，先秦时期已经开始出现冬至节休沐的习俗。休沐就是放假，古人认为冬至阴阳相交，君子宜静不宜动，故而君臣不行政。比如《神农书》载：“冬至阴阳合精，天地交让，天为尸温，地为不动，君为不朝，百官为不亲事。”[②]又如《逸周书·时训解》记载：“冬至之日，蚯蚓不结，君政不行，麋角不解，兵不藏，水泉不动，阴不承阳。”[③]《礼记·月令》亦记载：“是月也，日短至。阴阳争，诸生荡。君子齐戒，处必掩身。身欲宁，去声色，禁耆欲。安形性，事欲静，以待阴阳之所定。芸始生，荔挺出，蚯蚓结，麋角解，水泉动。日短至，则伐木，取竹箭。”[④]“阳始生于下而甚微，安静而后能长。先王顺天道，当至日，阳之始生，安静以养之，故闭关使商旅不得行，人君不省视四方，观复之象而顺天道也。”[⑤]

(二)秦汉时期

秦汉时期，冬至已经成为重要岁时节日。秦汉时期是古代中国大一统观念形成的关键时期，尤其是秦始皇灭六国建立秦帝国后，施行“书同文，车同轨，行同伦”等旨在形成天下一统观念的诸多社会文化实践，更是在客观上为其后多种社会文化制度的相对一致奠定了基础。在历法方面，秦始皇

---

① “三正”的区别是岁首月份(即所谓的建子之月)不同，夏历以建寅之月(即后世所说的正月)为岁首，殷历以建丑之月(即后世所说的十二月)为岁首，周历以建子之月(即后世所说的十一月)为岁首。

② (清)张英撰：《渊鉴类函》卷十六，清文渊阁《四库全书》本，第35页。

③ (宋)李昉撰：《太平御览》卷二八，宋刊本，第7页。

④ (清)郝懿行撰：《礼记笺》卷六，清光绪八年(1882)东路厅署刻《郝氏遗书》本，第29页。

⑤ (明)胡广撰：《周易大全》卷九，清文渊阁《四库全书》本。

以《颛顼历》推行全国。《颛顼历》以十月为岁首,《史记·秦始皇本纪》记载:“始皇推终始五德之传,以为周得火德,秦代周德,从所不胜。方今水德之始,改年始,朝贺皆自十月朔。”①由此推知,冬至作为十一月中气,应该是新年之后第一个比较重要的节日。

汉高祖刘邦建汉以后,承秦制,仍然沿用秦始皇实行的《颛顼历》。因此,秦至汉武帝期间的古文献仍以《颛顼历》纪年,比如《史记》。直到汉元封七年(前105),汉武帝改元太初,并改用新历。《太初历》以夏历为基础,以正月为岁首,并结合干支历的二十四节气作为指导农事的补充历法,以没有中气的月份为闰月,这使得历书与黄河中下游地区的农时季节和农事节律更为适应。《太初历》共实行189年,直到西汉末年,刘歆以《太初历》为基础制定《三统历》,并著有《三统历谱》。之后两千余年,除个别情况之外,各朝代通行历法皆为此历。需要指出的是,由于太初元年是改历,所以这一年共有15个月(太初元年冬朔②至太初元年冬晦③),有两个冬至,前一个冬至在前105年阴历十一月,第二个冬至在前104年阴历十一月。由于《太初历》成为其后两千多年历法的基本法则,农历时序基本得以确定,由此衍生出的岁时节日也开始形成并逐渐定型。

受文献材料所限,秦代及汉初冬至节俗实难考证,到汉武帝时期才开始实行冬至封禅泰山和祀天的仪式。史书记载,汉武帝得到一宝鼎,齐人公孙卿告诉汉武帝,其得鼎之年冬至为辛巳朔旦冬至,与黄帝得宝鼎年岁(己酉朔旦冬至)相同,建议汉武帝去泰山封禅,并郊拜太一神。显然,汉武帝听从了这个建议,据《史记》记载,“十一月辛巳朔旦冬至,昧爽,天子始郊拜太一”④,并在两年后,亲往泰山进行封禅,“其后二岁,十一月甲子朔旦冬至,推历者以本统。天子亲至泰山,以十一月甲子朔旦冬至日,祠上帝明堂,毋修封禅”⑤。

西汉末年经过刘向改编之后的《三统历》成为后世历法系统的主要标准,这也在一定程度上确定了阴历和阳历的时间。作为阳历节日的冬至自

① (汉)司马迁撰,(唐)司马贞补,(宋)裴骃集解:《史记》卷六,武英殿本。
② 前105年11月25日前后。
③ 前103年2月10日前后。
④ (汉)司马迁撰,(唐)司马贞补,(宋)裴骃集解:《史记》卷二八,武英殿本。
⑤ (汉)司马迁撰,(唐)司马贞补,(宋)裴骃集解:《史记》卷二八,武英殿本。

此得以固定，其节俗亦开始不断丰富起来。东汉时桓谭在《桓子新论》中记载："从天元以来，讫十一月朔朝冬至，日月若连璧。"[①]《太平御览》引司马彪《续汉书》载："天子常以冬夏至日御前殿，合八能之士，陈八音，听乐均，度晷景，候钟律，权土炭，效阴阳也。"[②]这说明在东汉时期，冬至日时天子会召集精通乐律之人在殿堂之上演奏，以仿效天之阴阳相交。由于冬至是阴至极而一阳生，所以值得庆贺，而在庆贺的日子，决断狱讼的官员就会格外为难。如《后汉书》载："廷尉每冬至，断狱迟，迴流涕。"[③]又记载一位名为盛吉的廷尉，每到冬至节，需要决断囚徒生死之时，就和手执蜡烛的妻子相对泣泪，"每冬至夜定罪决断，妻执烛，吉持丹笔，夫妻相向，垂泣决事"[④]。蔡邕《独断》云："冬至阳气始起，麋鹿角解，故寝兵鼓。身欲宁，志欲静，不听事，迎送五日。腊者，岁终大祭，纵吏民宴饮。非迎气，故但送不迎。正月岁首，亦如腊仪。冬至阳气起，君道长，故贺。夏至阴气起，君道衰，故不贺。鼓以动众，钟以止众。故夜漏尽，鼓鸣则起；昼漏尽，钟鸣则息也。"[⑤]由此可见，汉代时已经有了冬至行贺礼拜冬的习俗。此外，汉代官府继续实行冬至休沐制度。在冬至日，君臣皆不理政，以静养为主。比如西汉刘向所撰《五经通义》记载："冬至，阳气萌，阴阳交，精始成，万物微在下，不可动泄。王者承天理政，率天下静而不扰也。"[⑥]再如《汉书·薛宣传》载："至休吏，师古曰：冬夏至之日，不省官事，故休吏。"[⑦]又如《续汉书》载："冬至前后，君子安身静体，百官绝事，不听政，择吉辰而后省事。"[⑧]

总的来说，秦汉时期冬至节习俗呈现出两个基本特点：一是官方与民间共同庆贺冬至，都有拜天神、祭祀祖先的活动；二是汉代官府、士人阶层冬至不理朝政，有拜贺君长的习俗。

---

① (汉)桓谭撰，(清)孙冯翼辑：《桓子新论》，问经堂刊本。
② (宋)李昉撰：《太平御览》卷二八，宋刊本，第5页。
③ (清)侯康撰：《补后汉书艺文志》补志六，清光绪十七年(1891)广雅书局刻本，第47页。
④ (清)侯康撰：《补后汉书艺文志》补志六，清光绪十七年(1891)广雅书局刻本，第47页。
⑤ (汉)蔡邕撰：《独断》卷下，清文渊阁《四库全书》本，第10页。
⑥ (清)黄奭辑：《刘向五经通义》，清道光黄氏刻民国二十三年(1934)江都朱长圻补刊本，第2页。
⑦ (汉)班固撰，(唐)颜师古注：《前汉书》卷八三，武英殿本。
⑧ (清)姚之骃撰：《后汉书补逸》卷二一，清文渊阁《四库全书》本，第25页。

(三)魏晋南北朝时期

至魏晋时期,冬至节俗明显增多。在冬至前后几天,官方与民间都会举行盛大的庆祝活动。其中,最引人注目的是冬至日向长辈送鞋袜的习俗,这被认为具有祈寿以及表达孝敬之意,因此又被称为"履长之贺"。履长践福也成为较为普遍的习俗,比如北魏时期北凉司徒崔浩所撰《女仪》载:"近古妇常以冬至日进履袜于舅姑,皆其事也。"[①]此习俗直到明清时期在部分地区仍然存在。

另外,《南史》还记载了两桩有关冬至释放囚徒的事例:其一,"(岐)复除始新令。县人有因斗相殴而死……法当偿死,会冬节至,岐乃放其还家。狱曹掾固争曰:'古者有此,今不可行。'岐曰:'其若负信,县令当坐。'竟如期而反"。其二,"志字次道……为东阳太守。郡狱有重囚十余,冬至日悉遣还家过节。皆返,唯一人失期。志曰:'此自太守事主者,勿忧。'明旦果至,以妇孕。吏人益叹服之"。[②]这说明至迟在南北朝时期,已经出现冬至释囚归家过节的做法。

魏晋南北朝时期,冬至日已经成为君臣朝贺的重要日子。例如《魏书·高祖纪》载:"丙戌初罢,小岁贺。"[③]再如《晋书·礼志下》:"魏晋则冬至日受方国及百僚称贺,因小会。其仪亚于献岁之旦。"[④]又如《北齐书·慕容俨传》:"冬至之日,亲表称贺。"[⑤]南朝刘宋时,"冬至朝贺享祀,皆如元日之仪"[⑥]。

另外,魏晋南北朝时期,荆楚地区已经出现冬至食赤豆粥的习俗。《荆楚岁时记》载:"冬至日,量日影,作赤豆粥以禳疫。按:共工氏有不才之子。以冬至日死,为疫鬼,畏赤小豆。故冬至日作赤豆粥以禳之。"[⑦]由此可见,该地区民众在冬至日已经形成特定的食俗,通过熬制赤豆粥来达到祈福禳灾的目的。

---

① (唐)虞世南撰:《北堂书钞》卷一五六,清文渊阁《四库全书》本,第2页。
② (唐)李延寿撰:《南史》卷七〇、卷二二,武英殿本。
③ (北齐)魏收撰:《魏书》卷七下,武英殿本。
④ (唐)房玄龄:《晋书》卷二一,中华书局1974年版,第652页。
⑤ (唐)李百药撰:《北齐书》卷二〇,武英殿本。
⑥ (宋)李昉撰:《太平御览》卷二八,宋刊本,第5页。
⑦ (梁)宗懔撰,宋金龙校注:《荆楚岁时记》,山西人民出版社1987年版,第63页。

(四)隋唐五代时期

到隋唐时期,冬至节的地位进一步提升,节俗活动也随之增加,各种庆贺仪式渐渐得以固定。隋代冬至朝会制度已经比较完善且较为盛大,如《隋书·礼仪志四》载:"冬至文物充庭,皇帝出西房,即御座……受贺举酒,上下舞蹈,三称万岁。"①另隋炀帝《冬至乾阳殿受朝》诗曰:"北陆玄冬盛,南至晷漏长,端拱朝万国,守文继百王。……圭景正八表,道路均四方,碧空霜华净,朱庭皎日光。璎珮既济济,钟鼓何锽锽,文戟翊高殿,采眊分修廊。"②此诗描述了隋代帝王在冬至时接受百官朝贺的情形。另外,隋时皇帝还会在冬至日诏见百官,与之共庆佳节。这从一些参加过诏见的官员的诗作中可以一窥其貌,如牛弘志《乾阳殿受朝应诏》:"作贡菁茅集,来朝圭黻连。司仪三揖盛,掌礼九宾虔。"③许善心《冬至乾阳受朝应诏》:"森森罗陛卫,哕哕锵璁珩。礼殚五瑞辑,乐阕九功成。"④两诗皆描述了当时冬至节君臣同贺的隆重场面。

受文献所限,唐代民间过冬至的情形不易考证,官方冬至节的主要内容则为祭天和朝会。《旧唐书·礼仪志一》记载:"每岁冬至,祀昊天上帝于圜丘,以景帝配。"⑤这是唐初唐高祖的谕令。后来,冬至到城南郊祀昊天上帝于圜丘成为唐历代帝王的例行仪典,而且绝大多数帝王冬至祀天活动都被载入《旧唐书》《新唐书》等史书之中。《全唐诗》收录开元时期崔曙与元和时期裴度同名诗作《奉酬中书相公至日圆丘摄事合于中书后阁宿斋移止于集贤院叙怀见寄之作》,其中崔曙诗曰:"典籍开书府,恩荣避鼎司。郊丘资有事,斋戒守无为。宿雾蒙琼树,余香覆玉墀。进经逢乙夜,展礼值明时。勋共山河列,名同竹帛垂。年年佐尧舜,相与致雍熙。"⑥裴度诗云:"翼亮登三命,谟猷本一心。致斋移秘府,祗事见冲襟。皓月当延阁,祥风自禁林。相庭方积玉,王度已如金。运偶唐虞盛,情同丙魏深。幽兰与白雪,何处寄庸

① (唐)魏征等撰:《隋书》卷九,武英殿本,第16页。
② (明)冯惟讷撰:《古诗纪》卷一,明万历刻本,第6页。
③ (明)张溥编:《汉魏六朝百三家集·牛奇章集》,明娄东张氏刻本,第15页。
④ (明)冯惟讷撰:《古诗纪》卷四,明万历刻本,第14页。
⑤ (后晋)刘昫等撰:《旧唐书》卷二一,武英殿本。
⑥ 《全唐诗》卷一五六,中华书局1980年版,第1601页。

音。”[①]虽然两诗表达的具体情感不同，但从中可以知道，作为冬至祀天重要参与者的中书省长官，在参加冬至祀天的前夜要在中书省宿斋(即斋戒)，以示虔诚。

除祀天外，唐代帝王在冬至朝会百官和接受四方朝贺也已成为惯例。如《唐六典》载：“若元正、冬至大陈设，燕会，赦过宥罪，除旧布新，受万国之朝贡，四夷之宾客，则御承天门以听政。”[②]当然，关于冬至是祀天还是朝会，或者是同时进行等问题，唐代君臣进行过多次讨论。《唐会要》载：

> 其年(按：开元八年)十一月十三日，中书门下奏曰：伏以十四日冬至，一阳初生，万物潜动，所以自古圣帝明王，皆以此日朝万国，观云物，礼之大者，莫逾是时。其日亦祀圜丘。令摄官行事。质明既毕，日出视朝，国家以来，更无改易，缘新修条格将毕，其日祀圜丘。遂改用立冬日受朝。若亲拜南郊，受贺须改，既令摄祭，理不可移，伏请改正。从之。因敕自今以后，冬至日受朝，永为常式。至天宝三年十一月五日甲子冬至。敕伏以昊天上帝，义在尊严，恭惟祭典，每用冬至，既于是日有事圜丘，更受朝贺，实深兢惕。自今以后，冬至宜取以次日受朝，仍永为常式。至永泰元年十一月三日，诏以十三日甲子冬至，令有司祭南郊后，于含元殿受朝贺。[③]

从这段记载可以看出，由于冬至祀天是比较盛大的仪典，而朝会也是比较正式且烦琐的活动，因此二者很难在冬至日同时进行。起初君臣商量的结果是冬至日皇帝派遣官员前往南郊祭祀(摄祭)，皇帝则亲自参加朝会；后来又改为立冬日接受朝会，冬至日则专门祀天；再后来又改为“摄祭”；最后确定为冬至日进行南郊祀天，冬至次日进行朝会。安史之乱后，国事废弛，其后二十多年冬至朝会屡有中断。比如，大历九年(774)十一月八日“废冬至朝贺”，贞元四年(788)十一月十三日冬至又恢复了朝贺，到建中元年(780)十一月朔冬至日，又“御宣政殿，朝集使及贡士见……至此始复旧典”。[④]

---

① 《全唐诗》卷三三五，中华书局1980年版，第3756页。

② (唐)李林甫等撰，陈仲夫点校：《唐六典》卷七，中华书局1992年版，第217页。

③ (宋)王溥撰：《唐会要》卷二四，清《武英殿聚珍版丛书》本，第12页。

④ (宋)王溥撰：《唐会要》卷二四，清《武英殿聚珍版丛书》本，第4页。

除冬至祀天、朝会之外，唐代宫内外还有不少其他的庆贺仪式。比如钱谦益《钱注杜工部诗》引《唐杂录》载："唐宫中以女功揆日之长短，冬至后，日晷渐长，比常日增一线之功。"[①]另外，唐代冬至夜还有秉烛照明活动，李肇《唐国史补》载："每元日冬至立仗，大官皆备珂伞列烛，有至五六百炬者，谓之'火城'。宰相火城将至，则众少皆扑灭以避之。"[②]

隋唐时期的冬至节尽管节俗活动更多，并多被官方定为常例，但冬至节似乎仍未成为民间的重要节日，至少没有太多文献记载民间节俗活动。隋唐时期冬至节具有独特的礼治色彩。由于唐代对外交往活动频繁，冬至节俗还通过遣唐使传播到各周边国家和地区。[③]

(五)宋元时期

宋元时期是中国古代冬至节俗进一步丰富并最终定型的时期。与之前的朝代相比，这一时期冬至节庆呈现出明显的官方与民间两套系统、两种不同庆贺方式并行的特征。尤其是两宋时期的冬至节趋于定型，元明清时期大体沿袭宋制，只是在具体庆贺活动方面有所增损。就两宋而言，官方在冬至节举行的庆贺活动以南郊祀天最为盛大，此外还有朝会宴饮、节日赏赐、阁门拜表、颁布赦书、规范休假制度等，体现出官方(朝廷)对节日的管理以及将节日作为政治统治和科层化权力渗透的文化资源的意图。另外，民间冬至庆祝活动日益增多，并开始多见于各种典籍史料记载，内容也更为丰富多彩，比如数九消寒、验岁占卜、馈赠拜冬、祭祖敬神、张灯结彩等诸多活动。值得一提的是，冬至饮食也出现新的变化。作为宋代最为重要的岁时节日，无论是从官方来看，还是从民间来看，冬至的庆贺活动都明显表现出不同于以往的世俗化倾向。

1.官方活动

对于官方节日系统来说，帝王及百官必须顺天应时，以祈国泰民安。因此，在冬至这种重要岁时节日，往往会举行盛大的庆贺仪式，也会有许多与

① (清)钱谦益撰：《钱注杜工部诗》卷十六，清康熙刻本，第4页。

② (唐)李肇撰：《唐国史补》卷下，明《津逮秘书》本，第1页。

③ 参见王兰兰：《唐代冬至节及其对东亚诸国的影响》，《西安文理学院学报》(社会科学版)2018年第6期。

民间互动的活动，以示与民同乐。

(1)冬至圜丘祀天活动

宋承前朝制度，一年之中最大的祀典即祀天礼。《宋史·礼志一》载："宋之祀天者凡四：孟春祈谷，孟夏大雩，皆于圜丘或别立坛；季秋大飨明堂；惟冬至之郊，则三岁一举，合祭天地焉。"[①]在一些典籍论述中，冬至日祀天又被称为"亲郊礼"。如前所述，冬至祀天是皇帝强化身份和保证权力合法性的重要举措，自汉武帝以后，历代皇帝都会在祀天问题上大做文章。隋唐以后，冬至祀天已经成为惯例，宋代沿袭此制。乾德元年(963)，宋太祖赵匡胤执政六年后，天下初定，"始有事于南郊。自五代以来，丧乱相继，典章制度，多所散逸。至是，诏有司讲求遗逸，遵行典故，以副寅恭之意。是岁十一月十六日，合祭天地于圜丘"[②]。这说明赵匡胤为稳固新生政权、维护统治秩序的合法性，以恢复典制为由，明确规定恢复冬至祀天仪式，并设置专门掌管礼乐、郊庙、社稷、陵寝等事宜的太常卿。之后，冬至祀天作为太祖"钦定"仪典在两宋时期几乎从未中断。《宋史·高宗纪》载："壬寅冬至，祀昊天上帝于圜丘，以太祖配，大赦。"[③]另外，需要说明的是，与前代的不同之处在于，宋代冬至祀天是皇帝三年亲郊一次，故而仪式极其宏伟壮观。《东京梦华录》详细记载了大宋天子冬至祭天地的复杂祭祀仪式和程序。

(2)朝会拜贺

如前所述，冬至朝会在唐代时已成常例。宋承唐制，每年举行三次朝会大礼，以元旦朝会次数最多，冬至朝会次之，五月朔又次之。从仪式活动的烦琐程度看，亦是元旦最重，冬至次之，五月朔只朝不会，仪式相对简单。关于宋代朝会制度，元丰年间(1078～1085)编订的《朝会仪注》明确记载了宋代朝会礼制模式。《文献通考》记有《元正冬至大朝会仪注》，详细记载了宋代朝会的具体仪式和活动。[④] 宋代冬至大朝会不仅是对皇帝朝贺，还有皇后元正冬至受群臣贺仪、皇太子元正冬至受群臣贺仪、内外命妇称贺、皇太后冬至受群臣贺仪等。比如南宋杨万里《冬至节后贺皇太子及平阳郡主》诗

---

① (元)脱脱:《宋史》卷一〇〇，武英殿本，第 11 页。

② (元)脱脱:《宋史》卷九九，武英殿本，第 8 页。

③ (元)脱脱:《宋史》卷二五，武英殿本，第 8 页。

④ 参见(元)马端临:《文献通考》卷一〇八，中华书局 1986 年版，第 974 页。

曰:“长乐钟声绕梦惊,建章星影照人行。千官灯语听残点,一夜霜寒在五更。金钥玉筦开北阙,银鞍丝控谒东明。青宫朱邸环天极,五色祥云覆帝城。”[①]另外,在遇到祀天仪式或其他特殊因素如征战、国丧、太庙祭祀等时,一般都会取消冬至大朝会,但群臣需进奉贺表,史书称为“贺而不朝”。《文献通考》载:“宋因唐开元之制,每正、冬不受朝,及邦国大庆瑞、奉上尊号,则宰相率文武群臣并诸军校蕃夷酋长道释耆老等诣东上阁门拜表。”[②]南宋时期,多种因素影响下,冬至大朝会几乎停滞,群臣大多以“拜表称贺”代替冬至朝会的仪式,“銮舆南幸,庶事未备,而朝会之仪未暇举焉,正、至但循例,宰臣率文武百官拜表称贺”[③]。拜表称贺的具体仪式见诸《宋史》《文献通考》等史籍,兹不赘述。

(3)冬至节赏赉与宴饮

北宋时期,冬至祀天之后,皇帝还会进行大规模的赏赉,其对象既包括群臣也包括百姓,赏赐方式多种多样,既有赏赐钱物又有赏赐封号等。当然,冬至赏赉与宴饮在唐代已经出现并成为定制,《册府元龟》记载唐德宗贞元元年(785)“十一月癸卯,日南至,南郊礼毕,诏内外文武见任及致仕官品已上赐爵一级,四品已下加一阶,天下诸使军将士三品已上亦赐爵一级,四品已下加一阶”[④]。宋初沿袭唐制,冬至赏赉主要是对官、军的爵位和品级进行调整。宋神宗时的赏赉大为扩展,并将冬至赏赐定为制式,“国朝凡郊祀,每至礼成,颁赉群臣衣带、鞍马、器币,下洎军校缗帛有差。熙宁中,始诏编定,遂着为式”[⑤]。冬至日大朝会之后,皇帝不仅要在宫中宴请百官,还会蠲免赋税,以示君臣融洽、勤政爱民。

此外,冬至节其他政权的使臣也经常前来朝贺,宋朝皇帝也会回赠大量钱币、珍品。比如《宋史·夏国传上》记载:“乾兴元年,加纯诚功臣。德明自归顺以来,每岁旦、圣节、冬至节遣牙校来献不绝,而每加恩赐官告,则又以袭衣五,金荔支带、金花银匣副之,银沙锣、盆合千两,锦彩千匹,金涂银鞍勒

① (清)陈焯辑:《宋元诗会》卷四一,清康熙二十二年(1683)程仕刻本,第26页。
② (元)马端临:《文献通考》卷一〇八,中华书局1986年版,第970页。
③ (元)马端临:《文献通考》卷一〇八,中华书局1986年版,第976页。
④ (宋)王钦若:《册府元龟》卷八一,中华书局1960年版,第941～942页。
⑤ (清)徐松:《宋会要辑稿》,大东书局1936年版,第28页。

马一匹，副以缨，复遣内臣就赐之。"[1]由此可见，当时宋朝不仅会对前来朝贺的使臣给予赏赐，而且赏赐规格很高。另外，宋朝周边少数民族政权在冬至日也会举行一定的庆贺仪式，除上面提及的派使臣前往宋朝朝贺之外，有些政权内部也会举行祀神活动。比如《说海》记载："冬至日，契丹国人设白马、白羊、白雁各取生血和酒，国主北望拜奠黑山神。"[2]

(4)冬至休假[3]

宋代统治者对冬至节的重视也体现在政府完善相应的休假制度上。《宋史》记载，宋初"元日、冬至、寒食假各七日"[4]。由此可见，宋朝有冬至休假七天的规定。不过，到仁宗时期，包拯上书说假期七天太长，影响政务，请求将假期缩减为五天，仁宗批准。[5] 自此，冬至节假期变为五天，南宋承袭此制，冬至节假期亦为五天。

此外，冬至节还包括大赦天下、禁止断狱等活动。这些活动在前代大多已经出现过，只不过，从文献记载来看，在宋代显然更为常见，并在此后朝代中成为惯例。元承宋制，以上官方的主要活动基本得以体现，只是在冬至祀天的"天"到底是谁，以及规格高低等具体问题上有所争议和调整，其他活动基本如前[6]，兹不赘述。

2.民间活动

宋元时期，民间冬至庆贺仪式明显增多，相关记载也开始变多。文献记载，宋代民间冬至节俗大体包括祭祖、拜冬、娱乐、饮宴、食俗等。对于民间节日系统来说，"冬至大似年""冬朝大于年朝"，冬至节最主要的民俗生活莫过于走亲访友相互庆贺与祭祖祈福等。如《武林旧事》载："朝廷大朝会庆贺排当，并如元正仪，而都人最重一阳。贺冬车马，皆华整鲜好，五鼓已填拥杂遝于九街；妇人小儿，服饰华炫，往来如云；岳祠、城隍诸庙炷香者尤盛。三日之内，店肆皆罢市，垂帘饮博，谓之'做节'。"[7]

---

① (元)脱脱：《宋史》卷四八五，武英殿本，第14页。

② (清)张英撰：《渊鉴类函》卷十六，清文渊阁《四库全书》本，第38页。

③ 冬至休假制度并非始于宋代，事实是，部分唐代文献中已有冬至休假的记载。

④ (元)脱脱：《宋史》卷一六三，武英殿本，第29页。

⑤ 参见(宋)庞元英：《文昌杂录》，中华书局1985年版，第27页。

⑥ 参见柯劭忞纂：《新元史》卷八一，民国九年(1920)天津退耕堂刻本。

⑦ (宋)周密撰，(明)朱廷焕增补，谢永芳注评：《武林旧事 附〈增补武林旧事〉》，中州古籍出版社2019年版，第159页。

(1)拜冬庆贺

到宋元时，冬至相互拜贺已经较为普遍。如孟元老《东京梦华录》、赵与时《宾退录》、吴自牧《梦粱录》、周密《武林旧事》和《江震志》等书都有关于冬至拜贺一如元旦的记载。另《豹隐纪谈》记载："吴俗重冬至节，曰：'肥冬瘦年，互送节物。'"①对于平时忙于劳作生计的普通民众来说，冬至节适逢农事节律中较为清闲的时段，闲歇下来，借此走亲访友，联络感情。如北宋金盈之《醉翁谈录》载："冬至前一日，云'冬至既'，号'亚寒'，俗人遂以冬至前之夜为'夜除'，大率仿岁除故事，而差异焉。鄙俗自冬至之次日数九，凡九九八十一日，里巷作九九词，又云：'九尽寒尽，伏尽热尽。'冬至，都城以寒食、冬至、元旦为三大节，自寒食至冬至，久无节叙，故民间多相问遗。至岁除，或财力不及，不复讲此。俗谚有'肥冬瘦年'之语，盖谓冬至人多馈遗，除夜则不然也。"②

(2)祭祀祖先

在宋元时期，冬至日是普通老百姓祭祀祖祢的重要时令。从文献资料的记载来看，两宋时期冬至祭祖活动以开封、杭州两大都城最为盛大。如孟元老《东京梦华录》载："十一月冬至。京师最重此节，虽至贫者，一年之间，积累假借，至此日更易新衣，备办饮食，享祀祖先。"③北宋词人韩琦曾作《冬至祀坟》诗曰："至日郊原拥节旄，先茔躬得奉牲醪。霜威压野寒方重，山色凌虚气自高。衣锦不来夸富贵，报亲惟切念劬劳。连村父老欢相迓，因劝勤耕候土膏。"④在北宋，冬至日不仅要在自家祠堂祭祀祖祢，有的还要到祖先坟墓前跪拜祭奠，在追念祖先功德之时，年长者还不忘劝勉年轻人勤耕土地、苦心经营。南宋时，冬至节则更为隆重。据吴自牧《梦粱录》记载，冬至日，"祭享宗禋，加于常节"⑤。

(3)关扑活动

关扑是宋代的一种赌博游戏。苏轼《乞不给散青苗钱斛状》云："又官吏

① (清)秦嘉谟:《月令粹编》卷十五，清嘉庆十七年(1812)秦氏琳琅仙馆刻本，第 11 页。
② (宋)金盈之:《醉翁谈录》卷四，《宛委别藏》清抄本，第 4 页。
③ (宋)孟元老撰，伊永文笺注:《东京梦华录笺注》，中华书局 2007 年版，第 882 页。
④ (宋)韩琦:《安阳集》卷十三，明正德九年(1514)张士隆刻本，第 3 页。
⑤ (宋)吴自牧:《梦粱录》卷六，清嘉庆十年(1805)《学津讨原》本，第 5 页。

无状，于给散之际，必令酒务设鼓乐倡优，或关扑卖酒牌子，农民至有徒手而归者。”[①]《梦粱录》载：“街坊以食物、动使、冠梳、领抹、缎匹、花朵、玩具等物，沿门歌叫关扑。”[②]有关宋元时期的关扑，不少同时期的笔记、杂纂均有记载，如西湖老人《西湖繁盛录》等。关扑活动日盛，已经严重影响了正常的生活秩序，因此宋元两代官府均对这种赌博活动予以禁止，如《元典章・刑部十九・禁赌博》载：“若有赌博钱物并关扑诸物之人，许诸人捉拿到官，各决杖七十七下。”[③]不过，为了显示官府对冬至节的重视，宋元时期，官府在元正、寒食和冬至日时开放关扑，如《东京梦华录》载：“官放关扑，庆贺往来，一如年节。”[④]由此，关扑逐渐成为宋元时期冬至日的民间习俗。除带有赌博性质的关扑活动外，民间还有冬至给幼童节料钱、抢夺金鸡等习俗，《东京梦华录》均有相应记载，兹不赘述。

(4)饮食习俗

随着商品经济的发展，宋代民众的生活质量有所提升，表现在节日上，除了有丰富多彩的仪式、娱乐活动外，还有与平时不大相同的节日饮食，并形成了相应的节日食俗，这也是宋代冬至节不同于以往的地方。[⑤] 宋元时期，人们将馄饨作为冬至节的节令食物。尽管馄饨历史比较悠久，如清人徐珂《清稗类钞》载“馄饨，点心也，汉代已有之”[⑥]，但在很长时间里，馄饨并未成为节令食物。到北宋时，馄饨作为冬至节的节令食物已经极为普遍，如《岁时广记》载：“京师人家，冬至多食馄饨。故有‘冬馄饨年馎饦’之说。又云：新节已故，皮鞋底破，大捏饨，一口一个。”[⑦]南宋时期，馄饨成为冬至祭祖物品，如《武林旧事》载：“享先则以馄饨，有‘冬馄饨，年馎饦’之谚。贵家求奇，一器凡十余色，谓之‘百味馄饨’。”[⑧]

---

① (宋)苏轼撰，(明)陈仁锡编：《苏文奇赏》卷二二，明崇祯刻本，第 25 页。

② (宋)吴自牧：《梦粱录》卷一，清嘉庆十年(1805)《学津讨原》本，第 1 页。

③ 《元典章》卷十九，元刻本，第 21、22 页。

④ (宋)孟元老撰，伊永文笺注：《东京梦华录笺注》，中华书局 2007 年版，第 882 页。

⑤ 参见陈立娟：《宋代冬至节研究》，华中师范大学硕士学位论文，2020 年，第 55 页。

⑥ (清)徐珂：《清稗类钞》，中华书局 1986 年版，第 6402 页。

⑦ (宋)陈元靓撰：《岁时广记》卷三八，清《十万卷楼丛书》本，第 13 页。

⑧ (宋)周密撰，(明)朱廷焕增补，谢永芳注评：《武林旧事 附〈增补武林旧事〉》，中州古籍出版社 2019 年版，第 159 页。

（六）明清时期

明清时期，冬至节俗在继承前朝习俗的基础上进一步扩充，其重要程度也进一步增强。明代朱廷焕在周密《武林旧事》“冬至”条目基础上，根据《杭州府志》又“补入一则”：“冬至，谓之亚岁，官府、民间各相庆贺，一如元日仪。吴中最盛，故有‘肥冬瘦年’之说。舂粢糕以祀先祖，妇女献鞋袜于尊长，亦古人履长之义。”[①]《清史稿·礼志》载：“顺治八年，定元旦、冬至、万寿圣节为三大节。”[②]

1.官方活动

明清礼俗基本承袭宋制。作为一年中最为隆重的祀典之一，冬至祀天仪式，在明清时期得到了进一步强化和规范。

到了明清时期，冬至拜冬习俗逐渐成为士大夫、官宦之家的特定习俗。比如，万历《富平县志》载：“冬至士人，拜阙，拜先生曰拜冬。”[③]清代康熙年间《广宁县志》载：“十一月冬至拜冬，惟官长行之。”[④]光绪《昆新两县续修合志》载：“冬至日，士大夫家拜贺尊长如正旦，而不及于庶民之家。”[⑤]这些记载都表明，冬至拜冬已经成为明清两朝士大夫阶层的节俗活动，普通老百姓大都已经不行此俗。另，民国《平谷县志》载：“冬至，祀先、拜尊长如元旦仪，官府则贺冬，民间不称贺。”[⑥]当然，广义拜冬为冬至庆贺活动，不分官民，如《清嘉录》载：“至日为冬至。朝士大夫家拜贺尊长，又交相出谒。细民男女亦必更鲜衣以相揖，谓之拜冬。徐士鋐《吴中竹枝词》云：‘相传冬至大如年，贺节纷纷衣帽鲜。毕竟勾吴风俗美，家家幼小拜尊前。’”[⑦]

明清时期，冬至朝会制度承袭前代，其仪式、规制更加确定详细，相应记载见诸《皇明典礼志》《明会典》《大明会典》《明集礼》《礼乐通考》等史书典籍。

---

① （宋）周密撰，（明）朱廷焕增补，谢永芳注评：《武林旧事 附〈增补武林旧事〉》，中州古籍出版社2019年版，第370页。

② 赵尔巽修：《清史稿》卷八二，民国十七年（1928）清史馆铅印本，第11页。

③ （明）孙丕扬纂：《富平县志》卷九，清乾隆四十三年（1778）吴六鳌重刊本，第2页。

④ （清）范勋纂：《广宁县志》卷四，民国《辽海丛书》本，第5页。

⑤ 转引自（清）顾禄撰：《清嘉录》卷十一，清道光刻本，第3页。

⑥ 王兆元纂：《平谷县志》卷三，民国二十三年（1934）天津文竹斋铅印本，第8页。

⑦ （清）顾禄：《清嘉录》卷十一，清道光刻本，第2页。

2.民间活动

明清时期,冬至节在民间进一步得到重视,节俗活动也更加多样,并且呈现出非常明显的区域性差异。比如《清嘉录》记载吴中地区,“冬至大如年。郡人最重冬至节,先日,亲朋各以食物相馈遗,提筐担盒,充斥道路,俗呼‘冬至盘’。节前一夕,俗呼‘冬至夜’。是夜,人家更速燕饮,谓之‘节酒’。女嫁而归宁在室者,至是必归婿家。家无大小,必市食物以享先,间有悬挂祖先遗容者。诸凡仪文,加于常节,故有‘冬至大如年’之谚”①。《清嘉录》还援引宋人周遵道所撰《豹隐纪谈》说:“吴门风俗,多重至节,谓曰:‘肥冬瘦年。’又云:‘互送节物。’颜侍郎度有诗云:‘至节家家讲物仪,迎来送去费心机。脚钱尽处浑闲事,原物多时却再归。’”②清初孔尚任所撰《节序同风录》记载:“(冬至)领新历、黄绫锦装,供之中堂,其面上律条,以红纸掩之,拜阙庭毕,亲宾交贺。不登堂,不投刺,但门置一簿,来者署名而去,曰贺冬。”③由于孔氏所撰《节序同风录》之采录未注出处,所载人、事亦不特为某地,且这段冬至亲朋庆贺并不进家门的习俗未见于其他文献,因此难以判断冬至拜贺仪式到底是何处风俗。明代万历年间焦竑所撰《焦氏类林》记载:“冬至子夜,梳头一千二百,以替阳出滞,使五脏之气终岁流通,名神仙洗头法。”④关于冬至夜子时梳头的习俗,孔尚任在《节序同风录》中亦有载录:“早夜梳头一千二百以赞一阳气,五脏流通,名神仙洗头法。”⑤从现存地方志资料来看,明清时期,冬至祭祖祀先仪式几乎遍行全国,有些地方还存在冬至拜冬习俗,不过到清代,大多数乡村地区已不行此俗。清代冬至释菜祭孔成为地方私塾学校的重要习俗,比如道光《武城县志续编》记载:“冬至,释奠先师,礼毕,弟子拜先生。”⑥同时,饮食方面也表现出明显的南北差异,北方地区冬至多吃馄饨或水饺,南方地区冬至则多吃糯米团。数九歌版本很多,九九消寒图样式也更加丰富。有些地方仍有在冬至观日影验岁的习俗。另外,不少地区的冬至日还是出嫁女儿归宁日。山西翼城、临晋等地区,有冬至“吃头

① (清)顾禄:《清嘉录》卷十一,清道光刻本,第1页。
② (清)顾禄:《清嘉录》卷十一,清道光刻本,第1页。
③ (清)孔尚任撰:《节序同风录》,清钞本。
④ (明)焦竑:《焦氏类林》卷七,清道光光绪间《粤雅堂丛书》本,第65页。
⑤ (清)孔尚任撰:《节序同风录》,清钞本。
⑥ (清)厉秀芳纂:《武城县志续编》卷七,清道光二十一年(1841)刻本,第2页。

脑”习俗，江苏太仓、上海等地区则有“分冬酒”习俗，山东乐陵地区还保留着冬至“履长”习俗。

（七）近代以来

民国以后，除北洋政府时期袁世凯等曾短暂恢复冬至天坛祀天习俗之外，明清时期的官方冬至节俗大都消失不见。比如民国《昌黎县志》载：“十一月冬至，官吏五鼓往万寿寺拜贺，毕，彼此拜贺如元旦。然今已废矣。”①民国《东丰县志》记载：“十月冬至日，为旧俗二十四节之冬至节，今改为冬节，民国初年于是日祀天，今废。”②

另外，民国以后，冬至节在城市居民生活中的重要性减弱。一方面，民国政府为巩固新生政权，大力推进习俗改革，如陈果夫、邱培豪《中华国民生活历》记载：“诚能学校与社会，成年与幼童，均得深入灌输，则习俗转移，必可较速，更可使中华民族之生活习惯，得以早日统一，因统一而我民族之团结，愈见巩固，文化水准，更可提高，此乃余与培豪同志共同之志愿也。”③另一方面，民国时期改以公历纪元，改元旦为春节，同时增加公历1月1日为元旦。由于冬至一般在公历12月21日或22日，距离1月1日仅8天，许多地方在冬至节进行的庆祝活动，在城市社会中逐渐转移到新的元旦节日，冬至作为节日在人们生活观念中的重要性逐渐削减。到中华人民共和国成立以后，冬至节已经基本退出了重要岁时节日行列。

值得一提的是，尽管民国时期冬至节在官方和城市居民生活中的影响渐弱，但在仍然普遍遵循农历系统的农村地区，尚有不少传统习俗延续下来，比如冬至祭祖习俗仍在东南乡村地区盛行，冬至祭孔释菜也在山东、山西等地的乡村地区持续举办。中华人民共和国成立以后，冬至节祭祀活动基本消失，直到20世纪80年代，冬至祭祖仪式才重新出现，近些年东南地区如江浙、闽粤、台湾地区，冬至祭祖活动仪式颇为隆重。2016年11月30日，包括冬至在内的二十四节气被正式列入联合国教科文组织人类非物质文化遗产代表作名录。

---

① 张鹏翱纂：《昌黎县志》卷五，民国二十二年（1933）铅印本，第26页。

② 李耦纂：《东丰县志》卷三，民国二十年（1931）刊本，第26页。

③ 陈果夫、邱培豪：《中华国民生活历》，正中书局1947年版，第2页。

三、冬至节的文化内涵与社会价值

在古代农耕文明时期，由于当时生产生活环境具有明显的不可控性，也就是常说的“靠天吃饭”，民众对自然感到神秘莫测，认为只有顺天而为才可能获得自然的馈赠，于是人们在认识自然时不免在重要节点举行以祭祀为主的各种仪式活动。“岁时既具有自然属性又具有人文属性。这两种属性在不同的历史时期及同一时期不同的文化层面有着强弱隐显的不同变化。”①冬至同其他岁时节日一样，在出现之初，自然属性更为凸显。前面已经多次提及，包括冬至在内的二十四节气，是古代劳动人民在长期的生产生活基础上，基于天象、物候、气候等多种因素的变化以及结合后来逐渐出现的阴阳观念而形成的一种天文历法知识。之后，人们在天文历法方面的知识越来越丰富，对于自然时间的认识也越来越深刻，用以纪时以及指示耕种时序的方式越来越精准烦琐，冬至节的自然属性便逐渐减弱，而其社会人文属性则逐渐增强，这正是冬至从自然时令逐渐成为岁时节日的过程。我们现在讨论冬至节的文化象征意义，实际上也需要从其自然属性和社会人文属性两个方面展开；同时，由于冬至节主要是农耕文明阶段的产物，现代工业已经极大地改变了传统农耕技术及农耕社会文化格局，现代社会中的冬至节又呈现出新的文化内涵。因此，接下来，本部分将从传统社会和现代社会两个维度对冬至节的自然意涵和社会人文意义展开叙述。

（一）传统社会中的冬至节

在传统社会，冬至节能够成为岁时节日，既有外在因素，又有内在动力。其中，外在因素主要表现于人们在长期生产生活中对自然规律尤其是自然时间的认识以及对自然力的掌握，同时具有明显结构性和节律性的农事活动进一步强化了岁时观念；内在动力则主要表现在冬至作为自然时序上的重要节点，天象、气候、物候等既是确定该节令的依据，其在产生之后又成为预判这些事象的时间节点，成为民众安排生产生活的重要时间参考。总之，

① 萧放：《岁时——传统中国民众的时间生活》，中华书局2002年版，第7页。

“对古代先民来说，二十四节气绝不仅仅是一种时间制度，更是一套具有丰富内涵的生活与民俗系统”①。

第一，根据天象变化以及农事节律来标记时令是古代常见的纪时方式。如前所述，《尚书·尧典》记载“日短，星昴，以正仲冬”②，就说明古人凭借白昼长短、昴星出现的位置等来断定仲冬时节的到来。根据同样的认识方式，人们确定了春、夏、秋、冬四季，然后根据四季来安排农业生产。因此，包括冬至节在内的古代岁时节令系统，实际上是人们基于农事生产对自然时间的社会建构。

第二，冬至节为古人提供了敬天法祖的时机和场合。在农耕技术不甚发达的古代社会，人们在原始宗教和阴阳观念的指引下，对于自然及作为重要生产生活知识创造者的祖先极其敬畏，而这种敬畏之心往往表现为各种虔诚的祭祀活动。冬至节为这些祭祀活动提供了时令上的时机和场合。同时，在祭祀活动中，冬至无形中承担了调节人与神灵、人与自然、人与他人、人与自身等多重关系的重要职能。比如《礼记·月令》载：“是月也，日短至。阴阳争，诸生荡。君子齐戒，处必掩身。身必宁，去声色，禁耆欲。安形性，事欲静，以待阴阳之所定。”③

第三，在传统社会，包括冬至节在内的岁时节日是官府实施礼治教化的文化资源。无论是先秦时期冬至祀天，还是隋唐以后冬至大朝会，无不体现着传统社会中的礼治思想。《周易正义》载：“圣人以神道设教，而天下服矣。”④冬至祀天实际上正是“神道设教”理念的实践。同时，在此理念的支配下，皇帝和政府（朝廷）通过对冬至节活动的控制，使其成为定尊卑、别贵贱、成教化的社会治理资源。在冬至节俗中，祀天祭祖及大朝会仪式规制是最能体现这种礼治教化的思想与实践。如前所述，早在唐宋时期，冬至的祀天仪仗、月舞、规格、场地等都已经形成固定规制，到了明清时期，祀天仪式更为隆重，这些无不昭示着古代官府通过这些代表“礼”的仪式来宣示、强化统治合法性，并巩固、加强社会等级秩序。

---

① 王加华：《二十四节气的历史功用与当代价值》，《中国社会科学报》2019 年 9 月 20 日。

② （清）王闿运：《尚书笺》卷一，清光绪刻《湘绮楼全书》本，第 8 页。

③ （清）郝懿行撰：《礼记笺》卷六，清光绪八年（1882）东路厅署刻《郝氏遗书》本，第 29 页。

④ （唐）孔颖达：《周易正义》卷三，清嘉庆阮刻《十三经注疏》本，第 5 页。

第四，冬至节为古代国家与民间之间实现礼俗互动、构建礼俗互动的社会结构提供了合适的实践场域。中国传统社会是礼俗社会，稳定社会结构有赖于完善的礼俗互动机制。所谓礼俗互动，简单来说就是礼制的下行与民俗的上行，礼制与民俗的这种互动保证了传统国家与民间社会的有效沟通，从而为社会结构的稳定奠定了基础。在礼俗互动的过程中，岁时节日无疑提供了绝好的机会。对于冬至节来说，自秦汉以后，国家不断增强对该节日的重视，各种来自官府的庆贺活动与庆典仪式逐渐扩展到民间社会，民间社会也逐渐形成诸多节日习俗，以与官方礼制相对应。比如：官方有冬至祀天仪式，民间则对应有冬至祭祖习俗；官方有冬至大朝会制度，民间则有冬至亲友往来庆贺的习俗，等等。到了明清以后，官方与民间的礼俗活动表现得更为明显。如前所述，道光皇帝曾御笔亲书“亭前垂柳珍重待春风”九字为《九九消寒图》，后全国各地均有流传；民间社会的以画梅花为主要方式的消寒图也传至宫中，成为较为普遍的习俗活动。冬至节“借助全社会的广泛参与，将国家政治与民间‘微政治’贯通起来，保证社会机制内部的脉络畅通，以文化认同的方式消除显在与潜在的社会危机”①。

第五，冬至节是古代民众的狂欢节。在古人观念中，“冬至大如年”，又有“肥冬瘦年”之说。如《岁时广记》记载：“都城以寒食、冬、正为三大节，自寒食至冬至，中无节序，故人闻多相问遗，至献节，或财力不及，故谚语云：‘肥冬瘦年。’”②这说明在古人眼中冬至是非常重要且值得大肆庆贺的节日。从宋代以来的诸多民间节俗可以看出，同官府一样，民间社会也将冬至节作为日常生活调适、社会关系重整、人神秩序重塑的重要场合，并且在多种多样的娱乐活动中突破日常生活的种种规范、限制，实现一种狂欢的体验。因此，冬至节对于民众而言，又是一个狂欢的节日。

（二）现代社会中的冬至节

随着工业革命兴起，人类逐步进入现代社会。在现代社会中，工业技术极大地改变了传统农耕技术，重塑了人类的文明形式。从传统的农耕文明

① 张士闪：《礼俗互动与中国社会研究》，《民俗研究》2016年第6期。

② （宋）陈元靓撰：《岁时广记》卷三八，清《十万卷楼丛书》本，第13页。

到现代的工业文明，包括节日在内的各种传统文化符号及其内涵都发生了变化。作为传统社会中重要的岁时节日，冬至节的文化内涵在这一转变过程中也发生了极大变化。

第一，包括冬至在内的二十四节气已经不再是安排农事活动的主要时间依据。一方面，随着现代农业技术的提高，“农时”已经不再是纯粹的自然时间维度。借助现代技术，人们可以根据生活所需在任何时候进行农事活动，即便是在传统耕作区，人们对于传统农耕知识的依赖程度也大大降低。另一方面，20 世纪初，随着西历纪年方式传入中国，公历逐渐成为官方的主要历法系统，人们安排农事活动，可以根据公历历法系统辅以阴历历法系统做出准确判断。相对而言，更为笼统的二十四节气基本失去了指导农事活动的价值。

第二，随着社会制度的变革，冬至祀天仪式、大朝会制度完全消失。如前所述，冬至祀天和大朝会是传统社会中最为重要的仪式制度，民国以后，民主共和观念深入人心，国家组织不再奉行“君权神授”的政治理念，也无须通过祀天、朝会等仪式活动来确定政府的合法性。

第三，进入现代社会以后，受多种因素影响，民间冬至节俗逐渐消失，冬至重新回归自然属性凸显的状态，其社会人文属性不断减弱。这些因素大体包括两类：一是前面说过的民国以后开始实行公历纪年。为配合历法改革，过去的阴历正月初一改称“春节”，而公历 1 月 1 日则称为“元旦”。为突出公历纪元的重要性，无论是民国政府还是中华人民共和国政府都将“元旦”视为节日，并实行放假制度。由于增加了“元旦”节日，而冬至距离元旦日期太近，于是冬至逐渐不再作为节日出现。二是 20 世纪上半叶战乱频仍，生活贫困的人们大多时候无暇过节，仅有部分习俗比如祭祖得以保留。新中国成立初期，社会建设进入艰苦探索阶段，冬至节的许多习俗都被当作“四旧”予以废除。因此，20 世纪初到 80 年代是冬至节的衰落式微阶段。

第四，在传统文化复兴浪潮的推动下，自 20 世纪 80 年代以来，冬至节的社会人文属性有进一步回归、复兴的趋势。当前不少地区的冬至节俗活动颇为丰富，在保留传统节俗的同时又融入许多现代元素，增强了现代冬至节的生命活力。

以上是现代社会中冬至节的基本特点。当然，如前所述，尽管冬至节俗有回归趋势，但受到放假制度等因素影响，在人们的日常生活与时间安排上，冬至并不像春节、清明节、端午节、中秋节等那样作为全民的重要节日而存在，整体来说，其在现代社会更多的是部分节俗的恢复而不是向整个节日系统的回归。尽管不少地区的节俗活动相对比较隆重，但也呈现出明显的地域性或民族性色彩。另外，尽管作为岁时节日的冬至所承载的文化内涵更主要地体现在传统社会，但二十四节气的文化价值越来越受重视，冬至的当代价值也得以进一步凸显。在此，仅结合二十四节气重要性的相关论述，概括总结现代社会中冬至节俗的文化意涵及当代价值。

首先，包括冬至在内的二十四节气是古人对自然时间的认识，凝聚着古人的生产生活智慧，是中华优秀传统文化的重要组成部分。2006 年 5 月 20 日，二十四节气作为民俗项目经国务院批准列入第一批国家级非物质文化遗产名录。2016 年 11 月 30 日，中国二十四节气被正式列入联合国教科文组织人类非物质文化遗产代表作名录。对于包括冬至在内的二十四节气的重视，增强了我国人民的文化自信，提升了影响我国经济发展潜力的软实力。

其次，部分传承至今的冬至节俗，如饮食习俗、禁忌习俗、祭祖习俗等蕴含着古人的时间观念、阴阳观念、伦理观念和尊重自然的观念等，其中表现出的崇宗敬祖、顺天应时、节用有度、家庭团圆等思想无不为当前构建和谐社会提供着传统的智慧。同时，作为农耕文明时代的重要节日，冬至节俗还承载着现代人的乡愁，为现代人反思当下生活提供生活文化依据。

再次，在当前很多地区尤其是乡村社会生活中，冬至仍然承担着调节日常生活、密切社会关系、增强社会互动、重塑家庭和社区共同体意识的职能。尽管当前冬至节在现代节日体系中已不如传统时期那么重要，甚至不再是全民节日，但在很多地方社会，它仍然是非常重要的生活传统。不管是盛大的宗族祭祖活动，还是简单的家庭聚会活动，无不体现着地方民众借助冬至节实现调适社会生活、稳定社会结构以及追求和谐社会秩序的愿望。

最后，现代社会中的部分冬至习俗具有经济价值。对于当下的消费社会而言，传统社会中冬至的部分节俗，如具有观赏性的仪式活动，以及具有较强参与性和体验感的饮食习俗等，与当下民俗旅游开发相结合，其蕴含的经济资源价值也得以显现。

总之，作为农耕文明时期的产物，冬至在传统农耕社会既是指导农事安排的时间节点，又是包含丰富习俗内容的岁时节日，兼具天文历法与社会文化双重价值；进入现代社会以后，冬至作为传统时间观念，与历史上形成的各种习俗一起成为中华优秀传统文化的重要组成部分，又被赋予许多新的时代意义。在未来，一方面，从学术研究上看，对于历史上各个朝代的冬至及其具体习俗进行研究，有助于深入挖掘冬至的节日内涵及价值；另一方面，从实践上看，冬至作为传统历法系统的重要节点和现代社会的重要文化传统，国家层面应该给予更多的关注，学者、媒体与社会大众也应该进一步推动包括冬至在内的二十四节气的保护立法行动，以期从法律和制度层面重新确立冬至的重要节日属性。

结 语

在传统农耕社会，冬至是非常重要的岁时节日，是古人劳动智慧的结晶，是中华优秀传统文化的重要组成部分。如前所述，冬至作为二十四节气之一，并非从来就有，也不是一蹴而就，而是有着深刻的历史发展脉络。从现有文献资料来看，在殷商时期，作为自然时序的冬至可能已经出现，西周以后开始出现冬至祀天礼仪，在自然时序基础上冬至开始增加社会人文因素，逐渐有了节日的特征。秦汉以后，冬至节俗进一步增多。尤其经魏晋南北朝以及隋唐两朝的拓展，冬至已经成为人们日常生活中的重要节日。两宋是冬至节日的定型时期，也是形成官方节日系统、民间节日系统以及官民互动的关键时期。明清时期基本承袭前制，冬至节俗更加明显地区分为官方和民间两个系统。同时，官方与民间的互动更加频繁，祀天仪式、朝廷大朝会、民间祭祖、私塾祭孔、饮食习俗、亲友拜贺、士人拜冬、数九消寒等各种节俗活动基本定型并且达至鼎盛。清末民初以后，冬至节逐渐退出重要节日体系，在人们日常生活中的重要性也进一步减弱，只有部分节俗得以传承保留。20世纪中叶，冬至基本已经退出传统节日系统，而重新回归二十四节气之一。20世纪80年代以后，随着传统文化不断复兴，作为历史上的重要传统节日，民间冬至节的习俗也逐渐恢复，主要包括冬至祭祖、冬至拜贺、冬至饮食等，有些地区还出现冬至上坟修谱等活动。

历史上，冬至兼具自然与人文两种属性，既是古人有关天文历法的知识创造，又是重要的岁时节日。从天文历法上看，冬至作为重要时间节点，为古人安排农事活动与日常生活提供了依据，比如古人常常在冬至进行验岁，以指导来年作物种植类型，又比如人们根据冬至是阴阳交替的时间节点来安排意在养生的饮食与生活作息，等等。从社会人文属性上看，作为重要的岁时节日，冬至最重要的价值就是调适，使君臣关系、官民关系、人神关系、邻里关系、家庭关系、亲属关系、人与自身的关系等得到调整。进入现代社会之后，冬至节的重要性减弱，但并不意味着它已经完全失去了价值。恰恰相反，现代社会赋予了冬至新的时代意义。作为中华优秀传统文化的组成部分，从历史上传承下来的冬至诸多习俗，成为增强民族文化自信的重要文化来源，同时也为现代人的"乡愁"提供寓所，另外部分节日元素与现代旅游相结合，还产生了不少经济价值。

总之，冬至作为传统社会重要的岁时节日，无论是在古代还是在现代，都具有丰富的社会人文价值，既是古代劳动人民的生活智慧，与人们的日常生活相适应，承载着人们对于生活的厚重期望，又是中华优秀传统文化的组成部分，对于国家和民族来说，是一笔宝贵的文化遗产和精神财富。因此，在大力提倡中华优秀传统文化复兴以及消费社会民俗主义盛行的今天，冬至节的命运应该受到更为广泛的关注。

虚构与真实:寒食节"介子推说"的历史真实性*

马荣良**

摘　要

在关于寒食节起源的诸多说法中,"介子推说"无疑是提出最早也是最为民众所信奉的一种。对此说法,历来不乏质疑之声。在传统史家或学者看来,介子推焚死传说于史无据,纯属后人附会臆造,由其衍生而来的"介子推说"自然也不足凭信。上述质疑虽不无道理,但并不意味着"介子推说"就是无稽之谈,毫无真实性可言。依据传说学观点,作为"口传的历史","介子推说"实则具有一定的历史真实性。它真实地反映了"历史的本质面貌",真实地记录和反映了民众的历史情感和观念心态。厘清这一问题,对于探究寒食节的起源、变迁及传承具有重要意义。

关键词

介子推焚死传说　寒食节　历史真实性

引　言

在关于寒食节起源的诸多说法中,"介子推说"无疑是提出最早也是最

* 本文系山东大学人文社科重大项目"中国古代民俗文献的整理与研究"(12RWZD07)、教育部人文社会科学研究青年基金项目"外来宗教与中古节日风俗嬗变"(17YJC770045)的阶段性成果。

** 马荣良,山东青年政治学院马克思主义学院副教授,山东大学儒学高等研究院博士研究生。

为民众信奉的一种。[①] 该说认为，寒食节起源于介子推焚死的传说，是为纪念春秋时被晋文公烧死的贤士介子推而设置的。自两汉以降，“介子推说”在山西太原等地的民间深入人心，代代相传，甚至还得到了不少近现代学者的赞同。与此同时，质疑乃至否定“介子推说”者也代不乏人。从传统史学角度而言，介子推焚死传说于史无征，纯属后人附会臆造，不可据为信史，由其衍生而来的“介子推说”自然也不足凭信。这一质疑并非全无道理。众所周知，节日民俗的出现、定型与普及在很大程度上取决于大众群体心理共识、积极响应以及长久坚持，有一个漫长而复杂的演化过程，完全归因于某一个人，显然是难以成立的。将寒食节的源起追记为介子推焚死之纪念，乃是一种后起的民俗文化现象。[②] 即便如此，也不意味着“介子推说”就是无稽之谈，毫无真实性可言。依据传说学观点，作为“口传的历史”，“介子推说”虽然并非真实的历史事件或“真实的历史”，但是具有一定的历史真实性，其“产生和流传过程恰恰是包含着丰富社会舆论与情境的一个历史真实”，“蕴含了有关历史背景、一定区域社会的空间情景、民众日常生活经历与相互关系以及他们的观念心态等多方面的信息”。[③]

一

目前所知，“介子推说”最早见于两汉之际桓谭(前23～约50)的《新论》。《新论·离事》云：“太原郡民，以隆冬不火食五日，虽有疾病缓急，犹不敢犯，为介子推故也。”[④]至东汉中期，此说在太原郡民间愈加流行，《后汉书·周举传》载曰：“太原一郡，旧俗以介子推焚骸，有龙忌之禁。至其亡月，咸言神灵不乐举火，由是士民每冬中辄一月寒食，莫敢烟爨，老小不堪，岁多死者。举既到州，乃作吊书以置子推之庙，言盛冬去火，残损民命，非贤者之意，以宣

① 参见张勃：《寒食节起源新论》，《西北民族研究》2004年第3期。

② 参见安介生：《寒食节缘起与介休乡土地理新论》，《中原文化研究》2016年第1期。

③ 户华为：《虚构与真实：民间传说、历史记忆与社会史“知识考古”》，《江苏社会科学》2004年第6期。

④ (汉)桓谭：《新论》卷下，上海人民出版社1977年版，第47页。据考证，桓谭论改易旧俗当在新王莽天凤元年(14)。参见孙少华：《桓谭年谱》，社会科学文献出版社2012年版，第215页。

示愚民，使还温食。于是众惑稍解，风俗颇革。”①杜台卿《玉烛宝典》引曹操《明罚令》亦云：“闻太原、上党、西河、雁门，冬至后一百有五日，皆绝火寒食，云为介子推。……云有废者，乃致雹雪之灾。”②可见至东汉晚期，“介子推说”已扩散至太原郡周边地区，遍及近半个并州。值得注意的是，关于“介子推说”，与曹操同时代的蔡邕在其所撰《琴操》一书中亦有记载：“晋重耳与介子绥俱遁山野，重耳大有饥色，绥割其腓股以啖重耳。重耳复国，子绥独无所得，甚怨恨，乃书作《龙蛇》之歌以感之。……文公惊寤，即遣追求，得于荆山之中。使者奉节还之，终不肯听。文公曰：‘燔左右木，热当自出。’乃燔之，子绥遂抱木而烧死。文公流泪交颈，令民五月五日不得发火。”③

西晋时期，“介子推说”在太原地区仍广为流传，“太原咸奉介君之灵，至三月清明断火寒食，甚若先后一月，府君侨耳”④。至两晋之际，该说已遍及并州，“并州俗，冬至后百五日，为介子推断火，冷食三日”⑤。

后赵石勒统治时期，“介子推说”更是跃出并州，流播至其他地区。据北魏崔鸿《十六国春秋》及《晋书・石勒载记下》，后赵建平初年(330)，因为“外议以子推诸侯之臣，王者不应为忌”，石勒一度下令禁断寒食节。孰料次年(后赵建平三年，即332年)五月，“暴风大雨，震电建德殿端门、襄国市西门，杀五人。雹起西河介山，大如鸡子，平地三尺，洿下丈余，行人禽兽死者万数，历太原、乐平、武乡、赵郡、广平、钜鹿千余里，树木摧折，禾稼荡然”。石勒问其故，大臣徐光认为系禁断寒食节所致：“介推，帝乡之神也，历代所尊，或者以为未宜替也。一人吁嗟，王道尚为之亏，况群神怨憾而不怒动上帝乎！”他建议恢复并州的寒食节，“纵不能令天下同尔，介山左右，晋文之所封

① (宋)范晔撰，(唐)李贤等注：《后汉书》卷六一，中华书局1973年版，第2024页。按，三国魏周斐《汝南先贤传》、西晋司马彪《续汉书》所载与之略同。参见(宋)李昉编纂，夏剑钦校点：《太平御览》卷二六，河北教育出版社1994年版，第228页；(唐)欧阳询撰，汪绍楹校：《艺文类聚》卷五〇，上海古籍出版社1965年版，第892页。

② (隋)杜台卿撰：《玉烛宝典》卷二，中华书局1985年版，第121页。

③ (隋)杜台卿撰：《玉烛宝典》卷二，中华书局1985年版，第122～123页。按，《琴操》所记寒食节的节期与《新论》《后汉书・周举传》等文献虽有不同，但同样也认为寒食节起源于介子推焚死的传说。

④ (晋)孙楚：《祭介子推文》，(唐)虞世南撰，(清)孔广陶校注：《北堂书钞》，清光绪十四年(1888)孔氏三十有三万卷堂景宋刻本。按，这一时期寒食节的节期又有所变化，但民众依然认为寒食节起源于介子推焚死的传说。

⑤ (唐)欧阳询撰，汪绍楹校：《艺文类聚》卷四，上海古籍出版社1965年版，第62页。据考证，陆翙生活在两晋之际。参见周一良：《读〈邺中记〉》，《内蒙古社会科学》1984年第4期。

也，宜任百姓奉之”。令石勒为难的是：一方面，“寒食既并州之旧风，朕生其俗，不能异也”，似应遵从俗例；而另一方面，“子推虽朕乡之神，非法食者亦不得乱也”。石勒一时不能决断，遂令尚书“促检旧典定议以闻”。有关部门未能找到经典依据，只好以“子推历代攸尊”为由，奏请“普复寒食”，并建议将介子推信仰与祭祀活动纳入正祀，“更为植嘉树，立祠堂，给户奉祀”。这一奏议遭到了黄门郎韦谀的反驳。韦氏依据《春秋》指出，冰雹灾害是因“藏冰失道，阴气发泄”，阴阳失调所致，与介子推无关，“自子推已前，雹者复何所致？”况且“子推贤者，曷为暴害如此？”是以不必“求之冥趣”。韦氏认为：“以子推忠贤，令绵、介之间奉之为允，于天下则不通矣。”最终石勒采纳了韦氏的建议，遂“迁冰室于重阴凝寒之所”，并恢复了并州的寒食节。① 由此可见，这一时期“介子推说”不仅在并州广为流传，而且在后赵辖境内的其他地区也有不小的影响力。

北魏时，“介子推说”的流播范围进一步扩大，已遍及黄河中下游地区。贾思勰《齐民要术·醴酪》云：“昔介子推怨晋文公赏从亡之劳不及己，乃隐于介休县绵上山中。其门人怜之，悬书于公门。文公寤而求之，不获，乃以火焚山。推遂抱树而死。文公以绵上之地封之，以旌善人。于今介山林木，遥望尽黑，如火烧状，又有抱树之形。世世祠祀，颇有神验。百姓哀之，忌日为之断火，煮醴酪而食之，名曰‘寒食’，盖清明节前一日是也。中国流行，遂为常俗。”②此即其佐证。

至隋代，“介子推说”在晋地仍流行不衰。《荆楚岁时记》杜公瞻注文云：“介子推三月五日为火所焚，国人哀之，每岁春暮，为不举火，谓之‘禁烟’，犯之则雨雹伤田。”③宋朱胜非《绀珠集》卷五所载尤详：“昔介子推三月五日为火所焚，并人哀之，每岁春暮为不举火，因以寒食，谓之禁烟。至今晋人重此

① 以上引文参见（清）汤球撰：《十六国春秋辑补》卷十五，商务印书馆1958年版，第112～113页；（唐）房玄龄等撰：《晋书》卷一〇五，中华书局1974年版，第2749～2750页。

② （后魏）贾思勰原著，缪启愉校释：《齐民要术校释》卷九，中国农业出版社1998年版，第521页。据缪氏考证，《齐民要术》反映的农业地区主要是黄河中下游地区（以山东地区为中心）。贾氏除原籍山东外，还到过今山西、河南、河北等省，足迹遍及黄河中下游地区，跟他写书的地区相符。换言之，贾思勰所称“中国”主要指黄河中下游地区。

③ （梁）宗懔撰，宋金龙校注：《荆楚岁时记》，山西人民出版社1987年版，第34页。

禁，云犯之则有雨雹伤其田。”[①]

唐代统治者援引经典《周礼》《论语》，对寒食节的起源作了新的诠释，提出“禁火—改火说”，摒弃了传统的“介子推说”。[②] 但在民间乃至士大夫中，“介子推说”仍有不小的影响力。唐人诗文对此多有反映，如卢象《寒食》诗云：“子推言避世，山火遂焚身。四海同寒食，千秋为一人。”[③]王昌龄《寒食即事》诗云：“晋阳寒食地，风俗旧来传。雨灭龙蛇火，春生鸿雁天。泣多流水涨，歌发舞云旋。西见之推庙，空为人所怜。”[④]许浑《途中寒食》诗云：“店闲无火日，村暖斫桑时。泣路同杨子，烧山忆介推。”[⑤]孟云卿《寒食》诗云：“二月江南花满枝，他乡寒食远堪悲。贫居往往无烟火，不独明朝为子推。”[⑥]又郑余庆《大唐新定吉凶书仪》载：“寒食禁火，为介子推投绵上山，怨晋文帝[公]，帝[公]及禁[焚]山，子推抱树而烧死。文公乃于太原禁火七日，天下禁火一日。”[⑦]“介子推说”在唐代社会的影响力之大可见一斑。

在宋代，“介子推说”的影响力仍不容小觑。宋人诗文中亦不乏记载，如吕夷简《寒食》诗有“人为子推初禁火”[⑧]句，宋庠《清明》诗有“冷落介推藏火月”[⑨]句，沈遘《清明后书事》其一有“火官初换介推烟”[⑩]句。又高承《事物纪原》云：“故俗，每寒食前一日谓之炊熟，则以面为蒸饼样，团枣附之，名为子推，穿以柳条，插户牖间。相缘云介子推逃禄，晋文公焚山求之，子推焚死。文公为之寒食断火，故民从此物祀之，而名子推。”[⑪]在山西绵山周边地区，

① （宋）朱胜非撰：《绀珠集》卷五，《景印文渊阁四库全书》第872册，（台北）台湾商务印书馆1986年版，第367页。

② 参见马荣良：《隋代寒食节的传承与创新》，《节日研究》第十六辑，山东大学出版社2020年版，第87～88页；马荣良：《初唐寒食节的发展演变及成因——兼论统治阶级在节日发展中的作用》，《青岛农业大学学报》（社会科学版）2021年第2期。

③ 中华书局编辑部点校：《全唐诗》卷一二二，中华书局1999年版，第1222页。

④ 中华书局编辑部点校：《全唐诗》卷一四二，中华书局1999年版，第1440页。

⑤ 中华书局编辑部点校：《全唐诗》卷五三二，中华书局1999年版，第6122页。

⑥ 中华书局编辑部点校：《全唐诗》卷一五七，中华书局1999年版，第1613页。

⑦ 转引自周一良、赵和平：《唐五代书仪研究》，中国社会科学出版社1995年版，第158页。据该书考证，郑余庆《大唐新定吉凶书仪》是唐代元和后通行全国的权威性书仪，远至西陲，迄于后唐，无不受其影响。

⑧ （宋）杨亿：《杨文公谈苑》，上海古籍出版社编：《宋元笔记小说大观》第1册，上海古籍出版社2001年版，第518页。

⑨ （宋）宋庠撰：《元宪集》卷十二，清《武英殿聚珍版丛书》本。

⑩ （宋）蒲积中编，徐敏霞校点：《古今岁时杂咏》卷十五，辽宁教育出版社1998年版，第192页。

⑪ （宋）高承撰，（明）李果订，金圆、许沛藻点校：《事物纪原》卷八，中华书局1989年版，第432页。

“介子推说”更是沿袭不衰。南宋潘自牧《记纂源海》引《舆地纪胜》云：“禁火台，在州（按：指汾州，即今山西汾阳市）城内，寒食祭介之推于此。”[①]陈元靓《岁时广记》引《翰府名谈·洁惠侯记》云：“汾州灵岩县东有山曰绵田，山下有洁惠侯庙，朝廷锡之号，其神乃世谓介子推也。……洎文公复国，子犯辈无功而俱受官爵，独遗子推。……子推乃入绵田山不出，文公遣人焚山，意子推避火出山。是日烈风，火势雷动，玉石俱焚，草木尽灰，子推竟身为焦尸。里人悯子推之节义，横夭而不得用，乃记其死日。一曰阳来复，一百五日也。至其日，不举火，不炊饭，咸食冷物。自兹其日为寒食也。迄今天下皆如此，自洪河之北，尤重此节。先期数日，具膳灭火封灶，无少长咸食冷食。灵岩之民，尤为谨畏。故举火造饭，雷电即至其家。山之顶有地数亩，土石色焦，亦若新过火焉。”[②]又两宋之际李复《九日过介之推祠》诗云：“荒祠久零落，秋日故山阿。椒菊持新奠，龙蛇忆旧歌。论功嗟晋粟，流怨动汾波。千岁遗灵在，乡民禁火多。”[③]

至明代，寒食节虽日渐衰落，但“介子推说”仍流行不辍。明佚名所撰《蒙学全书》云：“问：清明寒食其事如何？答曰：昔介子推从晋文公，求之不见，乃放火烧山。子推抱树而死，公哀之，因此号为寒食节。”[④]另据清李清《南渡录》：“翰林院编修张星以寒食届期，请遥祭诸陵及先帝。……时城内外遍贴云：‘端阳竞渡，吊屈原也；寒食禁烟，哀介子推也。’”[⑤]在明末，南京民众依然认为寒食节是为纪念介子推而设置的，“介子推说”之影响力可见一斑。在山西绵山周边的灵石等地，“介子推说”依然盛行不衰。万历《灵石县志》云：“晋介之推从文公出亡十九年，公馁于曹，推割股食之。……既文公立，遍赏从亡者，推不言禄，禄亦不及。……遂携母同隐于绵山。……公使人求之，不可得，且举火焚山以冀其出，竟不听，与母俱抱木焚死。文公乃环绵上之田而封之，曰：‘以志吾过，且旌善人。’土人因庙祀绵山之麓，故并州

① （宋）潘自牧撰：《记纂源海》卷二三，《景印文渊阁四库全书》第930册，（台北）台湾商务印书馆1986年版，第522页。

② （宋）陈元靓编：《岁时广记》卷十五，商务印书馆1939年版，第157～158页。

③ （宋）李复撰：《潏水集》卷十三，《景印文渊阁四库全书》第1121册，（台北）台湾商务印书馆1986年版，第127页。按，北宋哲宗元祐四年（1089），李复始任职于潞州（今山西长治）上党县，凡七年。诗当作于此时，诗中所称介之推祠即在绵山上。

④ （明）佚名撰：《蒙学全书》卷十一，明书林熊建山刻本。

⑤ （明）李清撰，李清校点：《南渡录》卷五，浙江古籍出版社1988年版，第234页。

风俗每寒食不忍举火，自始祀，至今无变。”[①]《大明一统志》载，在汾州，“州人寒食祭介之推于此（指焚火台）”[②]。另据万历《沁源县志》，在沁源，“三月清明节，拜扫坟墓，挂纸钱于墓上，不焚，禁火故也。前后禁火三日，甚严，俗传介子推焚身忌辰也，不则畏有雹灾”[③]。

降及清代乃至民国时期，“介子推说”在山西沁源、灵石等地仍不绝如缕。雍正《沁源县志》云：“（清明）前后禁火三日，禁甚严。俗传介之推焚身忌辰，不（否）则有雹灾。”[④]乾隆《沁州志》亦有类似记载：“（沁源）清明前后禁火三日，其禁甚严。拜扫毕，挂纸钱于塚上，不焚，相传为介之推焚身忌辰故也。”[⑤]另据道光《直隶霍州志》，清明前，灵石县“东乡村庄相沿冷食三日，不举火，约禁颇严，感介神也”[⑥]。民国时期犹然。[⑦]

综上所述，上自两汉，下迄民国，“介子推说”在各地特别是山西太原、绵山周边地区可谓深入人心，代代相传。“介子推的一点史实，经过民众的加工，逐渐演变为流传广泛、跨越千年的民间传说，成为对寒食节起源的最普遍的民间解释。”[⑧]不仅如此，“介子推说”还得到了不少现代学者的赞同。如高专诚认为，介子推被焚而死是寒食节出现之关键，因为只有被焚而死，才会禁止“火食”，进而导致寒食节的产生。[⑨] 陈泳超虽无意断定寒食节俗就一定起源于介子推传说，但也指出：在不能证明寒食习俗早于介子推传说的前提下，我们依然无法否定传说与习俗的密切关系甚至因果关系。[⑩] 张勃更是“介子推说”的拥趸，认为：“禁火习俗与介子推其人其事及传说密切相关，它是在西汉社会的历史大背景下，在早已存在的对介子推进行祭祀活动的基础之上，杂糅了俗民对‘传说’的、却已经实事化了的英雄人物的美好情感……

---

① （明）路一麟纂修：《灵石县志》卷三，明万历二十九年（1601）刻本。

② （明）李贤撰：《大明一统志》卷二一，三秦出版社1990年版，第336页。

③ （明）王纯、李守贞纂修：《沁源县志》卷上，明万历三十六年（1608）刻本。

④ （清）王廷掄续纂修：《沁源县志》卷四，清雍正八年（1730）续修刻本。

⑤ （清）叶士宽原本，姚学瑛续修：《沁州志》卷八，清乾隆三十六年（1771）增补、雍正九年（1731）刻本。

⑥ （清）崔允昭修：《直隶霍州志》卷十五，清道光六年（1827）刻本。

⑦ 参见李凯朋修：《灵石县志》卷一，民国二十三年（1934）铅印本。

⑧ 张勃：《介子推传说的演变及其文化意义》，《管子学刊》2002年第3期。

⑨ 参见高专诚：《历史和传说中的介子推与寒食节——兼论寒食节的产生和早期发展》，《沧桑》2008年第5期。

⑩ 参见陈泳超：《寒食缘起：从地方性到普泛化》，《民俗研究》2008年第2期。

杂糅了对神灵和禁忌的神性惩罚的畏惧而形成的。至于寒食习俗发生的原因……是禁火所必然带来的后果，同时也是对介子推的一种哀悼方式。寒食节的形成则是禁火、寒食活动约定俗成的结果。”①此外，国外学者侯思孟也认为寒食习俗的源头与介子推密切相关：“目前我们已读到了现存的有关寒食的所有文献，而且他们都认为这个节日是为了纪念介子推而举行的。但他们提出的日期并不一致，从盛冬到冬至后 105 天，到阴历五月五日都有可能。……寒食节时所吃的食物随各史料的记载及地点而有变易（其中《齐民要求》的记录最完整），但是所纪念的对象是一致的。从最早到最晚的记录看来，寒食的目的是要纪念一个当地的英雄人物——介子推。”②

二

对于“介子推说”，历来也不乏质疑之辞。诚如论者所言，在所有关于寒食节起源的观点中，“介子推说”是唯一为普通民众所信奉的说法，但也是几乎所有研究者都批驳的对象。③

早在两晋之际，陆翙就提出异议：“俗人以介子推五月五日烧死，世人甚忌，故不举火食，非也。北方五月五日自作饮食，祠神庙，及五色缕、五色花相问遗，不为子推也。”④从某种程度上说，陆翙的质疑开启了后世学者否定“介子推说”之先河。⑤

隋代杜台卿指出，介子推割股被燔之事在《史记》《左传》等史籍中均未见载录。⑥ 其侄杜公瞻亦持此论：“又，周举移书及魏武《明罚令》、陆翙《邺中记》并云，寒食断火，起于子推……又，云‘五月五日’，与今有异，皆因流俗所传。据《左传》及《史记》，并无介推被焚之事。”在杜氏叔侄看来，“介子推说”

---

① 张勃：《寒食节起源新论》，《西北民族研究》2004 年第 3 期。

② ［法］侯思孟：《中世纪早期的寒食节》，杨玉君译，《民俗曲艺》（台北）1996 年第 100 期。至于寒食节为何要纪念介子推，侯思孟则未论及。

③ 参见张勃：《寒食节起源新论》，《西北民族研究》2004 年第 3 期。

④ （隋）杜台卿：《玉烛宝典》卷五，中华书局 1985 年版，第 233 页。值得注意的是，对于“并州之俗以冬至后百五日有（当为‘为’）介子推断火冷食三日”的说法，陆翙则未置异议。

⑤ 参见杨琳：《中国传统节日文化》，宗教文化出版社 2000 年版，第 181 页；陈泳超：《寒食缘起：从地方性到普泛化》，《民俗研究》2008 年第 2 期。

⑥ 参见（隋）杜台卿：《玉烛宝典》卷二，中华书局 1985 年版，第 124 页。

乃"流俗所传",于史无据,不足为凭。杜公瞻进而明确指出,寒食节起源于周代的禁火之制:"《周礼·司烜氏》:'仲春以木铎修火禁于国中。'注曰:'为季春将出火也。'今寒食准节气是仲春之末,清明是三月之初,然则禁火盖周之旧制。"[①]杜氏叔侄对"介子推说"的质疑乃至否定,特别是溯源传统经典另赋新说,对后世产生了深远影响。[②]

唐代统治阶级便深受其影响,如初唐官修类书《艺文类聚》卷四《岁时中》"寒食"篇罗列前代关于寒食节的记载,居篇首的便是《周礼·司烜氏》。[③]此外,唐高宗太子李贤在《后汉书·周举传》注中指出:"龙,星,木之位也,春见东方。心为大火,惧火之盛,故为之禁火。俗传云子推以此日被焚而禁火。"[④]李贤对俗传的"介子推说"持否定态度,也将周代的禁火之制视为寒食节的源头。在此基础上,盛唐统治者援引《周礼》《论语》,提出"禁火—改火说",摒弃了传统的"介子推说"。天宝十年(751)三月,唐玄宗敕云:"《礼》标纳火之禁,《语》有钻燧之文,所以燮理寒燠,节宣气候。自今以后,寒食并禁火三日。"[⑤]

对于"介子推说",宋明两代学者中也不乏质疑者。如宋代高承认为"介子推说"乃讹谬之辞,"自汉以来,讹谬已若此也"[⑥]。江少虞亦认为:"昔并州之俗,为介之推禁火,此疑古人托以鬼神为名。"[⑦]罗泌更是踵隋代杜台卿叔侄之余绪,指出:"而周举之书、魏武之令,与夫《汝南先贤传》《邺中记》等,皆以为为介子推,谓子推以三月三日燔死,而后世为之禁火。吁!何妄邪!是何异于言子胥溺死而海神为之朝夕(潮汐)者乎?予观左氏、史迁之书,曷尝有子推被焚之事?"[⑧]明代张萱亦持此论:"及考《左传》《史记》所纪介子推事,绝无焚死之文。惟《晋乘》及汉刘向《新序》乃云:子推隐于介山,文公求之不得,遂以火焚其山。子推坚不出,因以焚死。余按:《晋乘》文字大非春秋时

① (梁)宗懔撰,宋金龙校注:《荆楚岁时记》,山西人民出版社1987年版,第34页。

② 详见马荣良:《隋代寒食节的传承与创新》,《节日研究》第十六辑,山东大学出版社2020年版,第75~88页。

③ 参见(唐)欧阳询撰,汪绍楹校:《艺文类聚》卷四,上海古籍出版社1965年版,第62页。

④ (宋)范晔撰,(唐)李贤等注:《后汉书》卷九一,中华书局1999年版,第1367页。

⑤ (宋)王溥:《唐会要》卷二九,中华书局1955年版,第543页。

⑥ (宋)高承撰,(明)李果订,金圆、许沛藻点校:《事物纪原》卷八,中华书局1989年版,第433页。

⑦ (宋)江少虞:《宋朝事实类苑》卷五八,上海古籍出版社1981年版,第757~758页。

⑧ (宋)罗泌撰:《路史》卷三二,《景印文渊阁四库全书》第383册,(台北)台湾商务印书馆1986年版,第452页。

口吻，其为伪书无疑。盖傅会刘向者，不足据。然亦未尝明言春月、冬仲及五月也。《先贤传》《邺中记》皆因之。余谓介子推事当以《左传》《史记》为信，焚死之说甚为谬矣。晋文公好贤下士，岂有贤人不肯出，遂以火焚之？其说不攻自破。”总之，“寒食禁火，自别有说，非为子推，断可识也”。[①] 此外，李时珍、谢肇淛、顾起元、周祈等众多明代学者均认为“介子推说”乃流俗所传、“好事之说”，不足为据。[②]

降及清代，顾炎武等学者也异口同声地认为“介子推说”为后人附会，不足凭信。顾炎武指出：“‘立枯’之说始自屈原，‘燔死’之说始自《庄子》。……今当以《左氏》为据，割股燔山，理之所无，皆不可信。”[③]梁玉绳亦云：“至被焚之说，起于战国时附会，故《庄子·盗跖篇》有之，殊不足据。(《楚辞·九章》亦有立枯语)后人误信，递相传述，遂嫁其事于寒食之禁火，(《容斋三笔》曾辨之)。”[④]洪亮吉明确指出：“俗谓寒食始于介子推，非也”，并予以详细考辨：“其以为子推者，始于桓谭《新论》及《后汉书·周举传》。……魏武帝《明罚令》亦云……周斐《汝南先贤传》、陆翙《邺中记》等并同。无论并州一方之俗，不足以概天下；且子推死有定月，故《周举传》言其月神灵不乐举火，今寒食节或在二月，或在三月不一，则明非因子推而始可知。又《初学记》引《琴操》云：晋文公与介子绥俱亡，子绥割腕股以啖文公。文公复国，子绥独无所得。子绥作《龙蛇》之歌而隐，文公求之不肯出，乃燔左右木，子绥抱木而死。文公哀之，令人五月五日不得举火。……据《琴操》《邺中记》，则子推亡在五

---

① (明)张萱撰：《疑耀》卷五，中华书局1985年版，第99页。

② 参见(明)李时珍：《本草纲目》，人民卫生出版社1975年版，第418页；(明)谢肇淛：《五杂俎》卷二，上海书店出版社2001年版，第22～23页；(明)顾起元撰：《说略》卷四，《景印文渊阁四库全书》第964册，(台北)台湾商务印书馆1986年版，第406页；(明)周祈撰：《名义考》卷二，《景印文渊阁四库全书》第856册，(台北)台湾商务印书馆1986年版，第312～315页；(明)郑明续：《郑侯升集》卷三八，明万历三十一年(1603)郑文震刻本；(明)文德翼辑：《佣吹录二集》卷十七，清康熙四年(1664)古秋堂刻本；(明)张思鼎辑：《琅邪代醉编》卷二，明万历二十五年(1597)陈性学刻本；(明)陈士元撰：《论语类考》，《景印文渊阁四库全书》第207册，(台北)台湾商务印书馆1986年版，第107页。

③ (清)顾炎武著，黄汝成集释，栾保群、吕宗力校点：《日知录集释》卷二五，上海古籍出版社2006年版，第1411页。按，郭庆藩亦指出：“遍查经传，并无介推燔死之事。自屈子为立枯之说，庄生有燔死之文，而东方朔《七谏》《汉书·丙吉传》皆承其误。今当以《左传》《吕览》正之。”(清)郭庆藩辑，王孝鱼点校：《庄子集释》卷九下，中华书局1961年版，第999页。清代翟灏亦持类似观点：“介子推事未足典要。”(清)翟灏：《通俗编》卷三七，清乾隆十六年(1751)翟氏无不宜斋刻本。

④ (清)梁玉绳：《史记志疑》卷二一，中华书局1981年版，第986页。按，惠士奇云：“并州旧俗，遂莫敢烟爨，每冬中辄一月寒食，好事者因附会介子推焉。”(清)王先谦撰：《后汉书集解》卷六一，中华书局1984年版，第706页。

月五日，据《新论》《周举传》等，则子推亡又在盛冬，皆与清明节前之寒食无预。惟《岁时记》引晋孙楚《祭子推文》用今寒食节醴酪事，则以清明前寒食为因子推而设者，误。或自西晋始，而陆翙等又承其误也。”①

在近现代学者中，无论是主“改火说”者还是持“禁火说”者，对于“介子推说”基本都持否定态度。他们通常认为禁火寒食习俗在先秦时代即已有之，“介子推说”乃后人附会之辞，不足凭信。② 此外，国外学者如得格鲁(J. J. de Groot)、卡特恩玛(Max Kaltenmark)、守屋美都雄、中村乔等大多也不认同“介子推说”。③

三

对于“介子推说”，古往今来赞成者有之，质疑甚或否定者也不乏其人。综观前人所论不难发现，其争论的焦点集中在介子推焚死传说及由其衍生而来的“介子推说”是否真实这一问题上。

众所周知，民间传说因其本来身份和固有特征，历来被排斥在史家视野之外，经常受到传统史学的质疑。④ 在传统史家或学者眼中，介子推焚死的传说具有难以弥补的先天性不足，即该传说在《左传》《史记》等经典史籍中未见载录，遑论其与寒食节的直接关联。因此，介子推焚死传说及“介子推说”皆为后人附会，不可据为信史。上述质疑并非全无道理，但这并不意味着“介子推说”就是无稽之谈，毫无真实性可言。日本学者柳田国男指出：“生在当地，长在本乡的男女老少，众位乡亲，所共同信仰与传诵下来的东西，无论如何不可能是毫无内容、空洞无物的。这一点，我们可以由多数的传说常以某一神社为核心向四外扩展着，或总是讲了一些与特殊尊贵的人物有关的事迹，而得到证实。看来，这是当时侍奉神明者对至尊至贵的人所

① (清)洪亮吉：《卷施阁集·文甲集》卷二，清光绪三年(1877)洪氏授经堂刻《洪北江全集》增修本。

② 参见张勃：《寒食节起源新论》，《西北民族研究》2004年第3期。

③ 得格鲁(J. J. de Groot)认为寒食节不是为了纪念介子推，而是纪念春天里太阳的重生；卡特恩玛(Max Kaltenmark)亦认为寒食节是庆祝“火的新生”，是一个“绝对和太阳有关”的节日；中村乔则从古代改火、祈雨及“分野”系统的仪式中寻找寒食节的起源。参见[法]侯思孟：《中世纪早期的寒食节》，杨玉君译，《民俗曲艺》(台北)1996年第100期。

④ 参见小田：《民间传说的社会史内涵——以一个江南市镇的成长历程为依托》，《河北学刊》2006年第1期。

持的一种严肃而恭敬的思想之反映。因此，即或在书册上毫无记载，或有着完全对立、从而不能同时肯定其双方的矛盾记载，也不应该武断地结论说'这根本不对'，而全盘加以否定。"[①]此可谓中肯之论。

依据传说学观点，民间传说往往以特定的历史事件、历史人物和地方风物为依据，包含着某种历史的、实在的因素，具有一定的历史性。[②] 换言之，民间传说有一定的历史依据，能反映一定的历史事实，因而具有历史真实性。民间传说的这种历史真实性，主要表现为以下两个方面：其一，传说真实地反映了历史的本质面貌，揭示出一般的社会生活现象。[③] 日本学者白鸟库吉指出："传说仍有其属于历史之一面。不论传说如何荒唐无稽、难以置信，亦无非该国历史之产物，一国传说若离开其历史，即不能存立。凡传说必有其主角，其人是否真如所传，固值怀疑，然而传说用事实与虚构结合而成，其形成之经过，却依然传出事实真相。"[④]其二，作为"人民的口述历史"，传说体现了民众内心的真实、历史内在意义的真实。[⑤] 钟敬文指出，"民间传说（甚至作家的创作）所取材的历史人物，不一定需要符合他的传记事实，因为它着重的往往是对于社会事象的真实（内在意义的真实）"[⑥]。"所谓'真实性'，是指这故事（指马头娘等传说）在民众心口中诞生与传述的'真实'，不是说它在事实上的'必有'"[⑦]，而且不该随便否认这种真实。也就是说，传说的历史真实性不在于情节表述的准确无误，而在于真实地记录和反映了民众的历史情感和观念心态。质言之，民间传说的具体情节或者人物有可能是虚构的，但是它们所表现出来的历史情境与创作者、传播者以及改编者的

---

① [日]柳田国男：《传说论》，连湘译，中国民间文艺出版社1985年版，第46页。

② 参见钟敬文主编：《民间文学概论》，上海文艺出版社1980年版，第183页；乌丙安：《民间文学概论》，春风文艺出版社1980年版，第103～106页。

③ 参见乌丙安：《民间文学概论》，春风文艺出版社1980年版，第104～105页。按，钟敬文亦认为，民间传说是广大人民对社会、生活的真实反映。参见陈祖英：《钟敬文对民间传说学理论的建构》，《赣南师范大学学报》2019年第1期。

④ [日]白鸟库吉：《中国古传说之研究》，黄约瑟译，刘俊文主编：《日本学者研究中国史论著选译》第一卷《通论》，中华书局1992年版，第2页。

⑤ 参见陈祖英：《钟敬文对民间传说学理论的建构》，《赣南师范大学学报》2019年第1期。

⑥ 钟敬文：《为孟姜女冤案平反》，《钟敬文民间文学论集》上册，上海文艺出版社1982年版，第88～89页。

⑦ 钟敬文：《马头娘传说辨》，《钟敬文民间文学论集》下册，上海文艺出版社1985年版，第251页。

心态、观念却是真实存在的。① 不过，民间传说虽然具有反映特定时代的历史真实性，在很大程度上反映着历史的真实本质，但它并非严格意义上的历史，不是真实的历史事件或“真实的历史”。这是因为民间传说根据一定的历史事实反映社会生活本质时，经过了取舍、剪裁、虚构、夸张、渲染、幻想等艺术加工，不是严格地再现历史事件本身。② 由于时代和认识的局限性，传统史家或学者往往只看到了民间传说不是真实的历史事件这一面，却忽视了其所具有的另一面——历史真实性，因而通常将民间传说视为无稽之谈而加以否定。

综上可知，与其他民间传说一样，“介子推说”虽然并非真实的历史事件，但无疑也具有历史真实性。它真实地反映了“历史的本质面貌”，真实地记录和反映了民众的历史情感和观念心态。那么，其所反映的“历史的本质面貌”究竟是怎样的？其所记录和反映的又是民众的何种历史情感与观念心态呢？

如前所述，在太原等地的民间传说中，介子推乃是一位呼风唤雨、降雹施雷之神即雨神。这些地区的民众普遍相信，寒食节若不禁火寒食以尊奉介子推，就会遭到神性的惩罚——介子推的神灵定会降下雹雪雷雨之灾。这一传说及俗信之所以在太原等地产生并世代相传，根深蒂固地存在于民众的观念之中，是因为与山西的自然环境特别是气象灾害具有十分密切的关系。

山西地处中纬度东亚季风气候区，受季风进退异常和年际变化、脆弱的生态环境影响，自古以来气象灾害频发且种类多、地域广、灾情重，给民众的生产生活带来了深重灾难，其中以干旱、雹灾的危害最烈。干旱可谓山西历史上影响最盛的气象灾害。史料记载，公元前 1582 年至 1948 年的 3530 年中，山西地区与干旱灾害相关的记载有 609 年，其中严重干旱或特旱有 91 年；发生连旱两年及以上的特旱年有 45 个，其中在公元前就有 2 个，即前

① 参见户华为：《虚构与真实：民间传说、历史记忆与社会史“知识考古”》，《江苏社会科学》2004 年第 6 期。

② 参见钟敬文主编：《民间文学概论》，上海文艺出版社 1980 年版，第 183～185 页；乌丙安：《民间文学概论》，春风文艺出版社 1980 年版，第 183～184 页。

1582年至前1576年、前856年至前852年。① 另据学者研究，在先秦秦汉的1000年间（前800～300），山西旱灾记录共35年（次），年频次为0.035，系这一时期第一大自然灾害。② 在汉代，山西地区记载发生干旱灾害的有21年，其中还因大旱（大饥）多次发生人相食的情形。如新王莽天凤二年（15），“岁大饥，人相食”；东汉永初三年（109），“并州大饥，人相食”；永初五年（111），“时连岁旱蝗饥荒，并州大饥，人相食”。③ 史料统计显示，1世纪至9世纪，山西全省性干旱和大旱或局部大旱每世纪出现4～16次；10世纪至20世纪，每世纪出现次数增至16～74次。这说明随着时间的推移，山西干旱灾害发生的频次在过去的1～20世纪呈增加的趋势。④ 冰雹是山西仅次于干旱的第二大气象灾害，其特点是范围广、雹期长、频次高、雹粒大、成灾重。雹灾特别是雷电、暴雨、大风伴生时，往往对农业生产和民众生命财产造成严重损失，形成严重的灾害。史料记载，自东汉建武十二年（36）至民国三十七年（1948）的1913年中，山西地区记载发生冰雹的有409年，其中雹大“如卵”“如拳”“如掌”“如杯”“如碗”“如辘”，甚至“如车轮”“如卧牛”，造成“伤禾稼”“毙人畜”“毁屋瓦”等的有286年，即平均10年就有一两年遭严重灾害。⑤ 东汉之前的情况亦可以想见。⑥

在生产力十分落后的古代社会，人们无法克服自然界带来的灾害甚至死亡，他们在很大程度上必须依赖自然界，在大自然威严的力量面前时常感到惶惑和恐惧。对于古人来说，干旱、冰雹、雷电等自然现象都是捉摸不定、不可理解的，他们以自己贫乏的生活经验为基础，借助幻想把这些自然现象

① 详见《中国气象灾害大典》编委会编：《中国气象灾害大典·山西卷》，气象出版社2005年版，第10～120页。

② 参见王建华：《山西灾害史》上册，三晋出版社2018年版，第4～12页。按，另据学者统计，春秋时旱灾记录有36次，从旱灾发生地域的情况来看，关于鲁国旱灾的记载有27次，其次是晋国有5次。从现有记载分析来看，鲁国所在的山东地区以及晋国所在的山西地区是旱灾的多发区。战国时期文献记载的旱灾有8次，其中晋国5次。这8次旱灾对于漫长的战国时期来说，显然与真实的历史有一定差距，主要是由于缺乏历史资料。参见刘继刚：《中国灾害通史·先秦卷》，郑州大学出版社2008年版，第43～44页。

③ 王建华：《山西灾害史》上册，三晋出版社2018年版，第6～10页。

④ 参见《中国气象灾害大典》编委会编：《中国气象灾害大典·山西卷》，气象出版社2005年版，第10～120页。

⑤ 参见《中国气象灾害大典》编委会编：《中国气象灾害大典·山西卷》，气象出版社2005年版，绪论。

⑥ 王建华指出，先秦秦汉时期，山西雹灾的历史记录极少，仅有3次，这严重背离雹灾发生的历史实际。参见王建华：《山西灾害史》上册，三晋出版社2018年版，第20页。

人格化、神化，并从自己征服自然力、驾驭自然力的愿望出发，赋予这些神以超自然的神力。[①] 于是，雨神、雷神等神灵便应运而生。历史上，恶劣的生存环境、难以抵御的干旱与冰雹等自然灾害，增强了太原等地民众对神灵——雨神的需求。当灾难来临而人力不逮之时，他们就会祈求雨神的庇佑，希望消灾解厄，寻求精神上的寄托和安慰。至迟于东汉中期，太原郡民众已将乡贤介子推神化，视其为主宰一方风雨灾祥乃至人间祸福的神灵——雨神的化身，而加以崇拜祭祀。“精灵影响并控制着物质世界中的事件和人的现世生活与来世生活；而且精灵保持着与人的接触，并且会对人的行动感到高兴或不高兴。因此，相信精灵的存在，就迟早会自然而然地，甚至可以说是不可避免地导致主动的敬神和赎罪行为。”[②]对于能够主宰人间祸福的超自然力的神灵，人们便会生出一种畏惧心理，生怕他不高兴而降灾于自己。在这种心理支配下，人们在行动上就会想方设法地讨好他，宁肯忍一时的困境，也不敢得罪神灵。在太原等地，由于介子推“神灵不乐举火”，所以每逢其忌日，民众都要祭祀介子推，禁火寒食数日甚或长达一个月，这就是一种“敬神和赎罪行为”。[③] 这种节日祭祀仪式与所有的民间仪式一样，其心理的终极关注焦点在于民众的求吉观念，即民众对现实生活的热切关注和美好祝愿。[④] 换言之，民众对介子推的信奉与推崇，实则蕴含着他们祈求风调雨顺、五谷丰登以及平安幸福的心理诉求。[⑤]

不仅如此，“介子推说”之所以在太原等地世代相传，还因为介子推身上具有忠孝节义等高尚品德与情操。[⑥] 在《左传》《史记》等史籍中，介子推既是一个追随重耳流亡、一心事主的忠臣，又是一个淡泊名利、不求封赏而携母归隐的节士与孝子，这种历史形象为后人所追慕与缅怀。从先秦至两汉，由

---

① 参见黎珏辰：《原始思维在壮族民间宗教中的体现》，陈明等主编：《原道》第 32 辑，湖南大学出版社 2017 年版，第 48 页。

② [英]爱德华·B.泰勒：《万物有灵论》，金泽译，史宗主编：《20 世纪西方宗教人类学文选》上卷，上海三联书店 1995 年版，第 24～25 页。

③ 详见张勃：《寒食节起源新论》，《西北民族研究》2004 年第 3 期。

④ 参见巩宝平：《略论汉代节日的基本特征》，《民俗研究》2008 年第 4 期。

⑤ 实际上，中国民间社会普遍存在的神灵崇拜及其祭祀活动，最终指向都是祈求超自然力量和神灵对后人的荫蔽，其目标诉求都是获得世俗世界的丰收、愉悦和吉祥。

⑥ 对于介子推具有的忠孝节义等品德与情操，张勃有着深入的剖析，在此不赘。详见张勃：《介子推传说的演变及其文化意义》，《管子学刊》2002 年第 3 期；张勃：《寒食节起源新论》，《西北民族研究》2004 年第 3 期。

于历史的发展和现实的需要，介子推及其事迹逐渐被演化为民间故事和传说。[①] 这一时期，随着割股奉君、赋诗言志、抱木燔死等情节的加入，介子推的形象一步步发生变化，日益鲜明和高大起来。特别是在西汉中晚期，在士人阶层重名节、朝野崇尚忠孝等道德观念和价值取向下，介子推的忠义形象、忠烈之名被推到了极致，由此成为汉人名节观念和道德操守的榜样，并进入主流话语体系。[②] 自汉代以降，介子推因其高洁品行而备受后人称颂和景仰，甚至得到了统治阶级的认可与褒奖。例如，宋神宗于元丰元年（1078）赐封介子推为洁惠侯，称其为"忠廉自信之士"[③]；宋徽宗崇宁三年（1104）二月，赐"昭德"匾额，悬其祠庙，以示褒奖[④]。元人对其也大加赞赏："数千载之下，想其风节，虽谓严霜烈日争光可也，虽谓介山同为不朽亦可也。"[⑤]明人则将其品行凝练为"忠孝清烈"四字，加以表彰、推崇。嘉靖三年（1524）《重修洁惠侯庙记》云："之推始事文公也，割股而食以避大难之临，周旋之外十有九年之返，昭其忠也；及至返国，目舅犯之要，君耻与之而并立，昭其清也；携母入山，养亲隐居，昭其孝也；死火不就，乃天性之所报，昭其烈也。忠、孝、清、烈，推实兼之，苟以爵禄企之，岂其心哉？"又曰："汨罗之忠，首阳之清，四皓之高，予陵之节，之推则可谓兼有之矣。"[⑥]明代介休举人李希松论之尤为详明：

忠者天地之大义，孝者天地之常经，清者天地之大节，烈者天地之浩气。维神始委质于晋献，继从辅于文公。骊姬谗谮，重耳出奔；五臣从亡，神实与焉；经曹过卫，之楚之秦；周旋艰难，不避其身；有竖窃藏，

① 参见裘锡圭：《寒食与改火——介子推焚死传说研究》，《中国文化》1990 年第 1 期；张勃：《介子推传说的演变及其文化意义》，《管子学刊》2002 年第 3 期；高专诚：《历史和传说中的介子推与寒食节——兼论寒食节的产生和早期发展》，《沧桑》2008 年第 5 期；刘杰：《先秦两汉介子推故事的演变》，《晋中学院学报》2009 年第 1 期。

② 参见余瑾：《介子推与寒食节》，《文史知识》2015 年第 4 期。

③ 《汾州介之推庙可洁惠侯制》云："敕：惟神之生，尝以羁靮从晋侯行天下，而不言其禄，晋人思之，卒与其母隐死于深山而不顾，可谓忠廉自信之士矣。则其殁也，宜为明灵，血食于其土。守臣来告，有祷必从，庇民之德，是不可以亡报，锡命侯爵，神其享之。可。"《宋大诏令集》，中华书局 1962 年版，第 587 页。

④ 详见刘琳等校点：《宋会要辑稿》，上海古籍出版社 2014 年版，第 999 页。

⑤ （元）左遵道：《重修洁惠侯庙记》，（清）胡聘之：《山右石刻丛编》卷三七，清光绪二十七年（1901）刻本。

⑥ 转引自侯清柏、张培荣：《介之推与寒食清明节》，山西人民出版社 2009 年版，第 74 页。

割股食君；及秦纳入，推赏褒旌；子犯之辈，贪冒天功；义罪赏奸，上下相蒙；耻食晋粟，身隐无文；贤哉神母，同隐绵峰；文公觅迹，蹈火焚身；原其始终，望神听闻。夫为君割股，忠贯古今；奉母归山，孝达神明；耻与同朝，冰冽之清；枯骨烟烬，浩然之贞。全此四者，天地之精；神灵洋溢，克塞无穷；血食绵延，庙貌常新；苍松凛凛，古柏森森；神之清烈，随地而生；丹叶敷青，丹蕊吐红；神之忠孝，即物而征；侯封洁惠，百代高名；威司雷电，万里蒙恩。①

其流风遗韵至清代犹存，清马毓琛《小绵山吊古》云："覆釜山前建庙古，庙大十亩尚有余。殿宇辉煌更宏敞，舞台高耸凌空虚。庙中所祀厥为谁？割股奉君介之推。母子偕隐相抱死，烈火焚烧事堪悲。同是从亡与人别，死不言禄何其洁！后人不忍举火食，是日名为禁烟节。旌善原有绵上田，禋祀隆盛年复年。晋文虽然能志过，洁侯岂肯受人怜。从此节届三月三，演剧起会报恩覃。会有千男并万女，手捧香火来拜参。参拜殿前古祠堂，千秋百代足流芳。"②介子推身上的这种精神力量符合民众的文化心理需求和价值取向，寄寓着他们的情怀与理想，因此得到历代民众乃至官方的广泛认可和推崇。

结 语

对于民间传说，我们大可不必纠结于其内容的真假对错，刻意去考证每一人物或细节的真伪，更有意义的是考察它如何形成、为何形成、为何盛行不衰，深入剖析其背后所反映的社会内容和心路历程，解读其蕴含的历史信息，以补充、深化或修正传统文献本位所呈现的"历史事实"。③"介子推说"虽出于后人附会，表面看来似乎"充满时间、空间错置与幻想的迷雾"④，但绝非无稽之谈，实则具有一定的历史真实性。它既真实地反映了山西太原等

① (明)李希松：《祭洁惠侯文》，(明)路一麟纂修：《灵石县志》卷四，明万历二十九年(1601)刻本；景茂礼、刘秋根编：《灵石碑刻全集》下册，河北大学出版社 2014 年版，第 1849 页。

② 马继桢督修，吉廷彦编纂：《翼城县志》卷三八，民国十八年(1929)铅印本。

③ 参见户华为：《虚构与真实：民间传说、历史记忆与社会史"知识考古"》，《江苏社会科学》2004 年第 6 期。

④ 户华为：《虚构与真实：民间传说、历史记忆与社会史"知识考古"》，《江苏社会科学》2004 年第 6 期。

地历史上严重的旱灾、雹灾等自然灾害这一“历史的本质面貌”，又真实地记录和反映了当地民众的历史情感和观念心态，其中既蕴含着他们祈求风调雨顺、五谷丰登以及平安幸福的心理诉求，又寄托着他们崇尚忠孝节义的价值取向和追求。[①] 总之，“介子推说”的“产生和流传过程恰恰是包含着丰富社会舆论与情境的一个历史真实”，其中“蕴含着有关历史背景、一定区域社会的空间情景、民众日常生活经历与相互关系以及他们的观念心态等多方面的信息”。[②] 明了此点，对于探究寒食节的起源乃至变迁、传承无疑具有重要的意义。诚如有论者所指出的，离开介子推传说的参照，寒食习俗可能得不到适当的理解。如果全然不顾民俗的已然事实而撇开介子推传说，实际上就撇开了其中丰富的民俗内涵，也就忽视了解释寒食习俗的其他可能性。如此，既不能照顾民间智慧和情感，也不能照顾研究对象的特殊性。寒食习俗的发生背景，或许可从介子推传说本身所包含的民俗事象得到互相整合、似非而是的理解。[③]

① 有学者指出，民众亦可借介子推的遭遇，通过对悲剧人物的深切同情和不平来发泄对当权者的怨恨和不满。可备为一说。参见张勃：《介子推传说的演变及其文化意义》，《管子学刊》2002 年第 3 期。

② 户华为：《虚构与真实：民间传说、历史记忆与社会史“知识考古”》，《江苏社会科学》2004 年第 6 期。

③ 参见李道和：《前人对寒食习俗的解说及其内在矛盾》，《民族艺术研究》2002 年第 5 期；李道和：《寒食习俗源于求雨礼俗考》，段炳昌、王卫东主编：《东陆之光 · 人文学院中文系卷》，云南大学出版社 2013 年版，第 380 页。按，庞朴虽然认为寒食节与介子推无关，但同时也指出，“我们切不可煞风景地去要求二者脱钩”，因为寒食之被加进介子推的内容，却与文化之演变有关，它是文化发展的常规。参见庞朴：《寒食考》，《民俗研究》1990 年第 4 期。

二十四节气饮食的社会功能与现代意义

——对立夏“食传统”的文化考察*

张建军**

摘　要

在传承弘扬二十四节气饮食保健功能的同时，寻绎其蕴含的精神内核与社会功能，是系统化重构节气饮食文化保护格局的基本取向。对立夏“食传统”进行文化考察，揭示出节气饮食在维系人际情感、构建身份认同、推动经济发展、丰富文娱生活等方面的多种社会功能，也意味着其在促进人与自然和谐共生、营造和谐稳定社会环境、深化民族文化共同体意识以及推动农文旅产业融合发展等方面具有多重现代意义与可能性。因此，在个体性和社会性视域的审视下，重绘二十四节气饮食文化保护的完整图景，不仅是延续弘扬中华优秀传统文化的现实需要，更是其能够持续赋能当代社会发展进步的路向选择。

关键词

二十四节气　立夏　饮食文化　功能　意义

二十四节气是中国人通过观察太阳周年运动而形成的时间知识体系及

* 本文系中国民间文艺家协会“我们的节日”专题调研项目“二十四节气社区保护实践调研”的阶段性成果。

** 张建军，中国农业博物馆农业历史研究部（二十四节气研究中心）馆员。

其实践，包含着丰富的科学内涵、深邃的哲学内涵和深厚的文化内涵。[①] 作为中华优秀传统文化的典范，21 世纪的前 20 年，中国的二十四节气保护取得长足进步，具有里程碑意义的重大事件包括：2006 年，“农历二十四节气”入选首批国家级非物质文化遗产名录，2016 年被联合国教科文组织列为人类非物质文化遗产代表作名录，2020 年中国农业博物馆牵头创立全国性的二十四节气保护传承联盟。与之相伴的是，社会公众参与二十四节气保护的热情持续升温，特别是节气饮食尤为引人注目，在各个节气日到来之时，“吃什么”通常是大众传媒报道、民众生活闲谈的重要对象和热门话题之一。任何节气都包含饮食传统习俗，比如人们常说的“冬至饺子夏至面”，指的就是“两至”具有标志性意义的节气食物。饮食文化是二十四节气知识系统和实践体系的基本组成部分，因此，保护传承二十四节气的饮食文化也是促进二十四节气实现可持续发展的题中应有之义。

社会大众对二十四节气传统美食的普通关注，有力地推动了节令饮食的保护传承，极大地提升着节气文化的社会可见度。与此同时，不容忽视的是，大多数人重视的还是特定节气的所食之“物”，例如立春吃春卷、小满吃苦菜等，相对来说，对于二十四节气传统饮食的文化意涵和社会功能却关注不多。换言之，二十四节气饮食保护主要局限在“吃什么”的范畴，而对于围绕节气食物而衍生出的诸多文化观念和传统实践的传承发展还远远不够。同时，目前有关二十四节气的饮食研究大多聚焦于节气食物之于个体生理而言的果腹和保健意义，对于其在特定时间节点上参与整体文化建构和社会良性运转的功能、意义的讨论则十分有限。这在无形中矮化了节令饮食的重要地位，一定程度上阻碍了我们对于节令饮食多维度参与现代社会建设的观念认知和行动实践。因此，从二十四节气饮食之“物”转向寻绎节气食物所蕴含的文化传统与精神内核，实现其社会功能在当代的延续发展，显然是关乎二十四节气饮食保护传承领域的关键议题之一。

在二十四节气饮食中，立夏节气的饮食传统比较久远、丰富，不仅包含着多样化的文化表现形式和社会功能，而且在活态传承方面也具有相当的代表性。本文将以立夏食物及其饮食传统为案例，系统探讨二十四节气饮

① 参见隋斌、张建军：《二十四节气的内涵、价值及传承发展》，《中国农史》2020 年第 6 期。

食的自然性与社会性，深入阐释其在维系人际情感、构建身份认同、推动经济发展、丰富文娱生活等方面的社会功能，及其在促进人与自然和谐共生、营造和谐稳定社会环境、深化民族文化共同体意识和推动农文旅产业融合发展等领域的多重现代意义，使之在实践动态保护的过程中能够持续赋能现代社会的发展与进步。

一、立夏节气与食物传统

立夏是夏季的首个节气，是春之结束、夏之开始的标志性时间节点。早在先秦时期，《吕氏春秋》便载有“立夏之日，天子亲率三公九卿大夫以迎夏于南郊”[①]的文字，同时与迎夏相关的仪式还包括祭祀火神等。在中国两千多年的封建社会中，“迎夏”始终是国之重大仪礼。民间社会同样非常重视立夏，尤其是在江南地区，时人多称其为“立夏节”，是日有休假传统。清人范祖述《杭俗遗风》记有“五郎八保上吴山”[②]之谚，说的是“打米郎、剃头郎、倒马郎、皮郎、典当中之小郎”和“酒保、面保、茶保、饭保、地保、像像保（即阴阳生）、马保、奶保（即中人）”等各行从业者在立夏日休工，到吴山赶庙会的风俗。迨至民国末年，立夏日休息已相当普遍，当时有人专门抨击资本家以劳动节交换立夏节，不肯给工人多放一天假。[③] 可见，从古代至近代，从官方到民间，立夏都是非常重要的节气。

在林林总总的立夏节气民俗文化中，饮食风俗尤为引人注目。按道理来说，无论何时何地的立夏都必然存在着某种饮食活动，但将特定饮食与立夏结合，使之固定化、规模化、传统化，同时逐步演化成被大多数地区和民众接受和沿袭的社会风尚，大概始于明代，且主要集中在浙江、江苏、上海、福建、安徽等南方省市。例如万历《嘉定县志・疆域考下・民俗》载：“立夏乞邻家麦为饭，云食之不注夏。”[④]至迟到民国时期，节令饮食习俗在某种意义上已是江南立夏节气文化的绝对“主流”，其时“立夏有十八景之说，其中倒

---

① （战国）吕不韦编撰，杨红伟译注：《吕氏春秋》，岳麓书社 2016 年版，第 60 页。

② （清）范祖述著，洪如嵩补辑：《杭俗遗风》，六艺书局 1928 年版，第 33 页。

③ 参见小忆：《劳动节和立夏节交换》，《生活知识》1946 年第 2 期。

④ （明）韩浚修，（明）张应武纂：《嘉定县志》卷二，明万历三十三年（1605）刻本。

有十三种是吃喝之景”[①]，除牡丹、荼蘼、栋花、蔷薇四种观赏之景以及一种游乐之景——秤人外，其余十三种均为吃喝之景，包括酒酿、樱桃、青梅、蚕豆、穞麦、咸鸭蛋、海蛳、窨糕、烧酒、杜园笋、碧螺茶、夏鱼、鳌鱼。因此，立夏是适合探讨节令饮食的典型节气。

与北方诸省市相比，江南等广大地区的立夏饮食不仅传统悠长而且样式繁多，这从上文提到的“立夏十八景”中也可见一斑。从某种意义上说，立夏食俗丰富与否和该时节地区物产之多寡存在着较大关联。江南地区流传着“立夏见三鲜”“五日更一品”的说法，可见当地人立夏可食之物的多种多样。然而，对于华北地区而言，立夏时，瓜果蔬菜和粮食作物正值生长期，冰雹等气象灾害多发，农人多为年景担忧，因而祭雹神才是“头等大事”。例如，嘉靖《藁城县志·疆域志·礼俗》载：“立夏日祭雹神，以祈免灾。”[②]又如，在吉林，立夏才迎来春播，民国《梨树县志·实业·农业》云：“立夏，地气通始，种五谷、植菜蔬。”[③]因此，立夏时华北、东北等地多无鲜可尝。此外，即便北京等地区在清时已有“立夏，取平日曝晾之米粉、春芽，并用糃面煎作各式果叠，往来馈遗”[④]的风俗，但实难与江南立夏饮食图景相媲美。

各地的立夏饮食风俗具有突出的时代性和地域性，即便在江南地区也是一样。例如道光《建德县志·风俗志》载“四月八日，造青精饭相饷，谓之乌饭”[⑤]，但“食乌米饭”如今已转为杭州重要的立夏节俗。又如万历《新昌县志·风俗志·岁时》记“立夏，炙昌鱼、薤菜”[⑥]，此食俗在同时代其他地域并不多见。不过，总体而言，江南各地的立夏食物相差不大。按照食物种类和制作方法，立夏饮食大致可分为下述四种类型：一是时令果蔬水产，比如樱桃和青梅等水果，苋菜、笋、豌豆、蚕豆等蔬菜，以及海蛳、鲥鱼、石首鱼等水产；二是新麦、精米制作的各种饼、粥、饭等主食，诸如新麦制作的麦蚕、五色米制作的立夏饭等；三是各类腌制品，常见的有腌蛋、腌肉、腌蒜等；四是茶

① 问尹：《立夏季节在江南》，《新民报半月刊》1940年第2卷第10期。

② 王炳熙、任傳藻修，于箴等纂：《续修藁城县志》卷一，民国二十三年(1934)铅印本。

③ 包文俊修，李溶等纂，曲廉本等续修，范大全等续纂：《梨树县志·丁编人事》卷四，民国二十三年(1934)铅印本。

④ (清)潘荣陛，王碧滢、张勃标点：《帝京岁时纪胜》，《燕京岁时记(外六种)》，北京出版社2018年版，第40页。

⑤ (清)周兴峄修，(清)许锦春、严可均纂：《建德县志》卷六，清道光八年(1828)刻本。

⑥ (明)田琯修，(清)吕光洵纂：《新昌县志》卷四，明万历七年(1579)刻本。

与酒，其中普遍且闻名的是七家茶和烧酒。另外，根据《帝京景物略》，明代还有“立夏日，启冰，赐文武大臣”[①]的风俗。

立夏重视饮食，主要包括下述四种因素。首先，江南之地立夏时各种果蔬新粮问市，人们经过一冬，迎来了一年之中首次尝新、尝鲜的机会，强调“吃”也是对冬春饮食结构的校补。其次，立夏预示着农忙“旺季”即将到来，农谚云“立夏三天遍地锄”，此节气强调饮食具有滋补体魄的功效，农民能够以更加充沛的体力从事繁重的田间劳作。再次，立夏之后气温迅速攀升，在食品贮存技术不发达的乡土社会，冬藏食品人夏易发霉、易腐坏，需尽快吃完，故而某些地区立夏时有食尽全部腌制品的风俗。最后，立夏之后气候炎热，特别是江南地区暑热难耐，人的消化功能弱化，易出现食欲不振、四肢无力、体弱气虚、疲倦多病状况，民间称其为“疰夏”，俗信多数立夏吃食都可达到“消夏”的医疗功效，例如民国《於潜县志·风俗志·节序》便载：“立夏日啜新茗，啖新梅，食青笋、蚕豆，云可解注夏之疾。”[②]

现代社会的立夏依然是一个讲究“吃”的节气。传统的立夏果蔬水产普受欢迎；有些地区的立夏主食，因被赋予特定文化内涵而得到传承弘扬，比如半山立夏的乌米饭；除茶叶蛋外，人们立夏时基本不再大量食用腌制品，这当与冷藏技术进步、生活水平提高和保健观念转变紧密相关；传统的“醉夏”现象如今已不多见，但立夏饮茶仍不失为一种社会风尚。可见，“吃”的习俗，依然是当代中国立夏节气文化的重要组成部分。然而，与传统乡土社会不同的是，尽管现代人在立夏时还吃着许多和前人一样的食物，但我们对于其功能和意义传承的认识却局限在了其之于个体生理而言的美味和健康，重点强调的是符合自然规律的节气饮食，以达到“有病治病，无病防病”的目的。这也是当前二十四节气饮食保护面临的主要问题——在传承食之“物”的同时，食之文化与功能的多样性正在流失。

要言之，二十四节气饮食不仅具有果腹和保健意义上的生理功能，还具有多种多样的社会功能。例如，立夏的七家茶包含相馈“程序”，传递着邻里亲友守望相助的美好情感，有助于增进人际关系，促进社会和谐，等等。诸

① (明)刘侗、于奕正：《帝京景物略》，北京古籍出版社1980年版，第68页。

② (清)程兼善纂修：《於潜县志》卷九，民国二年(1913)谢青翰石印本。

如此类的社会功能，体现着二十四节气饮食的诸多核心文化内涵，既是我们保护传承的对象，也是其能够持续赋能现代社会良好发展的基本面相。

二、节气饮食的社会功能

二十四节气饮食的社会功能指的是以节气食物为载体、以文化传统为核心的观念表达和群体实践之于社会发展及其良性运转的作用。节气食物在特定的时间节点上充当了特殊的媒介，在维系人际情感、构建身份认同、推动经济发展、丰富文娱生活等诸多方面，具有超越其被视为简单动词“食”或纯粹名词“物”的多样化的社会功能。

（一）维系人际情感的功能

在传统社会，很多节气食物是人们在特定时空进行社会交往和情感联络时必不可少的情感媒介。全国很多地区在立夏时都有馈赠节气食物的习俗，且名目繁多，比如康熙《钱塘县志·风俗志》载：“立夏之日，各烹新茶，配以朱樱、青梅时鲜之果，间相馈遗。”[①]光绪《石门县志·杂类志·风俗》云：“立夏以百草芽粿为饼相馈。”[②]可见，大多数立夏食物可被当作礼物，在亲友邻里之间“流动”，借以增进人们之间的感情。当然，有些馈赠之物可能具有比较鲜明的阶级特征，例如前文提及的立夏赐冰，多为君王赐予臣民或上级赐予下级，以示关怀之意。旧时，苏州等地的酒肆多在立夏日回馈老主顾，以巩固双方良好的买卖关系。道光年间《清嘉录》载：“酒肆馈遗于主顾以酒酿、烧酒，谓之馈节。”[③]除馈送形式外，民间社会还有乞“百家粮”、烧“百家饭”的习俗，乞粮者多为儿童。如崇祯《嘉兴县志·政事志·里俗》载：“立夏日，儿童绕邻乞米、拔篱笋，寸断之，杂煮，作百家饭。老幼分啖，云食之可一夏无疾。”[④]清吴存楷《江乡物诗》云：“立夏日，儿童席地为炊，薪、米、豆、肉，皆乞诸人，其状绝似丐者，或亦厌胜之意。”[⑤]旧时，一旦立夏之时新粮未获，

① （清）魏崾、裘琏等纂：《钱塘县志》卷七，清康熙五十七年（1718）刻本。

② （清）余丽元等纂修：《石门县志》卷十一，清光绪五年（1879）刻本。

③ （清）顾禄撰，王湜华、王文修注释：《清嘉录》，中国商业出版社 1989 年版，第 101 页。

④ （明）罗炌修，（明）黄承昊等纂：《嘉兴县志》卷十五，明崇祯十年（1637）刻本。

⑤ 王国平主编：《西湖文献集成·西湖风俗》，杭州出版社 2004 年版，第 161 页。

有的人家可能会面临断炊。在此一节气，馈赠食物或吃百家饭体现着乡间的传统美德，既可联络感情，又可扶危济困。

（二）构建身份认同的功能

节气食物是唤醒民族记忆、构建身份认同的标志性文化符号。即便各地节气饮食多带有地域性色彩，例如杭州半山地区的立夏特色饮食为乌米饭、上海崇明为草头烧饼、闽南地区为虾面，但其蕴含的文化心理却有着极强的趋同性。比如，各地立夏食俗都非常关注饮食与季节的互动关系，强调通过饮食来防暑、防瘦、防疰夏。嘉靖《太仓州志·风俗志·时序节物》载："立夏日煮麦、豆和糖食之，曰不注夏。"[①]清末民初《金陵岁时记》云："立夏，使小儿骑坐门槛，啖豌豆糕，谓之不住夏。"[②]又如，各地立夏食俗尤其重视保障孩童的身心健康。嘉庆《宜章县志·风土志·节序》载："立夏，小儿食鸡、鸭卵数枚，名曰护夏。"[③]同治《苏州府志·风俗志》："煎七家茶，与小儿食之，免疰夏。"[④]一食鸡鸭蛋，一食七家茶，但两者都表达了希望小儿夏日少病少灾的期盼。再如，中国古人俗信特殊的食物之形有助于滋养特定的身体部位，这种食俗心理具有相当的普遍性。民国《萧山县志稿·疆域·风俗·岁时》载："食煨笋，谓可健脚骨。"[⑤]光绪《黄岩县志·风土志二·礼俗》云："老幼食青梅，云能明目。"[⑥]笋为腿形，可助脚力；梅如眼目，可使目明。总之，各地民众的立夏吃食不尽相同，但其中蕴含的自然观念、民族心理和民间俗信等却表达了中国人在二十四节气饮食上的共同认知，塑造着我们这个民族的文化特色与身份认同。

（三）推动经济发展的功能

与日常饮食不同的是，节气饮食通常会带动特定食物消费的高峰，不仅

---

① （明）周士佐修，（明）张寅纂：《太仓州志》卷二，明崇祯二年（1629）重刻本。

② 潘宗鼎撰，卢海鸣点校：《金陵岁时记》，南京出版社 2006 年版，第 35 页。

③ （清）陈永图修，（清）龚立海、黄本骐纂：《宜章县志》卷七，清嘉庆二十年（1815）刻本。

④ （清）李铭皖等修，（清）冯桂芬纂：《苏州府志》卷三，清光绪九年（1883）刻本。

⑤ 彭延庆修，姚莹俊纂，张宗海续修，杨士龙续纂：《萧山县志稿》卷一，民国二十四年（1935）铅印本。

⑥ （清）陈宝善、孙憙修，（清）王棻纂，（清）陈钟英、郑锡滜续修，（清）王咏霓续纂：《黄岩县志》卷三二，清光绪三年（1877）刻本。

有助于推动特色农副产品的销售及相关行业的营收，还能协同带动区域社会经济的整体发展。江南的立夏饮食以“尝新”为特色，此一时节，大批新鲜水果蔬菜成熟，如光绪《常昭合志稿·风俗志》：“俗说立夏节物，曰樱桃九熟，谓樱桃、青梅、新茶，麦蚕、蚕豆、玫瑰花、象笋、松花、谷芽饼也。”[①]古代的果蔬保鲜技术有限，立夏尝新的饮食风俗能够刺激时令果蔬消费，以降低滞销风险。近代以来，节气食物的购销交易频繁。19 世纪 90 年代，“宁俗立夏节，各家必购竹笋、樱桃和白蛋、黍饭食之，谓之立夏食。今年此四物中，惟樱、笋为最贵，笋每斤售至百余文，樱桃每颗需三文，父老云，实从来未有”[②]。节气日通常是特定农产品销售的旺季，是助推区域经济发展的一大契机。旧时，立夏日是手工业者的休息日，是日人们多外出消遣。19 世纪末，苏州立夏时“人如蚁集，烟茶酒食中亦较平时利市三倍”[③]。因此，立夏作为一个高度重视“吃喝”的节气，其经济意义不止于农业，还对餐饮等诸多行业的创收有一定的影响，如前文提及的酒肆在立夏节照顾“常客”的做法，实际上也是一种有利于其经济收益长期增长的营销策略。

（四）丰富文娱生活的功能

节气饮食大多带有强烈的文化意味。比如旧时立夏，民间多有吃李子、喝李子酒的习俗。对于立夏日的李子，人们有着不同于平日的特殊认识，光绪《镇海县志·方言》载：“立夏日，取李汁和酒饮之，曰驻色酒，曰令不疰夏。”[④]立夏的李子酒称“驻色酒”，妇女饮之能容颜美丽、岁月不老。小孩在立夏吃李子，俗信有夏暑不侵的功效。因而，节气饮食实在是一种文化的表达、人生信念的传递。当然，有些节气饮食具有一定的娱乐功能，但实际上不全然符合我们今天的健康观念，例如一些地区的立夏之乐为“醉夏”，光绪年间重修同治《苏州府志·风俗志》载：“是日，素饮者酣不取值，街多醉人。”[⑤]对于孩子来说，立夏是玩乐的日子，其中最有趣之事莫过于“烧野饭”，

① （清）郑钟祥、张瀛修，（清）庞鸿文纂：《常昭合志稿》卷六，清光绪三十年（1904）刊本。
② 《甬江琐纪》，《申报》1890 年 5 月 12 日。
③ 《苏台杂录》，《申报》1895 年 5 月 16 日。
④ （清）俞樾纂：《镇海县志》卷三九，清光绪五年（1879）刻本。
⑤ （清）李铭皖等修，（清）冯桂芬纂：《苏州府志》卷三，清光绪九年（1883）刊本。

民国《德清县新志·舆地志二·风俗》载:“立夏日,群儿最乐有就野煮饭。”①烧野饭的参与者为儿童,其特点有二:其一,除必要的烧饭器具外,其他一切食材,或乞或“偷”,均取自他家,“新笋、蚕豆为要物,是日无论谁家,可采之无禁,但不得用筐”②;其二,烧野饭必须在野外完成,并与大家一同食尽,不可取之回家。“烧野饭”体现着孩子们团结协作的精神,包含着“共同劳动、共同品尝”的乐趣,“既是游戏的成果,又是友谊的见证”③,能够让儿童在玩乐之中亲近自然,锻炼能力。

三、节气饮食的现代意义

二十四节气饮食具备多样化的文化和社会功能,从简单的“吃喝”认识,转向对节气食物馈赠、交换、制作及其透射的民族文化观念等诸多维度的考察,有助于深入诠释保护传承发展节气文化的现代意义,探索其在促进人与自然和谐共生、营造和谐稳定的社会环境、深化民族文化共同体意识以及推进农文旅产业融合发展等领域的可能性路径。

(一)促进人与自然的和谐共生

二十四节气饮食尤其强调食物的应时当令,其“不时不食,顺时而食”的核心原则是“天人合一”观念的突出表现。随着社会经济的快速发展,物质生活的日益丰富,人们越来越注重饮食健康与养生之道,“顺时而食”的传统观念得到社会大众的信奉与追捧。二十四节气作为中国古人仰观天宇、俯察大地而总结出来的科学知识,呈现的是时季转换的客观规律,其衍生出的传统节气食物及饮食文化大多具有顺四时、适寒暑的突出特征。对于重视顺时养生的人们来说,在特定的时间节点吃特定的节气食物,能够更好地实现强身健体、延年益寿的目的。当然,各地因气候、风土、物产有别,节气食俗亦各异,但“各地皆以二十四节气的智慧协调饮食,与时相宜,相生相克,

① 吴翯皋、王任化修,程森纂:《德清县新志》卷二,民国二十一年(1932)铅印本。

② 方延豪:《立夏小志》,《申报》1928年5月6日。

③ 刘雪瑽:《嘉兴立夏吃“野米饭”习俗的文化意义》,《淮南师范学院学报》2020年第1期。

以达天人合一”[①]。二十四节气饮食包含着中国人尊重自然的优秀文化传统。春生、夏长、秋收、冬藏就是遵循四季变化规律的结果，人作为自然的一部分，其身体机能的运转也需要与自然大气候的循环相协调，而节气饮食正是人与自然在交流互动中达到和谐统一的重要表征。因此，传承弘扬二十四节气饮食文化，倡立的是天时四季、饮食调和、人体健康的和谐统一，不仅有益于个人的身体保健和心性修养，还有利于构建人与自然和谐共生的美好关系。

（二）营造和谐稳定的社会环境

节气食物是特定时空的情感交流媒介，其创造的文化空间是人与人在特定时间节点上表达关怀与问候的重要场域。当代的立夏已失掉“休假日”的身份，其作为“馈节”的传统风俗正在淡出我们的生活世界，旧时的“烧野饭”也越来越少见……但与此同时，立夏饮食的诸多现代风尚正在生成，使其在参与构建社会和谐的过程中贡献了许多积极力量。过去，立夏馈赠食物多为亲友邻里之间的行为，主要限于乡土熟人社会内部的“礼物流动”，伴随着现代化、城市化带来的人口流动及居住环境和思想观念的变迁，立夏食物的馈赠对象也有所延展，鳏寡孤独等特殊人群也被纳入其中。比如，宁波某社区特邀100余名远离故乡的社区建设者、保洁员等团聚过立夏节，并为他们送上茶叶蛋，以表达“第二故乡”的问候。[②] 另外，近年来，立夏时给老人、残疾学生等“送温暖”的活动也屡见报端。对于孩子来说，“立夏蛋”还拓展出许多新功能，除可食用外，还是“斗蛋”的工具和“绘蛋”的材料。这种动手、动脑的民俗活动不仅有趣，还有利于营造和谐的校园氛围。因此，传承发展二十四节气饮食包含的人文关怀精神，使之成为城市文化、社区文化和校园文化的一部分，有利于增进现代社会的人情温度，持续助力社会的和谐发展。

（三）深化民族文化共同体意识

二十四节气饮食文化连接着中华民族的文化气质与思维方式，构成了

---

① 龙晓添：《顺时调和，风土相宜——二十四节气的饮食养生习俗》，《文史知识》2017年第5期。

② 参见《立夏节的“彩蛋”》，《钱江晚报》2008年5月6日。

我们传统社会生活和精神生活的基础。民以食为天，直至今日，“吃了吗?”依然是中国人常见的问候语。近年来，随着二十四节气先后入选国家级非物质文化遗产代表性项目名录和人类非物质文化遗产代表作名录，节气饮食文化的社会可见度也越来越高，很多社区的传统节气饮食得到恢复与发展。每逢立夏，杭州拱墅半山地区吃乌米饭的活动便开展得如火如荼，北京西小营村集体熬立夏粥并分食，嘉兴地区的社区、学校组织大家一起烧野米饭，等等。各地的节气饮食习俗共同构建着中华民族的二十四节气饮食文化图景，体现着中华饮食文化代代相传、生生不息的生命活力。同时，值得注意的是，有些地域性的节气饮食已经转化为整个中华民族的节气文化符号。比如立夏“吃蛋”和“斗蛋”，是很多青少年极为喜爱的节气游艺活动，全国很多地区的幼儿园、小学、中学都会在立夏组织类似于“欢乐斗蛋”大比拼的活动。从某种意义上来说，“立夏蛋”已是全国各地普遍接受与传承实践着的节气食俗了。二十四节气饮食文化既传统又现代，彰显着中华民族的智慧创造和精神追求，是构筑民族文化共同体观念的优秀文化资源。

(四)推进农文旅产业融合发展

二十四节气饮食的制作材料多取自地域性的农副产品资源，在取之于自然的同时，还包含着文化的创造与传播，其美味更是给观光者留下深刻记忆的重要方式之一。伴随着市场经济的发展，节气食物的经济功能日益突出，对农民创收具有积极影响。例如，20 世纪 90 年代的立夏前夕，余杭地区的农妇多会上山采摘一种树叶，取汁煮乌糯米饭吃，“农妇们将这种树叶装在编织袋内，送到农贸市场投售，既受居民欢迎，又是一笔副业收入”①。又如，苏州的立夏美食乌米饭入选《舌尖上的中国》第二季之后，成为吸引观光者的一大“诱惑”，“以前很多游客路过店门口，好奇地把头探进来瞧瞧，一看到是黑乎乎的饭，转身就走了。现在完全不同了，天天有许多客人排队等好一阵子，就为了吃上一碗乌米饭”②。各地的二十四节气美食多立足于本身的乡土文脉，而这正是打造地方旅游服务特色化的基本路径。比如，丽江兰

---

① 唐吉太:《立夏要吃乌米饭》,《余杭报》1998 年 5 月 4 日。

② 周伟蔚:《野生乌树叶突遭爆红之痛》,《姑苏晚报》2014 年 5 月 1 日。

香村及周边白族群众都有逢立夏日喝“臭水”[①]的习俗，久而久之，便形成了极具特色的“碱泉会”，俗称“臭水节”。2012年以来，当地连续举办八届兰香立夏会“臭水”民族文化节，以富有特色的立夏“饮臭水”活动为中心，有力推动了乡村建设、民族文化与产业经济的融合发展。

结　语

21世纪以降，二十四节气项目“申遗”与保护传承工作的持续深入，有力地推动着节气饮食传统的当代“复兴”。在人类生活日益脱离自然时间的现代社会中，人们尤其重视生命健康和食品安全，节气饮食强调食物与自然更替的“合拍”，提示着人们“根据不同的节气适时调整自己的行为、饮食与精神，这对于强身健体、延年益寿具有积极作用”[②]。以顺时而食、不时不食为核心的养生文化，不仅是节气饮食社会传播与实践的核心内容，还是公众认知“何谓节气饮食传统”的主要印象。

然而，系统考察二十四节气饮食的传统文化表现形式及其社会实践可知，节气饮食绝不只是满足口腹之欲、促进身体健康的“食物”，而且具备超越个体生理意义的多样化的社会功能。换言之，当把节气饮食置于整体性的传统社会生活中时，它在维系人际情感、构建身份认同、推动经济发展、丰富文娱生活等诸多面相上的社会功能也随之凸显出来。因此，节气饮食的社会功能既包含个体的层面、自然的层面，也涵盖着群体的维度、社会的维度，它们共同描绘着节气饮食文化传统的完整图景。

人类生活从村落迈向都市社区、从熟人社会转向半熟人社会和陌生人社会的整体发展趋势，引发了人与自然、人与社会关系的重大变革，诸如生态恶化、情感疏离、文化失落等现代性问题变得日益严峻。近些年来，节气饮食养生文化的重构，体现着“尊重自然时间、尊重生命节律”的精神，正在

① “臭水”是当地的一种天然碱泉水，富含20多种人体所需微量元素，有助于改善身体机能、提高免疫功能，对治疗皮肤病等具有一定的疗效。参见崔明明：《近万人到石头乡过“臭水节”》，《丽江日报》2019年5月8日。

② 张勃：《危机·转机·生机：二十四节气保护及其需要解决的两个重要问题》，《文化遗产》2017年第2期。

将人们带回“色彩斑斓的自然时间生活”①。与之相较，人们对节气饮食相关社会功能的保护传承及其创新转化的重视程度还远远不够，而这正是它能够助力现代社会实现可持续发展的关键领域。

在推进非物质文化遗产整体性保护、创造性转化、创新性发展的今天，节气饮食的现代意义不应止于对“食之物”的观念认知与社会实践。复归传统社会，在个体性和社会性的双重视域下，推动节气饮食社会功能融入现代生活，使之能够在促进人与自然和谐共生、营造和谐稳定的社会环境、深化民族文化共同体意识、推进农文旅产业融合发展等诸多方面发挥积极的建设性作用，不仅是维系和增强节气饮食文化传统存续能力的现实需要，更是其能够持续赋能人类社会发展进步的路向选择。

① 萧放：《二十四节气与民俗》，《装饰》2015年第4期。

节气文化场景的社区再生产与空间重塑*

刘秀峰**

摘 要

场景化是二十四节气融入生活的有效路径，它满足了公共文化空间建设的一种诉求，呼应了社区共同体对于美好生活的向往，使得传统社区再造和诗意生活的追求成为一种可能。按照场景理论，通过文化场景再生产与空间重塑，把传统社区与以人、资源、场地为结构要素的公共文化空间，打造成人、文、地、产、景五位一体的社区文化生活共同体，实现功能要素和审美感知的合一、场所体验与生活语境的兼容、文旅融合和社区精神的凸显、空间运营与社会效能的联动、数字媒介与实体空间的融合。

关键词

二十四节气　场景　社区　空间

春雨惊春清谷天，夏满芒夏暑相连，秋处露秋寒霜降，冬雪雪冬小大寒。

每月两节不变更，最多相差一两天，上半年来六、廿一，下半年是八、廿三。

---

* 本文根据“2021大运河节气文化与旅游融合高峰论坛暨拱墅区第十届半山立夏节”发言稿整理，系2019～2020年浙江省高校重大人文社科攻关计划项目“‘未来社区’文化场景再生产与空间重塑”(2021QN096)的阶段性成果。

** 刘秀峰，浙江艺术职业学院公共文化管理与教育学院教授。

中国人对《节气歌》是耳熟能详的，二十四节气体现了中国人特有的智慧和创造力，是人类文化多样性的生动见证，对它的保护和传承于当下和未来社会有着深远意义是毋庸置疑的。近年来，人们越来越深刻地认识到中国大地传统生活对于非物质文化遗产的生养意义，对非物质文化遗产的保护工作也从单一的静态保护发展到关注社区的活态传承。2021 年 8 月中共中央办公厅、国务院办公厅印发的《关于进一步加强非物质文化遗产保护工作的意见》（以下简称《意见》）指出，要切实“加强新型城镇化建设中的非物质文化遗产保护，全面推进‘非遗在社区’工作”[①]。如何让“非遗”全面持续融入生活，变成可以感知、触摸、体验，能满足人们对美好生活向往的一部分，是当下的重要命题。多伦多大学社会学副教授丹尼尔·亚伦·西尔（Daniel Aaron Silver）和芝加哥大学终身教授特里·尼科尔斯·克拉克（Terry Nichols Clark）提出的场景理论（The Theory of Scenes），在这个方面为我们提供了一个新的视角。

一、场景理论的内涵

场景理论中的“场景”来源于“scenes”的翻译，原本是影视用语，指在特定时间、空间内发生的行动，或者因人物关系构成的具体画面，是通过人物行动来表达剧情的一个个特定过程，包括对白、场地、音乐、服装、道具和演员等元素。元素间存在有机的联系，不同元素之间的作用关系形成不同的场景，不同的场景意义也不同。芝加哥学派的城市研究将电影的“场景”现象引入城市社会研究，形成新的研究范式——场景理论。其核心观点是，从消费者的视角出发，审视后工业化时代的城市空间，将其视为集合了各种消费符号的文化价值混合体，即整体性概念的“场景”，包括邻里、实体建筑、多样性人群及其产生的活动，以及孕育其中的文化价值等基本要素。场景理论指出，由各种城市消费娱乐设施和人群组合形成的特定场景具有不同的文化价值取向，这些文化价值取向吸引着不同群体前来居住、生活，进行文

① 《关于进一步加强非物质文化遗产保护工作的意见》，中国政府网，http://www.gov.cn/zhengce/2021-08/12/content_5630974.htm，2021 年 8 月 12 日。

化实践，从而推动社会的转型与区域的发展。

场景理论通过两个层次、三个维度、十五个次维度组成城市文化价值分析的理论体系。第一层次是三个主维度，包括真实性、合法性和戏剧性。第二层次是在三个主维度之下又分别细分为五个次维度，共十五个次维度。① 具体见表1。

表1　场景文化价值观内涵的指标体系

三个主维度	十五个次维度
真实性 感觉“真” (authenticity)	本土(local) 族群(ethnic) 国家(state) 社团(corporate) 理性(rational)
合法性 感觉“善” (legitimacy)	传统主义(traditionalistic) 自我表现(self-expressive) 实用主义(utilitarian) 超凡魅力(chaeismatic) 平等主义(egalitarian)
戏剧性 感觉“美” (theatricality)	亲善(neighorly) 正式(ponnal) 展示(exhibitionistic) 时尚(glamorous) 违规(transgressive)

表1中的两个层次、三个主维度、十五个次维度就构成了场景文化价值观内涵的指标体系。

“真实性”讲的是真实的你来自哪里，什么构成了你存在的本源。它是对社会个体身份内涵和意义的鉴别，即对“真”的认识，运用到空间的主观认识体系中，表现为个体依托空间所产生的直观感受，包含本土的、族群的、国家的、社团的以及理性的五个次维度。“本土”体现场景具有典型的当地性，真实地

① Terry Nichols Clark, “Making Culture into Magic: How Can It Bring Tourists and Residents?”, *International Review of Public Administration*, Vol.12, No.1, 2007, pp.1-18.

反映当地性;"族群"作为真实性的典型维度,意味着根深蒂固、无法选择,而且不受同质化、隔绝的、抽象的全球单一性的影响。① "国家"作为一种场景维度,体现的是一种立场和爱国教育。"社团"表达的是一种合作意识。至于"理性","真实的自我存在于思想中,这是对于合理的真实性理想的认识。自发的理性思考,比起那些武断的思考和地点、种族、国家等外在因素更加深刻"②。

"合法性"关注道德判断的基础,裁决对错的权威是有根据的。它是主体对"善"的感觉,主要是对客观事实的判断,有实用主义的意味。这一维度细分为传统主义、自我表现、实用主义、超凡魅力和平等主义五个次维度。

"戏剧性",即对"美"的认识,主要指场景理论主观认识体系中外向展示性的描述,是对直观感受"真实性"的延展,包含亲善、正式、展示、时尚、违规五个次维度。③ "亲善"(睦邻)体现的是"热情、关怀的社区成员用友情去团结朋友和伙伴,这是睦邻友好的理想形式"④。"正式"(礼节)的场景"被高度仪式化,通常礼仪的服装标准以及演讲风格和出场都被标准化"⑤。"展示"(爱炫)是个性的张扬,个人在场景中会因此成为被关注的对象。"时尚"(迷人)的场景具有耀眼、闪烁、神秘但又诱人的、像自身又超越自身这样一种魅力特性。⑥"违规"(越轨)"打破了传统的呈现方式,破坏了人们对礼仪、着装和举止的正常期许,摒弃了主流的敏感性"⑦。

二、节气文化场景社区再生产的意义与价值

中国经济和社会正处于后工业时代的变革之中,非物质文化遗产的传

---

① 参见[加]丹尼尔·亚伦·西尔、[美]特里·尼科尔斯·克拉克:《场景:空间品质如何塑造社会生活》,祁述裕、吴军等译,社会科学文献出版社2019年版,第57页。

② [加]丹尼尔·亚伦·西尔、[美]特里·尼科尔斯·克拉克:《场景:空间品质如何塑造社会生活》,祁述裕、吴军等译,社会科学文献出版社2019年版,第59页。

③ 参见王孟璟:《场景理论助力城市社区空间发展与升级》,《美与时代》(城市版)2020年第3期。

④ [加]丹尼尔·亚伦·西尔、[美]特里·尼科尔斯·克拉克:《场景:空间品质如何塑造社会生活》,祁述裕、吴军等译,社会科学文献出版社2019年版,第53页。

⑤ [加]丹尼尔·亚伦·西尔、[美]特里·尼科尔斯·克拉克:《场景:空间品质如何塑造社会生活》,祁述裕、吴军等译,社会科学文献出版社2019年版,第55页。

⑥ 参见[加]丹尼尔·亚伦·西尔、[美]特里·尼科尔斯·克拉克:《场景:空间品质如何塑造社会生活》,祁述裕、吴军等译,社会科学文献出版社2019年版,第52页。

⑦ [加]丹尼尔·亚伦·西尔、[美]特里·尼科尔斯·克拉克:《场景:空间品质如何塑造社会生活》,祁述裕、吴军等译,社会科学文献出版社2019年版,第54页。

承保护与创新发展也进入了新时期，面临着新的变化。场景理论为这些变化提供了新的阐释视角和工具，至少给我们以下几个方面的启示：第一，有助于培育非物质文化遗产传承保护与发展的内生动力；第二，有助于打造健康社区、创意城市的积极环境；第三，有助于培育社区伦理共识，引导公众行为；第四，有助于推动城市建设满足人民对美好生活的需求。

二十四节气是中国人在传统农耕社会中形成的知识体系和社会实践，是中华民族的文化标识和身份认同，彰显了民族的文化特质和智慧，深刻影响着人们的思维方式和行为准则。《意见》明确提出，要切实提升非物质文化遗产系统性保护水平，为全面建设社会主义现代化国家提供精神力量。随着社会的发展，二十四节气的农事指导功能逐渐衰退，但其中蕴含的生活智慧、民俗记忆、人与自然和谐相处的法则以及艺术的审美等，在当代中国人的生活世界中依然具有多方面的意义和价值。

这些年中国的“非遗”保护与传承工作成绩显著，尤其在文化生态保护区的建设实践、传统节日与民俗活动的生活传承方面有不少有益的尝试和实践。但同时存在虚假、扭曲、流于形式、过度商业化等真实性缺失问题，这在一些“非遗”旅游项目中表现得尤为突出。实践证明，对非物质文化遗产及其得以孕育、发展的文化和自然生态环境进行整体保护，是完善区域性整体保护制度的有力举措，社区就是“非遗”融入生活的最好载体，而社区文化场景的再造和空间重塑为“非遗”的真实性提供了有力保障。“场景”作为后工业社会发展研究过程中出现的一种新的文化分析框架，超越了物化和实体的概念，不仅仅具有生活娱乐设施的实际功能，还在传递社区的文化、传统和社群的价值观。它是作为文化与价值观的外化符号而影响个体行为的社会事实，其重要的社会意义在于“不仅是一个传统的工作和居住场所，而且推动了一个能够彰显一定价值观维度的新社会消费场所的产生”[①]。个体在这里关注的不仅仅是居住或者工作，而且包括休闲、娱乐、审美和更高精神追求的文化消费。

文化作为一种“增长机器”，实践着文化如何与人、与地互动构成一个场

① 徐晓林、赵铁、[美]特里·克拉克：《场景理论：区域发展文化动力的探索及启示》，《国外社会科学》2012 年第 3 期。

景。不仅能够对一个城市社区进行定义，城市社区场景还能进一步对居民的态度和行为产生影响。[①] 随着社会的发展、城市形态的再生产，传统的生产导向也在朝文化消费转变。城市社区文化空间的再生产、文化业态的再生产、文化亲密性的再生产都需要重构。而二十四节气文化的场景化无论从治理层面的软实力提升还是精神层面的人文性追求以及作为一种新的文化消费，都满足了公共文化空间建设的一种诉求，呼应了社区共同体对于美好生活的向往，使得传统社区再造和诗意生活的追求成为一种可能。

场景理论强调城市作为一种空间体验的美学意义，这种特定地域的美学和地方文化风格包括景观体验、消费感知、符号意义和价值内涵等。因此，二十四节气的社区文化场景构建和空间重塑，应当具有特定的族群或地域的文化价值观和美学追求。

三、节气文化场景要素和价值维度分析

根据场景理论，场景化所带来的市场、资金、人才和技术可以极大地促进非物质文化遗产保护活态化传承与创新性发展。

受场景理论启发，可以对二十四节气场景文化价值观内涵指标体系作如下建构（见表2）。

表2　　二十四节气场景文化价值观内涵指标体系

三个主维度	十五个次维度
本体的真实性	符合中国人认识世界的时间知识体系 具有本土意味的 国家的 具有节点仪式的文化认同 华人族群的文化标志

① 参见吴志明、马秀莲、吴军：《文化增长机器：后工业城市与社区发展路径探索》，《东岳论丛》2017年第7期。

续表

三个主维度	十五个次维度
表达的合理性	属于传统中国的 表现共同的观念法则 服务生活的 具有实践的自觉性 人人享有的
主体的体验性	亲善（睦邻）的 礼节的 娱乐的 时尚的 展示的

作为"非遗"的二十四节气，本体的真实性是文化场景的核心维度，因此要先保护节气所依托的文化生态，赋予节气概念以唯一性、特有性、原真性的文化符号和文化标志。二十四节气是中国人特有的时间知识体系，是中国人对生命的理解和安排，是人与大自然和谐相处的一种能力，深刻影响着人们的思维方式和行为习惯。在以农立国的中国传统社会，时间远非贵族精英有钱有闲阶层的"优游卒岁"，先民在日复一日的劳作中渐渐明白时间的重要性，将一年的时间定格在农作物春种夏长、秋收冬藏的循环体系中，将时间与生产、生活定格到人与天道相印相应乃至合一的和谐状态。二十四节气的文化生态由此兼具了自然与人文的双重内涵，融合了生产、信仰、民俗等一切与生命生活相关的元素。因此，二十四节气本体的真实性是以人为核心，是从（物质的、精神的）生活出发的表达和需求。

表达的合理性可以理解为通过文化符号传达出来的二十四节气的价值观念或者行为方式的合情合理合法，在文旅融合的语境中要强化它作为一种产品的合法性。二十四节气是属于传统中国的，是人人共同享有的，是开放的。百姓的现实生活总是与传统有着千丝万缕的联系，二十四节气在某种意义上说就是传统的一种叙事，倾诉着那些浸润在每一个中国人生命里的记忆，指示着我们此时此刻采取行动的历史动因。二十四节气正是中国人对生活生命节点的自觉实践。作为一种集体的共同观念和法则，二十四节气是中国人的行动指南，"冬至来临，君子以见天地之心；雨水来临，君子以思患预防；大暑来临，君子以劳民劝相"[①]。

根据场景理论，要营造二十四节气场景的戏剧性，核心是主体的体验性。二十四节气中，"亲善的"、睦邻友好的体验是最能打动人的体验维度。和谐的场景体现了亲密性、个人网络和面对面的亲昵关系。社会学家布朗·萨拉西诺（Brown Saracino）在对"社会保护主义者"的研究中发现了邻里关系的象征性力量，她的被访者强调邻里关系的亲密以及友谊、社区的亲昵性是通过不断的非正式交流而建立起来的，比如分享节日佳肴，在街道上简单互动。[②] 邻里场景的吸引力恰恰在于这种亲善关系。"礼节的"维度是指二十四节气有一套传统的约定俗成的礼仪，中国人在一系列的仪式仪轨中自觉地表达着对天地人和的敬畏、尊崇之礼和感恩之心。"娱乐的"是指场景化打破日常生活常规的束缚，突破僵化的限制。"时尚的"是指二十四节气融入当代生活的创意表达。"展示的"元素体现的是个体在二十四节气中的个性张扬。互联网和移动互联网的迅捷为个体的体验制造了更丰富的场景。

《意见》提出："鼓励有条件的地方建设非物质文化遗产馆、推动国家级非物质文化遗产代表性项目配套改建新建传承体验中心，形成包括非物质文化遗产馆、传承体验中心（所、点）等在内，集传承、体验、教育、培训、旅游等功能于一体的传承体验设施体系。鼓励社会力量兴办传承体验设施。"[③]《意见》明确传达了当下非物质文化遗产的传承、传播的场景化重构趋势。

场景化是今天商业最重要的建构方式，传统文化消费模式中的品牌、营销、渠道、设计、研发、市场、公关、销售和链接等正在被场景化重新塑造。场景是最真实的以人为中心的体验细节，是价值交换和新生活方式的表现形态，颠覆了传统流量的入口，反映的是这个时代消费精神的变化，是基于体验美学的场景经济范式。因此，体验是文化场景主体活动的核心内涵。在

① 余世存：《时间之书：余世存说二十四节气》，中国友谊出版公司 2017 年版，第ⅵ页。

② 参见[加]丹尼尔·亚伦·西尔、[美]特里·尼科尔斯·克拉克：《场景：空间品质如何塑造社会生活》，祁述裕、吴军等译，社会科学文献出版社 2019 年版，第 53 页。

③ 《关于进一步加强非物质文化遗产保护工作的意见》，中国政府网，http://www.gov.cn/zhengce/2021-08/12/content_5630974.htm，2021 年 8 月 12 日。

传统生活形态与新消费主张交错演绎下，能够与场景参与者沟通互动，诠释出新的价值与情感，才是二十四节气的场景精神与场景化思维。

四、构建五位一体的社区文化生活共同体

社区文化场景再生产和空间重塑，通俗地讲，就是能够以场景为纽带，通过一种物理变化推动心理变化，形成一种健康的文化聚合力，促使城市社区人与人之间的冷漠关系发生变化。真正具有生命力能够孕育文化价值的文化空间，是建筑设施和文化实践活动有机结合的成果。因此，我们的社区文化空间创新要秉承人文主义，注重人的尺度和人的需要。根据场景理论的研究方法，社区的各类文化活动，设施、景观、人群的组合以及各要素之间的内部关联，都蕴含着社区文化价值取向，能够激活社区活力，驱动地方性文化发展。所以，社区文化场景的再生产和空间重塑应当以满足人们对美好生活的向往为核心价值导向，通过文化要素和价值观分析，构建"人、文、地、产、景"五位一体的文化生活共同体。

以杭州市拱墅区半山立夏节为例。半山在地理上是天目山的延展，而天目山脉是太湖水系和钱塘江水系的分水岭，因此半山兼受太湖流域文化和钱塘江文化的影响。太湖流域是江南文化的核心圈层，半山地区的民俗在某种意义上集中反映了江南的习俗。半山又处于大运河的南端，为南北文化交融沟通之地，必然会受到中原文化的影响。因此，半山文化可以说是江南多元文化的投射和缩影。2016 年 11 月 30 日，二十四节气被列入联合国教科文组织人类非物质文化遗产代表作名录，拱墅区以"半山立夏习俗"成为全国首个代表性社区之一。

具体来说，五位一体中的"人"指的是社区内的各种关系和社会交往，不单单是这里的社区居民、居委会，也包括受社区文化吸引的人群所组成的社群以及相关的社会组织，其中的设计师、艺术家、企业家等创意人群，是城市更新和文化创新的重要推动力。半山立夏节吸引的不仅仅是半山的居民，还有外来的创意人群，甚至外国友人，这些都是有半山文化圈社会交往关系的人。在中国传统文化里，立夏是天泽履卦和地天泰卦交接的时空，超越了天文时令的意义。在大的时间序列里，立夏天泽履，天地相应；地天泰，三阳

开泰。在这个时空里，不同群体中的个体因为半山立夏的场景而连接在一起，这种连接所创造的独特价值，会形成体验，促成消费，甚至创造个体生存意义。

"文"，指社区共同历史文化的延续，包括这里的"非遗"、文创文博艺术、艺文活动的经营以及终身学习等。半山立夏节既有对传统习俗的沿袭，包括吃野米饭、吃乌饭、吃时鲜、秤人、祭祖等，在地方志中都有记载，譬如康熙《杭州府志·风俗志》云："立夏有新茶、新笋、朱樱、青梅等物，杂以枝圆枣核诸果，镂刻花草人物，极其工巧，各家传送，谓之立夏茶，民间所食腊肉、火酒、海蛳、烧饼之属"[①]，又有对传统的改造，比如"送春迎夏"祭典，还有传承创新，比如贴近居民生活的跑山迎夏活动。

"地"，指社区内共同拥有的有形的遗产或者保护和利用的空间，不仅是影响居民生活的物理空间和社会环境，也是一种社会映射所形成的居民感知的边界。半山立夏节的活动在杭州市拱墅区（京杭大运河最南端）半山街道展开，活动场地在以半山娘娘庙（曾经是倪氏宗祠）为中心的半山国家森林公园。因为半山娘娘这个共同的信仰，半山每年都能吸引大批信众和倪氏后人。而半山国家森林公园还是城市居民运动休闲的绝佳去处，跑山活动也扩大了立夏节的民众参与面。

"产"是指社区传统产业、文化产业、"非遗"的活化、创客空间和新兴书店、图书馆等。半山立夏的"非遗"集市，带动了当地的民俗经济，但还没有形成一个具有一定规模和特色的产业，仍以小商小贩地摊经济为主。传统产业面临着转型升级，未来的商业模式是所有产品从一开始就在迭代，"场景"势必成为为数不多的机会。

"景"则是把共同文化空间作为社区独特景观来创造，作为生活的环境永续经营，社区所有的文化活动都必须以这个空间作为情境展示出来，如此才能显示它的一致协调性。一个具有社区感、让居民自豪的社区，势必在景观上会呈现出独特的风貌，鼓励居民关心居住环境，透过集体努力营造出更加具有品质的生活空间。就半山立夏节而言，这个文化空间要形成具有一

① （清）马如龙、杨鼐等纂修，李铎等增修：《杭州府志》，康熙二十五年（1686）刻三十三年（1694）李铎增刻本，朱海闵、徐晓军、沙文婷等主编：《浙江图书馆藏稀见方志丛刊》第13册，国家图书馆出版社2011年版，第434页。

定地域辨识度的景观还有较大提升空间。

人是生活的主体,人的活动更具体地说是生活的一部分。因此,二十四节气的文化场景再造与空间重塑,既要满足功能需求,又要兼具审美感知;既是生活语境,又能带来别样的场所体验;既要凸显社区精神,又是文旅融合的产物;既是一种空间运营,又有社会效能的联动;既是实体空间,又融合了多维的数字交互。经过文化场景再生产与空间重塑,把传统社区以人、资源、场地为结构要素的公共文化空间,打造成人、文、地、产、景五位一体且有较强情感纽带的社区文化生活共同体。

结　语

哈贝马斯在《公共空间与政治公共领域——我的两个思想主题的生活历史根源》一文中指出:“人是一种在公共空间中生存的政治动物。进而言之:人是一种动物,由于他天生就处于一个公共的社会关系网络之中,因此逐渐形成了使他成为人的能力。如果从生理结构上比较一下新出生的哺乳动物,我们就会发现,没有哪种动物比人在来到这个世界的时候更加不成熟,更加无助了;也没有任何一种动物需要如此长时间地依赖家庭的庇护,离不开与同类成员之间共同分享的公共文化。我们人类互相学习。但这只有在一个充满文化活力的公共空间中才有可能。”[1]场景是一场革命,重新构建了人与文化、商业的连接;场景是一种新的思维方式,主张把互联网和移动互联网视作不同个体制造连接场景的强有力工具;场景也是一种能力的体现,是个体使用互联网和移动互联网来实现连接的高效率方法。“场景定义了我们的人格,定义了我们的付费规则,也定义了我们的生活方式。新的体验,伴随着新场景的创造;新的需求,伴随着对新场景的洞察;新的生活方式,也就是一种新场景的流行。未来的生活图谱将由场景定义,未来的商业生态也将由场景搭建,未来是高毛利产品基于新场景蓬勃生产的红利期。”[2]二十四节气的社区文化场景直接影响人的语言、思想、道德以及行为。人们

① [德]哈贝马斯:《公共空间与政治公共领域——我的两个思想主题的生活历史根源》,符佳佳译,《哲学动态》2009 年第 6 期。

② 吴声:《场景革命:重构人与商业的连接》,机械工业出版社 2016 年版,第 31 页。

在这个场景中，通过与他人的相互学习、共同交流、彼此融合，形成共同价值观念和伦理共识，从而促成彼此的沟通和理解，克服由不同社会背景、地位、教育和利益等而产生的世界观和价值观差异，实现主体之间的妥协和包容，促进良好社会秩序的建立。

年俗新探

媒介场域内春节仪式生产史

宋　妍*

摘　要

媒介场域是春节仪式发生的重要地方，建构了现代人关于过年的集体记忆、仪式内容和情感体验。伴随近四十年媒介技术的发展，春节作为一种媒介仪式已经形成了一条完整的互动链条。在经历了两次脱阈和重新嵌入的过程之后，春节完成了自身媒介化的建构，在时空阈限上延展为“大春节”的认知图景。一方面，再次强调了传统春节的镜像力量；另一方面，通过媒介仪式完成了代际、圈层间的媒介融合。

关键词

媒介场域　媒介仪式　仪式过程　阈限　社交媒体

媒介场域是媒介仪式发生与成长的重要环境。自大众传媒诞生后，媒介迅速成为政治、经济、意识形态等各方力量角逐的场域，而仪式活动由于其强大的社会整合力和凝聚力，迅速成为媒介场域内重要的生产对象。人类学往往偏重以过程视角研究仪式，通过深度还原仪式过程，反观人类行为背后的深意。媒介场域与仪式生产的共谋则更需要考虑内容对象的镜像价值和传播逻辑，所以往往更多从注意力价值、娱乐价值、象征意义等方面生产、审视和组装场域内仪式的内容。

---

* 宋妍，辽宁大学文学院副教授。

春节是中国最重要的岁时通过时段，“是中国人时间观念与生命意识的集中体现”[①]，除夕更是其中的高光时刻。在人类学的视野中，“过年”具有通过仪式的特征，“从正月初一到初五，要分别对天、地、日、月、山、川、社稷、祖先以及福、禄、寿、喜、财等众神举行多种合祭、分祭仪式。大小商家祭拜五路财神的日程从初一排到初五。同时交叉着进行亲友之间的小拜年和族群团体之间的大团拜，再扩展成为城镇社火表演活动和庙会活动的大场面、大规模普天同庆的系列行事”；而除夕与新年交接阶段更是阈限中的阈限，“家祭、官祭和皇朝大祭，家庆、官庆和皇朝大庆在此时刻连续不断的烟花爆竹声中都达到了隆重、欢腾的极点”。[②] 所以，除夕也顺理成章地成为最受关注的媒介仪式生产对象。

按照布尔迪厄的场域理论，现实社会是由政治、经济、文学、艺术、科学、新闻媒介等一系列场域构成的，每个场域的结构相对独立，“由不同的权力形式或资本类别之间的力量关系决定”，有其“特有的逻辑和必然性”。[③] 但是场域之间是互动的，“每一个场域都构成一个潜在开放的游戏空间，其疆界是一些动态的界限……场的角度就是关系的角度”，而媒介场域同样遵循着内在的媒介逻辑，即“媒介‘观看’和‘诠释’社会事件的方式”。[④] 1983 年，面向全国电视观众直播的第一届中央电视台春节联欢晚会，拉开了媒介场域参与传统春节年俗仪式生产的序幕，从此春晚直播成为春节的一道“盛宴”。随着近四十年传媒力量对社会发展的深刻嵌入，从电视直播春晚，到门户网站的全面参与，再到社交媒体的链接与互动，媒介场域已然成为“过年”发生的重要地方，建构了现代人关于过年的集体记忆、仪式内容和情感体验。

一、媒介化与媒介仪式

媒介化研究的一个核心出发点是：媒介日益融入其他社会制度与文化

① 萧放：《春节习俗与岁时通过仪式》，《北京师范大学学报》（社会科学版）2006 年第 6 期。

② 乌丙安：《中国春节：祭典与庆典严密组合的传统行事》，《江西社会科学》2011 年第 1 期。

③ [法]皮埃尔·布尔迪厄、[美]华康德：《实践与反思：反思社会学导引》，李猛、李康译，中央编译出版社 2004 年版，第 133、134 页。

④ D. L. Altheide, R. R. Snow, *Media Worlds in the Post Journalism*, New York: Aldine De Gruyter, 1991, p.25.

领域的运作中，同时自身也成为社会制度。"社会互动——在不同制度内、制度之间以及社会整体中——越来越多地通过媒介得以实现。"[①]岁时节庆的媒介化，意味着媒介化行为与岁时节庆的相互渗透与融合，并赋予岁时节庆更多的基于公共媒介的群体关系、交往活动以及多元符号意义。保罗·亚当斯在《媒介与传播地理学》一书里指出，媒介与空间或地方之间就是这样一种关系：传播既发生在地方之中，又创造着地方。[②] 从建构主义的观点来看，媒介化是媒介逻辑介入甚至取代其他建制原运作逻辑的过程，可以视为媒介效果向宏观社会效应的一种延展。"舒尔茨(Schulz)将媒介化进一步具体化、过程化，认为它是一个延伸、替代、融合和接纳的过程，这个过程会带来传播媒介和社会的变化。"[③]

媒介与仪式的关系理论主要涉及两种阐释倾向：一种是在观念层面，主要关注媒介现象背后的仪式观念；另一种是在实践层面，重点解释媒介场域内的仪式内容生产。

在观念层面，国内较为熟知的是 20 世纪 50 年代由詹姆斯·凯瑞(James W. Carey)提出的传播的"仪式观"理念。他认为，传播行为本身具有仪式的特征，无论传播内容如何，传播本身都是文化的共享。"传播的仪式观不是指空间上讯息的拓展，而是指在时间上对社会的维系，它不是指一种信息或影响的行为，而是共同信仰的创造、表征与庆典"，"其核心则是将人们以团体或共同体的形式聚集在一起的神圣典礼"。于是，"社会互动——在不同制度内、制度之间以及社会整体中——越来越多地通过媒介得以实现"。[④] 利特尔提出的媒介化仪式(mediatized ritual)理论，具体指"那些特殊的表演性的媒介现象，用以维持和调动集体情绪和团结一致，这种集体情绪和团结一致以一种价值认同的虚拟导向为基础"[⑤]。

在实践层面，传播学者戴扬和卡茨汲取仪式过程的理论，提出了媒介事

① [丹麦]夏瓦：《文化与社会的媒介化》，刘君等译，复旦大学出版社 2018 年版，第 21 页。

② 参见袁艳：《当地理学家谈论媒介与传播时，他们谈论什么？——兼评保罗·亚当斯的〈媒介与传播地理学〉》，《国际新闻界》2019 年第 7 期。

③ 周翔、李镓：《网络社会中的"媒介化"问题：理论、实践与展望》，《国际新闻界》2017 年第 4 期。

④ [美]詹姆斯·W.凯瑞：《作为文化的传播——"媒介与社会"论文集》，丁未译，华夏出版社 2005 年版，第 28 页。

⑤ Simon Cottle, "Mediatized Ritual: A Reply to Couldry and Rothenbuhler", *Media Culture & Society*, Vol.30, No.1, 2008, p.136.

件的概念。他们将电视刻意安排的媒介事件理解为一种“仪式性的表演”，而“观众把它们看作一种邀请——乃至一种指令——停止日常惯例来参加一项节日体验”。媒介事件具有三重结构：一是句法层面，即“一种系统的有关秩序的安排”；二是语义层面，即“（媒介）事件的意义”；三是语用层面，传统收视行为中的被动观众变成了仪式的积极参与者，不仅淡化了地理空间的概念，还形成了集体记忆。据此，戴扬和卡茨提出了媒介事件的三个“基本脚本”，即竞赛、征服和加冕。[①] 英国学者尼克·库尔德里（Nick Couldry）则提出了“媒介仪式”一词，即一些围绕关键的与媒体相关的类别而组织起来的行动。这种行动加强了媒介中心化的神话，并使之合法化。要解释媒介仪式性的一面，“关键不是仪式一词所昭示的什么古代的东西，甚至都不在于那个古代的东西对今天的影响，而是一种现代性里——其实是后现代性里——本质的东西，即权力和社会组织大规模的集中化”[②]。

随着社交媒体的发展，布莱梅大学的安德烈亚斯·赫普教授（Andreas Hepp）提出了“深度媒介化”（deep mediatization）的概念，“在深度媒介化时代，我们可以看到新的集体形式，他们围绕着平台而形成”[③]。实际上，从最严格的意义上说，平台的用户聚集并没有形成真正的社群，这些用户不过是共享某些类似的品味，而这种聚集实际上是通过智能算法处理用户数据后形成的。“深度媒介化让媒介事件的建构成为跨媒体的活动，而互联网用户留下的巨量的‘数字痕迹’乃至算法主导的新闻也都会影响到媒介事件的面貌。”[④]媒介设置的种种议题，成功引发了受众的关注与参与，包括情感的体验与交往行为；又或者说，媒介创造了媒介仪式的内容和情感体验。

二、嵌入春节阈限内的媒介仪式初舞台

1983 年 2 月 12 日 20 点整，中央电视台第一届春节联欢晚会开播。快

① 详见[美]丹尼尔·戴扬、伊莱休·卡茨：《媒介事件》，麻争旗译，北京广播学院出版社 2000 年版，第 34 页。

② [英]尼克·库尔德里：《媒介仪式：一种批判的视角》，崔玺译，中国人民大学出版社 2016 年版，第 8 页。

③ [德]安德烈亚斯·赫普：《我们生活在“万物媒介化”的时代——媒介化理论的内涵、方法与前景》，常江、何仁译，《新闻界》2020 年第 6 期。

④ 李红涛：《深度媒介化与媒介事件的公共记忆》，《西北师大学报》（社会科学版）2021 年第 1 期。

到零点时，正和马季表演相声的姜昆不停看表，明显加快了语速，但表演还是被突然插入的"零点计时"钟声打断，播出了事先录好的由姜昆、马季、严顺开、游本昌4位演员共同敲响新年钟声的画面。对于直播春晚来说，零点倒计时的环节格外重要，它是整台晚会直播过程中最具仪式感的环节，具有辞旧迎新、国泰民安的除夕隐喻，甚至很多电视机前的观众，会比照着零点计时对表。

这是电视直播参与除夕节庆活动的初舞台。第一届春晚这个"零点计时"环节是在侯宝林先生的力挺下得以保留的。当时春晚导演黄一鹤在节目确定后邀请顾问们专门开了一次会，会上侯宝林先生说："老百姓春节熬一宿，过12点睡觉没问题，到12点敲钟这点子不错，这叫中西合璧。"[①]为了找到一口适合在春晚镜头中播出的钟，导演组来到北京郊区的潭柘寺，在潭柘古刹录制了零点报时的敲钟镜头，敲钟的"工具"是一根碗口大的木桩。按照导演黄一鹤的设计，"零点计时"环节最终呈现的画面是："时针指向11点59分"+"零点计时"+"主持人敲钟"。要在直播过程中顺利安排"零点计时"环节并不容易，需要对节目的节奏有精确到分的把控。从1983年至今，央视春晚"零点计时"环节逐渐固定为"先导节目+零点计时+零点广告+主持人串联"或"主持人串联+零点计时+零点广告+后续画面"两种主要的结构框架。其中，先导节目和后续画面的设计，需要突出春节的氛围和春晚的主题，凸显国泰民安、四海欢庆的微缩景观。比如1999年澳门回归祖国，当年的春晚在"零点计时"的先导环节，现场邀请4位分别来自香港、北京、澳门、台湾的小朋友，共同敲响寓意春天到来的钟声，将祖国统一、欣欣向荣的意象与阖家团聚的除夕大年夜融为一体。2004年、2008年，我国载人航空航天工程取得突破性进展，晚会设计了以航天员为主角的导入环节：2004年的零点仪式命名为《飞天英雄红旗颂》，伴随着舞台上巨幅国旗缓缓铺开，宇航员杨利伟走到舞台中央，《红旗颂》的背景音乐随之响起；2008年，设计了名为《天地交响》的零点仪式，在国旗班战士们的护佑下，五星红旗冉冉升起，7位航天英雄走上舞台，《红旗颂》的背景音乐时隔4年再次响彻舞台。

---

① 《1983年首届央视春晚的敲钟画面激励人心背后的故事更动人》，腾讯视频，https://v.qq.com/x/page/f0933ee4ygt.html，2020年3月13日。

“零点计时”环节的后续画面并不一定是直播，1984 年、1985 年和 1986 年的后续画面采用的都是录播的形式，以叠加镜头的方式切换出烟花、爆竹、舞龙、各行各业工作者劳动的画面，还有吃团圆饭的一家人以及孩子、老人的笑脸等极具象征性的意象。2016 年之后，央视春晚尝试加入了分会场拜年的画面，将分会场的表演纳入后续画面中。2019 年央视春晚选择江西井冈山、吉林长春以及广东深圳作为分会场，在“零点计时”环节分别导入这三个分会场直播的拜年画面。

随着央视春晚逐渐成为全球华人除夕之夜的集体记忆，全家人做好年夜饭，围坐在一起收看春晚也成为嵌入大年夜里的一个颇具仪式感的行为，甚至形成了一些“晚会时间”，比如当年东北小品演员赵本山的小品过后是“放炮时间”，歌唱家李谷一的“难忘今宵”歌声响起后，就可以拜年了。

三、媒介春节仪式阈限的时间延展

媒介时间不像线性时间、循环时间这样有规律可循的时间轨迹，而是基于个体主体性之上的注意力时间。伴随着技术力量的迅猛发展，媒介时间成为最具权势的时间结构，深刻参与人们的认知过程。人类节日意象的时间属性一定是“主体间性时间”，即强调人的行为与互动交往的空间化时间。媒介春节仪式阈限内的时间拓展，始于 2005 年湖南卫视举办的元旦跨年晚会。在媒介逻辑层面，元旦晚会原本就是电视领域内与春节联欢晚会竞争的产物，是媒介场域中互为参照物的守望相顾的存在。

中国传统的春节时间是一种价值时间的“集中‘到时’，在这样的时刻，日常时间中的‘宜’与‘忌’、‘吉’与‘凶’、‘新’与‘旧’以及‘善’与‘恶’出现了交替或转换，节日时间与传统时间保持着相同的结构或同形同构的关系，它们是传统时间的价值内涵的集中‘到时时刻’”①。钟表时间强化了节日时间的社会意义，“不存在普世的唯一的时间，社会分裂成多种多样的群体，每个

① 户晓辉：《中国传统节日与现代性的时间观》，《安徽大学学报》（哲学社会科学版）2010 年第 3 期。

群体各有其持续的时间”[①]。媒介时间是媒介效果向宏观社会效应的一种延展，是媒介技术与媒介内容共同作用的结果，“一方面将塑造时间的技术（主要是通信技术）计算机、互联网、移动电话、广播电视等归结为传播媒介；一方面又从媒介内容着手，研究传播媒介在时间转型过程中的作用”[②]。媒介时间下的年俗叙事并未否定钟表时间，且凭借技术优势可以照顾到不同群体的社会节奏，在钟表时间和节奏时间的基础上将媒介逻辑加之于上。杨洪涛从存在论的视角提出了“节日感”对于人生的重要意义。他认为，节日时间的双重性“奏响了人的节律化存在的音符”，“在时间形式化和时间时间化的双重作用下，节日从常日中显露出来，并显现出自身的特质，成为一段紧密关涉人生存在和人生意义的特殊时间”，这使民众能够清晰地感知到“节日感”，即“它既是一种时间经验，也是一种存在体验……是在人和存在的相遇中生成的，是过去、现在和未来的共同‘到时’促成的，故它不是现成化的关于过去的陈腐经验，而是常新的人生经验”。[③] 高丙中认为，如果借助“过渡礼仪”概念以及“过程分析”的视角来审视元旦与春节的社会史，“可以认为元旦和春节在发生学上是两个各自独立的新年，并且在文化要素分析上分属现代与传统的不同范畴”。他认为，从日常生活的概念来看，“元旦与春节已经是官方和公众都以自己的方式承认并善加利用的仪式时间”，因此元旦和春节在过程上可以视为在“过同一个年，都是一个通过仪礼的两个互补的部分”。尤其在城市社会，“从元旦前后进入‘过年’的状态，在春节假期进入过年的高峰，到元宵之后，‘年’才算过完，进入平常状态”。[④]

正如侯宝林先生当年所说，零点倒计时原本是舶来品，“零点计时”的意象实际上来自公历时间结构下的现代节日——元旦。全球第一个跨年倒计时仪式诞生于 1904 年，彼时新搬迁到纽约时报广场（时代广场）的美国大报《纽约时报》，为了庆祝乔迁之喜选择在 12 月 31 日午夜燃放烟花，从此，“跨

① ［法］乔治·古尔维奇：《社会时间的频谱》，朱红文等译，北京师范大学出版社 2010 年版，第 64 页。

② 卞冬磊、张稀颖：《媒介时间的来临——对传播媒介塑造的时间观念之起源、形成与特征的研究》，《新闻与传播研究》2006 年第 1 期。

③ 杨江涛：《中国传统节日的美学研究》，中国人民大学博士学位论文，2008 年，第 94 页。

④ 高丙中：《作为一个过渡礼仪的两个庆典：对元旦与春节的一种关系的表述》，《2006 年文化遗产保护与旅游发展国际研讨会论文集》，2006 年。

年烟花”成为时代广场这个世界上“最著名的三角地”庆祝新年的惯例。1907年，为了响应不燃放烟花的号召，时代广场开始举行水晶球新年倒计时活动，在午夜钟声响起的前一分钟，巨大的水晶球伴随着烟花、彩纸及新年倒计时缓缓落下。从此，地标性的广场成为世界各国元旦庆典的首选，如法国的香榭丽舍大街、英国的泰晤士河畔、德国的勃兰登堡门，我国香港地区的维多利亚港、澳门地区的旅游塔、台湾地区的101大厦，都成为元旦庆典的“圣地”。周星等将当代中国节日分成“传统节庆体系”“国家或政府主导的节庆体系”和“外来嵌入的节庆”三大“板块”。[①] 在我国，“元旦”的名字原本是春节“谦让”出来的[②]，专门用来标识公历时间的新年节日。与中国“最大”的传统节日春节相比，中国元旦习俗（以下统称“元旦”）的形成具有明显的文化全球化特征，即“超领地化（superterritorialism）、政府推动（吉登斯语）和与媒介密切相连”[③]。

广场是都市的构成性中心，是聚集、集中和共识化的形式，也是现代化都市存在的标志与象征，引发了所有向往都市繁华的人们的奔赴，同时也以自身的集中反衬出边缘的匮乏。也可以说，广场是具有鲜明象征意义的空间介质，当它与寸秒寸金的大屏幕相结合时，更是直接叠加出了超级优势，成为汇聚的符号隐喻和受关注的绝对中心。公历新年广场举行的“零点计时”仪式，具有鲜明的通过仪式的意象，春节联欢晚会对“零点计时”仪式的“借用”，其实是共享了这一通过仪式意象，将其引申为除夕通过仪式阈限内的微缩景观。

2005年12月31日，刚刚成功举办了第三届“超级女声”真人秀的湖南卫视，借助选秀节目逐渐积攒的粉丝基础和自身不断攀升的平台影响力，比照日本跨年演唱会和韩国红白歌会的模式，举办了第一届以“快乐中国”为主题的跨年演唱会。整台节目面向青年观众，以唱跳节目为主，鲜有传统语

① 刘魁立、周星等：《传统节日与当代社会》，《民间文化论坛》2005年第3期。

② 1912年孙中山在南京就任中华民国临时大总统，宣布废除夏历改用阳历（即公历），用民国纪年，并决定以公元纪年1月1日为民国元年1月1日，1月1日叫新年，但不称元旦。1913年袁世凯批准以阴历元旦为春节，即以正月初一为春节，并同意春节例行放假，自此夏历岁首称“春节”。1949年9月27日，中国人民政治协商会议第一届全体会议决定采用公元纪年，为了区分阳历和阴历，把阳历1月1日称为“元旦”，将农历正月初一正式改称“春节”。

③ [英]卢克·马特尔：《社会学视角下的全球化》，宋妍译，辽宁人民出版社2014年版，第10、55、65页。

言类节目的踪影，率先在国内电视行业开辟了“跨年”这一新的收视热潮。这台晚会获得巨大成功，收视率高峰时段甚至超过了当年的央视春晚，而晚会的压轴表演嘉宾第三届“超级女声”冠军李宇春也成功登上当年央视春晚舞台，完成了以“超女”为代表的草根文化的登堂入室。

伴随着媒介产业化的发展，元旦时段逐渐成为各大卫视激烈争夺的黄金时段，跨年晚会之争凸显了各大卫视背后的资本力量和商业价值。2005 年以后，卫视平台纷纷参与到元旦跨年晚会的竞争之中，将受众对准青年群体，自动放弃了节奏较慢的语言类节目。2008 年，举办元旦跨年晚会的电视台达到 14 家，参与的频道有央视 1 套、3 套、4 套、9 套并机以及江苏卫视、东方卫视、湖南卫视、北京卫视、河南卫视、东南卫视、云南卫视、浙江卫视、天津卫视、安徽卫视、山东卫视。大浪淘沙，时至今日，湖南卫视、东方卫视、浙江卫视、江苏卫视四家媒体基本形成元旦跨年晚会的第一梯队。

“和春晚不一样”几乎是元旦跨年晚会追求的共同目标，但是有着和春晚一样的仪式环节——“零点计时”。11 点 59 分全场开始准备倒计时，当时钟指向午夜 12 点，一时间，屏幕内礼花满天，台上台下欢歌笑语，共庆佳节。元旦跨年晚会将城市广场跨年庆祝活动“邀请”到了晚会时空之下，延续到晚会屏幕时空中的城市广场，也被赋予了更多元的意义。

东方卫视从 2012 年到 2015 年连续四年在以“梦圆东方”为主题的元旦跨年晚会中引入了广场空间，在零点前插入广场灯光秀的倒计时跨年活动（见表 1），上海商界代表和晚会赞助商被邀请出席，2014 年、2016 年零点钟声敲响后插入了上海市长杨雄的元旦献词。东方卫视是第二个举办元旦跨年晚会的卫视频道（2006 年），收视率和口碑始终处于第一梯队，出现在东方卫视元旦跨年晚会中的城市广场是卫视平台实力和上海城市实力的双重印证。

表 1　上海东方卫视跨年晚会中的系列灯光秀倒计时活动

时间	广场名称	广场活动（晚会中）
2012	上海外滩	3D 灯光秀零点计时
2013	上海外滩	4D 灯光秀零点计时
2014	上海外滩	4D 灯光秀零点计时
2015	上海新天地广场	巨型水晶球降落零点计时

2011年央视宣布加入元旦跨年晚会的竞争行列，并延续了春节联欢晚会的风格，其广场意象中更鲜明地融入了国家和全球化的含义。在倒计时跨年环节，根据时间顺序依次展示了北京天坛、香港维多利亚港、澳门旅游塔、台北101大厦、日本东京、纽约时代广场、南非开普敦、莫斯科红场和悉尼等地跨年的场景，并且在这个过程中演唱歌曲《相亲相爱的一家人》，凸显出中国国际化发展的隐喻。2012年央视元旦晚会在跨年倒计时环节依次展示了北京颐和园、中华世纪坛、香港维多利亚港、澳门旅游塔和台北101大厦的现场庆祝活动，之后衔接的少数民族歌曲联唱表演更是将各族人民团结一致、各地区共同发展的意象融合在一起。

媒介仪式的理论深受法国结构主义思潮的影响。法国哲学家拉康受语言学相关研究的启发，提出了著名的 $\frac{S}{s}$ 公式（能指/所指），将产生意义而构成的实效场地分为转喻和隐喻两个侧面，并提出了著名的转喻公式：$f(S\ S'\cdots)S \cong S(-)\ s$”，整个公式的意思是说“用一个能指取代另一个能指形成意义变项”[①]。在这个转喻的过程中，元旦跨年的实在界“广场”，在此成为失落的“能指”，这个实在界并未出现在公式中，却是象征界能指永远无法企及之处。在仪式的符号意象上，春节联欢晚会和元旦跨年晚会是一个镜像“通过”仪式的两个“分会场”。在媒介时间的认知结构下，公历元旦与农历春节被赋予了形式相似且意义互为接续的仪式意象。就媒介逻辑来说，元旦跨年晚会的确是在对标中央电视台春节联欢晚会的竞争过程中诞生的。21世纪初期，正是各大卫视平台日益崛起的黄金时代，为了与央视竞争，他们纷纷选择了当时以“80后”为主的代表草根文化的青年受众群体，并有针对性地设计了元旦跨年晚会的节目形态（以歌曲和时尚类节目为主），成功开发了一个央视未曾确立“霸权”的时段——元旦。两类晚会上“零点计时”仪式的共通性存在，鲜明地揭示了两者之间内在的联系——这是一个仪式过程中的两个部分。农历除夕举办的春节联欢晚会孕育了它自身二元对立的结构化对象——公历时间新年举办的元旦晚会（或跨年晚会），“零点计时”成为两者共享的仪式，是公历时间与农历时间在媒介时间框架下共享的标志性仪式。

① 杜超、屠友祥：《转喻与隐喻：拉康的能指链的运作方式》，《东岳论丛》2018年第4期。

四、媒介春节仪式空间的阈限延展

社交媒体时间是一个不断交错的私人性的媒介时间轴,“不仅承载了媒介空间中个体的自我存在与表达权,也代表着个体在认识与反映外部世界方面的主动权……私人的时间轴,是个体自身建构的微型拟态环境,这种微型环境既反映了个体自身的生活,也部分反映了社会生活……无数个体的时间轴与公共的时间轴的汇聚,意味着,个体的时间轴对以往媒体时间轴的垄断性权力产生了分权作用”①。随着社交媒体越来越广泛地参与到媒介春节仪式的建构过程中,春节仪式的空间阈限也延展到了社交网络之内。

媒介春节仪式全面链接社交媒体始于2014年,各卫视与社交平台达成播出协议,允许爱奇艺、腾讯等音视频APP同时直播元旦跨年晚会节目。也就是说,在同时段播出的多家卫视元旦跨年晚会,将以“敞景式”的形式全面铺开在网民面前,用户只要打开一个音视频APP,就可以同时收看多台晚会节目。这当然极大地方便了用户,他们无须再频繁换台,所有同时播放的节目内容在网页上就可以做到一览无余。长期以来“被动”的受众们,其身份被置换为社交媒体用户时,就有了定制晚会庆典内容秩序的话语权,有一万名通过社交媒体收看直播晚会的用户,就有一万张内容不同的直播节目单。在大众传播时代,电视直播是媒介权力的集中体现,电视观众必须锁定直播的频道,才能真正体验到“天涯共此时”的仪式感。当电视晚会直播“位移”到网络上后,内容供应频道掌控用户“立即注意力”的权力和控制力被网络平台大大消解了,网民作为个体再次拥有了对自身“立即注意力”的掌控权,可以在网络上随时更换内容。于是,原本作为电视直播媒介事件标志性仪式的“零点计时”环节,瞬间跌落成了媒介产品的“广告牌”,抑或是内容产品的商业标签。在普天同庆的节日时间里,多家卫视包括央视,被并置在名为“零点计时”的标签之下,等待入场后受众的“翻牌”。这就如同走进了只卖烧烤的美食一条街,“零点计时”仪式不过是进入这条美食街的准入证,至于说谁是这条街上最好吃的烧烤,吃客们完全可以边逛边吃,自行决断。

---

① 彭兰:《分化与交叠:移动时代的时间》,《西北师大学报》(社会科学版)2020年第5期。

曼纽尔·卡斯特(Manuel Castells)将网络社会定位为新的社会结构,在互联网世界中,所有节点只要具有共同的信息编码(包括共同的价值观和成就目标),就可以实现联通,构成网络社会。[①] 在社交媒体时代,春节媒介仪式也从大众传媒领域延伸到社交网络,这一改变最集中的体现就是仪式参与者的主体性。假如每个人都是互联网中彼此关联的"小岛",那么连接起"岛主"间时空关系的链条就是媒介时空内可以通约的仪式活动。人类学家穆恩(Munn)在其著作《噶瓦人的名声》(*The Fame of Gawa*)中提出"库拉"是文化的象征,是"主体间时空"(intersubjective spacetime)的载体,主体间时空指人们赖以生存并取得名声的世界。[②] 丹尼尔·米勒受此启发,将"库拉圈"同社交网站进行对比,认为社交网站的沟通,也有类似于"库拉"形成的使用规范与道德要求。和"库拉"一样,社交媒体在文化时空中充当载体,可以将这个世界带回到更接近于真实的生存实在状态。[③] 马塞尔·莫斯在礼物的研究中将"库拉"纳入交换体系的视野,在重点研究了"夸富宴"和"库拉"制度之后,将"库拉"交换纳入互惠人类学的研究视野,指出"就其本质形式来说,库拉是特岛全部呈献和回献体系的一部分,是一个为声望和名誉竞争的体系"[④]。

同样是在2014年,新浪微博第一次与央视春晚合作,成为央视的"二维码合作伙伴",收看春晚的用户可以同时在微博上发送评论,搜索热点。此后,微博热搜与春晚内容如同一对合作默契的搭档,一边是光鲜亮丽的春晚直播现场,一边是同步解构春晚节目的热搜话题。相比之下,微博热搜更像是春晚的一个专业"捧哏"搭档,"求主持人口红色号""男朋友都上春晚了""春晚舞台造型吃货版"等各种恶搞的内容令人捧腹,以至有网友说:"一定要看春晚,否则你会看不懂微博;一定要看微博,否则你会看不懂春晚。"同样是在2014年,微信红包横空出世,从上线起至2014年正月初八,800多万中国用户领取了约4000万个微信红包。此外,央视春晚的广告又加入了"独

---

① 参见[英]曼纽尔·卡斯特:《网络社会》,周凯译,社会科学文献出版社2009年版,第12页。

② Nancy D. Munn, *The Fame of Gawa: A Symbolic Study of Value Transformation in a Massim Society*, Durham: Duke University Press, 1992.

③ 参见[英]丹尼尔·米勒:《数码人类学》,王心远译,人民出版社2014年版,第181页。

④ 梁永佳:《〈航海者〉之后:马林诺夫斯基的田野工作与库拉的后续研究》,《中央民族大学学报》(哲学社会科学版)2015年第1期。

家红包互动合作伙伴”这个崭新的赞助身份，成为互联网公司们每年必争的稀缺资源，坊间还有了“得春晚红包者得天下”的说法。2018 年百度独家冠名春晚推出了“组队拉人赢 3 亿团圆红包”活动；2019 年快手成为春晚的独家互动合作伙伴，在春晚当天派发 10 亿元红包；2020 年字节跳动利用今日头条、抖音等成为春晚独家合作伙伴。[①] “微信红包”这一产品遵循媒介逻辑，加入了“抢红包”的游戏环节，设计了拼手气红包的应用场景，使红包这一实物增加了媒介载体的功能，变成了一种社交网络的链接手段。

五、网络趣缘社区对“零点计时”仪式的颠覆与重构

彻底使“零点计时”仪式走下神坛的是二次元社区 B 站所举办的跨年晚会。2019 年 12 月 31 日，首个由互联网平台 Bilibili（以下简称“B 站”）和新华网联合主办，以“二零一九最美的夜”为主题的跨年晚会横空出世，晚会直播时在线人数的峰值达到 8200 万人次，5 天之内回放量达 6000 多万次。[②] 晚会在分析用户数据的基础上“有备而来”，投其所好地设计了诸多投合 B 站用户兴趣点的节目。整台晚会凸显了 B 站的二次元风格，以站内著名 UP 主为主要表演嘉宾，并“邀请”了二次元世界中最知名的“歌姬”洛天依，通过 VR 技术与歌手现场合作表演。从晚会内容安排上看，“零点计时”环节仍然是 B 站跨年晚会的必要组成部分，但是已经完全消解了其在大众媒介平台上的仪式意义。个中原因十分简单，B 站跨年晚会不是直播，失去了时间共享意义的“零点计时”实际上已经从仪式标志降级成一个内容产品商标，B 站的跨年晚会不过是通过加入“零点计时”环节，将自己“摆”进了“跨年晚会”商品货架而已。“弹幕仪式”是二次元社群特有的仪式行为。与年俗通过仪式的操作路径不同，社交媒体的通过仪式是“双向奔赴”式的行为，弹幕在此时成为“零点计时”仪式去魅的解药，趣缘群体的弹幕仪式彻底重构了媒介仪式的时空关系，或者说趣缘群体需要社区成员共同协作，才能真正完成

① 详见《当年春节的那场改变之战》，搜狐网，https://www.sohu.com/a/369182356_120529110，2020 年 1 月 27 日。

② 详见《“最懂年轻人的”B 站跨年晚会融合多元文化内容，创新节目呈现形式，广受好评——跨年晚会开启创新之夜》，《中国知识产权报》2021 年 1 月 4 日。

"零点计时"环节的仪式意义。

弹幕时间对"零点计时"仪式的消解与重构,实际上强化了仪式时间的共享意义,钟表时间及其背后的直播平台逻辑被替换为弹幕时间及其背后的社群逻辑,后者成为个体在仪式中沟通和交流的共享时间。成功的弹幕互动仪式形成了有节奏流动的微观互动仪式,它被说话人彼此分享,像互换礼物一样,丰富或缩减仪式过程。弹幕在平台上的保留时间是直播与录播混合式的,视频内容中的弹幕仪式其实是伪实时的,是不同时间不同网友发送的弹幕的叠加。但对于每一个此时此刻的弹幕观看者或发送者来说,这一刻都是实时的,是一期一会的主体性时间。确切地说,弹幕仪式消解了"零点计时"仪式的共享时间意义,但是以参与式行为重构了"零点计时"环节的仪式体验。

B站跨年晚会源起于内部的"拜年祭"传统。自2009年成立以来,B站每年除夕前后都会精心准备一台由二次元UP主操刀的视频盛宴"拜年祭"。历经10年,"拜年祭"在B站社群内部已经有了"小春晚"之称,每每有人在"拜年祭"视频开弹幕说:"我妈在看春晚,看着捧着手机一直笑的我一脸蒙。"学者马中红与任希从媒介仪式的视角将B站"拜年祭"与央视春晚进行比较,认为"春晚将作为媒体的央视建构成社会中心,拜年祭则将B站建构成二次元的社群中心,所以两者在建构社会/社群中心并反身使媒介自身成为社会/社群中心的方式上也具有相同的逻辑"[①]。如果不是B站的平台策略有所调整,"拜年祭"将一直是趣缘群体内部共享的庆典。2018年,B站与《人民日报》全国党媒信息公共平台正式签署战略合作框架协议,于是这一国内最大的二次元平台与最权威的主流媒体在文化交流上产生了"双向奔赴"。在这样的背景下,B站"二零一九最美的夜"应运而生并成功"出圈"。

弹幕是嵌入媒介仪式过程中的微观仪式,也是用户在仪式体验中的高光"瞬间"。柯林斯认为,仪式是一种相互专注的情感和关注机制,它形成了一种瞬间共有的实在,因而会形成群体团结和群体成员身份的符号。"高度的相互关注,即高度的互为主体性,跟高度的情感连带——通过身体的协调

① 马中红、任希:《国家美学与社群美学的分野与对话——以"央视春晚""B站拜年祭"为例》,《探索与争鸣》2020年第8期。

一致、相互激起/唤起参加者的神经系统——结合在一起，从而导致形成了与认知符号相关联的成员身份感；同时也为每个参加者带来了情感能量，使他们感到有信心、热情和愿望去做出他们认为道德上容许的事情。”①在特定的春节时空与熟悉的趣缘社区之下，面对屏幕上一期一会的弹幕队伍，个体在弹幕即时发送的过程中形成一种情感体验。互不相识却通过弹幕合作的网民们，在这个难得的社交媒体时空“瞬间”驻足、狂欢，生成节日的畅爽体验，体会着仿若水仙花美少年纳西瑟斯的映像快感，并能将“水仙花”变成可分享之物，避免了自恋至死的结局，反而走向交往分享的群体狂欢。这个瞬间，映照在每一个发送弹幕的网友心中，是一种恰到好处的社交愉悦与极度私人化情感享受的交融时刻。

B站的“弹幕文化”源自趣缘群体的圈层式传播。作为国内最资深的二次元社区，B站会员的注册制度从一开始就构建起社会壁垒。按此制度，申请入会只有两种方式：一是通过老会员代码邀请；一是通过站内测试，而其测试题难度之高被称为“中国御宅学高考”，100道题大多数与ACG(Animation，Comic，Game)文化相关，60分及格才能成为B站会员。毫无疑问，这些测试题的内容都是二次元群体的共享文化，有一整套的语言符号密码。时间一长，会员逐渐树立起对二次元社区的深度认同，并与社区内的集体记忆交融在一起，以至通过弹幕就可以大致判断发送者在B站的“年资”。每一年的“拜年祭”直播过程中，都能看到“爱死这个小破站了”“此生无悔入B站”的日常刷屏表白，光是一个“小破站”就是从三次元世界刚来的人所看不懂的内容“门槛”。2019年跨年晚会邀请五月天压轴演唱的歌曲《干杯》，暗合了B站的标志性口号，也引发了众多网友对于B站的集体记忆，一时之间，满屏出现了五颜六色的“小破站出息了！哔哩哔哩干杯!”之类的弹幕队形。

六、春节媒介仪式过程中的脱阈与嵌入

春节媒介仪式的生产史是一部互动链接的仪式发展史，其间经历了仪

① ［美］兰德尔·柯林斯：《互动仪式链》，林聚任、王鹏、宋丽君译，商务印书馆2012年版，第5页。

式符号类型的更迭、仪式时空的阈限延展以及仪式活动的改变。从仪式过程的视角来看，春节媒介仪式已经形成了完整的仪式链条，其间经历了两次明显脱阈与重新嵌入的环节。个体在这个过程中，完成了由于技术发展、代际更迭以及圈层交替所引发的叛逆与对抗，并重新嵌入社会的轨道。

媒介阈限内春节仪式的第一次脱阈，是元旦跨年晚会面对央视春晚的“背叛”，这实际上是当时青年亚文化横空出世的彰显，其借助对中央电视台权威的挑战，获得畅爽体验。这一次的脱阈始于2005年，最终以2012年央视宣布加入元旦跨年晚会的阵营而告一段落。这一过程完成了春节媒介阈限时间上的延展，元旦晚会与春节晚会由于仪式行为、符号象征含义的高度相似而链接成为一个过程的两个阶段。春节是“空间化的时间”，而新年则成为“时间化的空间”，元旦晚会的跨年成了对农历春节最重要的仪式“守岁”的拟仿，在这个过程中，被赋予了类除夕的寓意。据此，元旦作为现代化节日，在我国被纳入了人们更为熟知的春节认知图示之内。从历时性的角度来看，元旦往往被认为是过年的预备阶段，自此人们开始翘首期盼春节的到来；从共时性的角度来看，元旦俨然成为春节的拟仿，只不过前者的仪式意象更具个性化、自娱性和现代化。新年与春节的同生性可以视为媒介化节庆时间延伸的结果。

媒介阈限内春节仪式的第二次脱阈，来自2009年B站举办的“拜年祭”。作为国内二次元亚文化的集中地，B站用户中的主力军“Z世代”(即“90后”“00后”)，以追求自我、张扬个性而闻名，而此次元旦跨年晚会提供了一种可能性——“娱己”作为一种态度得到了技术的加持，强调了个体与媒介互动的主体间性。B站每年除夕的“拜年祭”，是“Z世代”对日常生活的主动脱阈。社交媒体弥散了时间，也放任了空间，社交媒体的时间观是絮状的，表现为以个体体验为中心的网络社群的交往与聚合的形成过程；移动智能终端同样缄默了媒介仪式中的个体“不在场”的常态。[①]

“拜年祭”直播内容由UP主主动完成并上传平台，播放期间弹幕成为必不可少的仪式活动，资深二次元网民们在这个普天同庆的除夕夜里，伴着屏幕外欢声笑语的庆祝氛围，沉浸在面前的二次元世界中，不时发送着“圈言

---

① 参见彭兰：《视频化生存：移动时代日常生活的媒介化》，《中国编辑》2020年第4期。

圈语”，组成弹幕队形。每一年的“拜年祭”弹幕仪式是绝对的主角，弹幕展示着趣缘群体的集体狂欢，包含着“‘不加思考’的行为、精神结构、仪式性的身体实践活动，这些实践活动历史性地积淀在惯习之中，被同化为人体中的一种无意识的‘游戏感’”①。柯林斯认为，社会结构的基础是“互动仪式链”，这一互动仪式链“在时间上经由具体情境中的个人之见的不断接触而延伸，从而形成了互动的结构；当人们越来越多地参与社会接触过程，并使这些际遇发生的自然空间扩展之后，社会结构就变得更为宏观了”②。

经过这一次互动，年俗仪式的媒介阈限再次壮大，社交媒体的空间被纳入“麾下”。这一次脱阈的重新嵌入始自2019年，B站与主流平台完成了“双向奔赴”式的和解。2019年的B站元旦跨年晚会就是一次主动出圈的行动，也可视为重新嵌入仪式阈限的过程。至此，完成了媒介时空阈限内的年俗互动仪式过程，不同代际、圈层，不同地域、文化的受众作为媒介仪式的参加者，都被邀请到仪式过程之中，完成了仪式精神内核的“加冕”。

结　语

春节仪式的媒介化过程伴随着传统年俗仪式的镜像化呈现进路，形成了逻辑自洽的仪式场域，传统春节年俗的各种功能也在媒介阈限内获得延伸和发展。

（一）传统年俗仪式的秩序与价值得到强化

麦克卢汉认为，正因为新技术创造了一种全新的环境，过去的老环境才得以清晰可见。因为不断创新的媒介技术所引发的媒介环境的变化，在其初创期是不可见的，所以当老环境被新环境取代时，老环境才成为看得见的东西，这与鱼离开了水，才发现了水是一样的道理，这就是媒介的“后视镜”理论。③ 不断丰富的媒介春节仪式，使人们不可救药地怀念着传统春节的时

① [英]安吉拉·麦克罗比：《文化研究的用途》，李庆本译，北京大学出版社2007年版，第155页。

② [美]兰德尔·柯林斯：《互动仪式链》，林聚任、王鹏、宋丽君译，商务印书馆2012年版，第4页。

③ 参见[加]埃里克·麦克卢汉、弗兰克·秦格龙编：《麦克卢汉精粹》，何道宽译，南京大学出版社2000年版，第360～362页。

光。于是，在新技术的加持之下，春节的仪式意义不但从未缺席，反而得到了更为有力的强调。

春节具有践行和传承传统伦理道德、价值观念的功能。传统春节，首先强调的也是国家和社会组织（宗族）的秩序。南朝梁宗懔《荆楚岁时记》载："正月一日……长幼悉正衣冠，以次拜贺，进椒柏酒。"[①]宋人孟元老在《东京梦华录》中描写北宋汴京时云："十月一日年节，开封府放关扑三日，士庶自早相互庆贺。"[②]明中叶陆容在《菽园杂记》中说："京师元旦日，上自朝官，下至庶人，往来交错道路者连日，谓之'拜年'。"[③]中华民族的空间哲学建立在家国一体的空间想象之上，视"四海"为"一家"，如孟子曾说："天下之本在国，国之本在家。"[④]在中国文化中，家国意象原本就是春节要强调的秩序与价值。从族群来说，也需要强化整个民族的集体记忆与集体意识，在民族共同符号的周期性显现中增强民族向心力与凝聚力。[⑤]

通过电子媒介和社交网络，国家、宗族的想象得到了前所未有的扩展，其典型表现就是"北京时间"的全媒域覆盖。1997 年央视春晚第一次出现了"北京时间"这一主题，在当年的"零点计时"环节，主持人将钟表时间置换为具有国家意义的"北京时间"。2012 年央视在元旦跨年晚会中，又一次提到了北京时间。在跨年晚会的"零点计时"仪式中，主持人来到北京时间诞生地国家授时中心，在镜头前向人们娓娓道来："精确的时间不仅关系到人们的日常生活，更是关系到国家发展……""北京时间"这一充满政治意象的时间概念，高挂于媒介事件的时空之内，成为春节媒介仪式中显著的表意时间。

2020 年东方卫视元旦跨年晚会的"零点计时"仪式中，主持人现场朗诵了习近平总书记的新年贺词，强调 2021 年是建党 100 周年的伟大时间节点，零点过后的第一个节目被设定为歌曲《追寻》，歌词带领大家重温了上海建党的历程，一面鲜红的党旗，飘扬在舞台中央。2020 年湖南卫视的春晚主持人在"零点计时"环节朗诵习近平总书记的新年贺词，讲述 2021 年是建党

① （梁）宗懔撰，（隋）杜公瞻注，姜彦稚辑校：《荆楚岁时记》，中华书局 2018 年版，第 57～59 页。

② （宋）孟元老：《东京梦华录（外四种）》，上海古典文学出版社 1956 年版，第 33 页。

③ （明）陆容：《菽园杂记》，中华书局 1985 年版，第 52 页。

④ （宋）朱熹撰：《四书章句集注》，上海古籍出版社 2013 年版，第 23 页。

⑤ 参见陈建宪：《春节：中华民族的时间元点与空间元点》，《民俗研究》2010 年第 2 期。

100周年，同时也是“十四五”的开启之年。在“零点计时”仪式的后续节目中，山村支教教师和留守儿童上台表演合唱，展示国家在扶贫攻坚战中取得的卓越成绩。2020年B站跨年晚会是同央视频联合出品的，设置了香港TVB分会场和武汉分会场，“零点倒计”时的直播画面是由武汉分会场承担的，彩灯高挂、烟花绚烂，雄伟的武汉长江大桥寓意着祖国在过去一年中，抗击新冠肺炎疫情所取得的成功。

（二）在“大春节”认知图示下完成了圈层间的媒介融合

麦克卢汉认为，随着媒介技术的发展，人类社会经历了“部落化—非部落化—重新部落化”的过程。[①] 在社交媒体时代，个体会自发地再聚合为新的“部落”，从而形成趣缘群体的圈层文化。“圈层文化首先是一种参与式文化。圈层成员既是信息的消费者也是信息的生产者，当他们自发地进行信息生产、传播和消费时，区别于大众媒介的被动参与和个体媒介的自娱自乐，他们形成的是一种圈层共享式的狂欢。”[②]社交媒体的趣缘社区，会伴随着交流互动的深入逐渐形成独特的交流符号以及特殊的交往规则，从而树立起社区自我保护的交流门槛，而这反过来更增加了社区成员在共享文化符号时所产生的情感关联和共鸣。圈层交流也是社会代际更迭与社交网络内人们因缘聚会的镜像显现。春节这一神圣而包容的时空序列，如磁石般将所有的分别与区隔都吸引到这一特殊时空之下，无论贫穷还是富有，无论年老还是年少，无论他乡还是留守，万众欢腾、辞旧迎新的旧历年以它无与伦比的魅力和包容力将全球中华儿女团聚在了同一个媒介阈限之内。在这个阈限之中，叛逆也好，脱离也罢，都成为彼此的参照物而互相成全了一段关于春节的体验。不同圈层、代际，在凝视与被凝视的对望中完成了互为他者的印证。

2020年元旦跨年晚会时段，有网友在微博上传了一段五秒的手机视频。这段视频展示的是，该网友正在爱奇艺APP收看B站跨年晚会——当时正

① 参见[加]埃里克·麦克卢汉、弗兰克·秦格龙编：《麦克卢汉精粹》，何道宽译，南京大学出版社2000年版，第400页。

② 刘明洋、李薇薇：《社会集合，过渡媒介与文化形态——关于传播圈层的三个认知》，《现代传播》2020年第11期。

在表演颇具后现代风格的创意舞蹈节目《大圣归来》，镜头向上一移，客厅里的电视机正播放央视跨年晚会的节目，即讲述抗疫的语言类节目《守护担当》。这位网友将这段对比强烈的截屏瞬时发送给了社交媒体上的好友，并且配文："我妈和我。"代际媒介接收习惯、审美区隔的差异，都在这一段客厅截屏中得以鲜明展现，晚辈以戏谑的形式向社交媒体中的同侪好友"吐槽"着同一时空之下两代人鲜明的区隔鸿沟。当然，这一切的一切实际上都统合在春节这一个时空之内，缺乏了任何一方，都不会使这段视频如此对比鲜明而又互为对照。

传播圈层是基于某种共同的经历、背景、兴趣或者主张而形成的。圈层具有自己的圈层话语体系、技术条件和生产关系，形成了一种新的文化形态——圈层文化。快速发展的数字技术造成媒介接收鸿沟，以圈层文化为代表的青年亚文化成为社交媒介内的社群聚合。因此，媒体融合也意味着圈层文化的扩张和融合。此时，作为媒介仪式的春节成为人们交往的一个中介物，人们在媒介场域内，通过庆典仪式和活动，结成松散的趣缘群体。当媒介内容的生产空间伴随着媒介迭代进入社交媒体时代之后，时间成为一个可以深度锚定的点，节庆体验成为个体私领域的集合，这是一个宠爱自己、寻求自我愉悦的过程。这一个过程和另外一个取悦传统、集体、家庭的辞旧迎新的春节形成一个节日感知上的闭环。春节时间是神圣与世俗的伟大统合，以其超凡的智慧将自然时间观、农历时间观与神圣，按照传统统合在一起，"大春节"的认知统合恰好满足了这一需求。个人追求个性化、小众化的释放与媒介内容对传统、权威的消解和驯化过程相伴相生，个人与社会在这个过程中完成了自我与群体的自洽，社会也在这一过程中完成了现代与传统的和解。

（三）春节媒介仪式弥补了现代时间结构下的个体需求

媒介时间是基于现代线性时间的时间制度，线性时间观念中之于节日时间的重要指标就是休息时间，这也是生产力自我修复与自我发展的时间。伴随着媒介使用过程中对个体主体性的唤起和迎合，如何使用媒介完成闲暇的自我修正与提高的需求，也隐喻在节日的观念之中。正因为如此，公历时间基线内产生的几乎所有节日，都包含着强烈的个体自愈与自娱的指向。

在这一点上，每个人对三天小长假的元旦假期和七天长假的春节假期都有同样的需求。

媒介交往革命带来的克服空间赢得的时间，对人类的意义就如马克思所说："时间实际上是人的积极存在，它不仅是人的生命的尺度，而且是人的发展的空间。"①要完成从个体到社会的完整意义上的辞旧迎新，传统与现代、群体与自我的双向需求都要被考虑在内，于是公历新年与农历春节的联合也显得顺理成章。从仪式过程视角来看，制度性的假期使个体获得了实质意义上的"分离"，媒介领域为个体提供了获得仪式体验所需要的"阈限"。社交媒体以满足个体交往形式为前提，参与到公共仪式的交流与互动中，在此期间，人们通过含有颠覆社会性和逆反性的仪式行为，对抗日常生活规范，并收获仪式过程中的畅爽体验，这也成为个体完成自我修复的重要闲暇阶段，从而为再次回归日常生活提供接续。

从建构主义的观点来看，年俗时间是个体交往空间化的节日时间，是公历时间、农历时间及其背后所体现的现代社会与传统社会观念集中交汇的非日常生活时间的统合，需要将其置于整体社会现象中，才能有很好的理解。节日时间是社会性的时间，即整体社会现象运动集中与发散的时间。整体社会现象，即指"人与人之间的一种现实的、整体的相互关联和影响"②。节日中的关系网络是节日意义生产的重要基础，以满足个性化需求为目的的无数个体中心化关系网络交织成了其中最主要的交往网络，共同完成了国人的"年"感，其间起作用的是心灵感知到的崭新之物。

① 《马克思恩格斯全集》第23卷，人民出版社1972年版，第47页。

② ［法］乔治·古尔维奇：《社会时间的频谱》，朱红文等译，北京师范大学出版社2010年版，第28页。

疫情下的春节:"非正常"时段的"非日常"生活

——以 2020 年四川邛崃南庭小区为例

陈施融[*]

摘　要

2020 年初,新冠肺炎疫情突然暴发,国家紧急实行封控政策,民众被限制在固定空间内无法自由流动,致使传统的春节节俗被硬性"割裂"。然而,即便是处于这种"非正常"的灾害时段,社群仍在进行各种调适,尽力延续"非日常"的春节活动,包括更换时间地点举行祭祀和祭拜的仪式活动,使用线上交互模式替代面对面的人际交往活动,以及创造出多样的居家隔离活动。通过这一系列行为,社会秩序获得有效维护,以抗疫为目的的新的共同体得以创建。从失序到恢复秩序这一过程,体现出国家引导、民众参与和科技辅助三个维度的合力。

关键词

灾害民俗学　春节　"双非"生活

"妈,我回来的时候带了两箱济南土特产,等初二走人户的时候就给表婶他们带过去。"没想到 2020 年春节都过完了,这两大箱子土特产依旧被搁置在笔者的书房里。春节是中国最为隆重的传统节日,包含祭祀祖先、人情

---

* 陈施融,山东大学儒学高等研究院 2019 级硕士研究生。

往来、休闲娱乐等丰富多彩的节日习俗与内容。由于2020年初突然暴发的新冠肺炎疫情的影响与冲击，这一常规被打破。2020年1月20日，国务院将新冠肺炎认定为法定传染病①；1月23日，武汉市政府决定“封城”，而这一天正是除夕的前一天。传播性强且具有多重不确定性的新冠肺炎在春节之际以迅猛之势侵袭全国，为更好地保障与维护民众身体健康，在党和政府的号召下，全国进入一种几乎全员居家隔离的生活状态，规模化社会生活被全部停止。与2003年的“非典”(SARS)疫情相比，本次新冠肺炎疫情比较特殊的地方在于它在春节期间暴发，使传统的节日习俗受到了巨大影响与冲击。那么，在这一特殊情势下，春节习俗相应地发生了哪些调整与变化？民众如何看待这些变化？又是如何与之互动与调适的呢？这些行为背后又反映出民众、社会与国家的哪些特质呢？本文以四川省成都市邛崃南庭小区为具体个案，以2020年春节为具体观察时段，运用深入访谈和参与观察的方法，对上述问题展开相关讨论与分析。

灾害问题一直受到国家、社会与民众的广泛关注，并由此成为学界关注的一个热点问题。早在20世纪30年代，邓云特就出版了具有里程碑意义的《中国救荒史》一书②，此后相关研究更是层出不穷。具体到民俗学领域，这两年兴起的“灾害民俗学”是学界研究的热点。灾害民俗学就是以民俗学的视点来考察自然灾害，以灾害为契机观察研究人类和社会关系方面的变化等问题。③ 日本学者樱井龙彦是这一学术领域的主要倡导者，而国内最具代表性的学者王晓葵，率先提出了灾害民族志的书写问题④，以灾害记忆为主要聚焦点⑤。目前的灾害民俗学研究，关注主题多是地震海啸等自然灾害，对传染病的关注并不多，并且研究视角多聚焦于灾害下非日常的仪式、国家层面的应对治理等。谈起疫情对中国人的影响，曾经最受关注的便是2003

① 《中华人民共和国国家卫生健康委员会公告》，中国政府网，http://www.nhc.gov.cn/jkj/s7916/202001/44a3b8245e8049d2837a4f27529cd386.shtml，2020年1月20日。

② 邓云特：《中国救荒史》，商务印书馆1937年版。

③ 参见[日]樱井龙彦：《灾害的民俗表象——从“记忆”到“记录”再到“表现”》，虞萍、赵彦民译，《文化遗产》2008年第3期。

④ 王晓葵：《灾害民俗志：灾害研究的民俗学视角与方法》，《民间文化论坛》2019年第5期。

⑤ 参见王晓葵：《“灾后重建”过程的国家权力与地域社会——以灾害记忆为中心》，《河北学刊》2016年第5期；王晓葵：《国家权力、丧葬习俗与公共记忆空间——以唐山大地震殉难者的埋葬与祭祀为例》，《民俗研究》2008年第2期；王晓葵：《灾害记忆图式与社会变迁——谁的唐山大地震》，孙江主编：《新史学》第8卷，中华书局2014年版，第165～199页。

年的"非典",对此学界更多关注的是国家政治、卫生防疫、基层治理以及民众心理等方面的内容。[①] 有关本次新冠肺炎疫情的讨论,则主要侧重于从风险社会学的视角,考察新冠肺炎疫情的暴发、共同体防控及疫情中出现的种族主义、民族精神、卫生防控等问题。[②] 总之,目前相关研究缺乏对疫情之下日常生活的探讨。基于此,本文将在已有研究的基础上,借鉴灾害民俗学的理论与方法,以民俗学关注的日常生活视角,审视新冠肺炎疫情对人们春节生活的影响以及民众的应对方式。

一、"双非"背景:割裂与恐慌

本文旨在研究的"双非"生活,即"非正常"时段的"非日常"生活。前一个"非正常"指疫情这一特殊的灾害时段,而后一个"非日常"指的是春节这个神圣时空。"非常"与"常"这两个概念,表露出明显的对比意味。一般而言,"常"有两层意义:一是指社会生活秩序的常态,局内人习以为常,局外人寻常所见;二是指民众观念中遍布宇宙万物之中的常规。[③] "非正常"是基于"正常"而言的,"正常"意味着常态化下的有序,那"非正常"则意味着社会生活的失序。同理,"非日常"是相较于"日常"而言的。衣俊卿将"日常生活"解释为"以个人的家庭、天然共同体等直接环境为基本寓所,旨在维持个体生存和再生产的日常消费活动、日常交往活动和日常观念活动的总称,它是一个以重复性思维和重复性实践为基本存在方式,凭借传统、习惯、经验以及血缘和天然情感等文化因素而加以维系的自在的类本质对象化领域"[④],可见其具有可重复性与惯常性,有自身的内在结构和图式。对于民俗学来

① 代表性成果,如沙莲香:《"非典"临场下社会功能的民间运作特点——对突发事件的一种社会学思考》,《河北学刊》2003 年第 5 期;颜烨:《非典型肺炎问题的社会学检视》,《西南师范大学学报》(人文社会科学版)2003 年第 4 期;周晓虹:《传播的畸变——对"SARS"传言的一种社会心理学分析》,《社会学研究》2003 年第 6 期;彭宗超、钟开斌:《非典危机中的民众脆弱性分析》,《清华大学学报》(哲学社会科学版)2003 年第 4 期。

② 代表性成果,如文军:《新型冠状病毒肺炎疫情的暴发及共同体防控——基于风险社会学视角的考察》,《武汉大学学报》(哲学社会科学版)2020 年第 3 期;周少青:《"我无法呼吸"新冠病毒与种族主义的迷思》,《人民论坛》2020 年第 17 期;王伯承:《新冠肺炎疫情下的宗族组织与乡村共同体再造》,《北京科技大学学报》(社会科学版)2020 年第 3 期;段忠玉:《地方性知识与现代专业知识的结合——一个傣族村寨防控新冠肺炎疫情的经验》,《北方民族大学学报》2020 年第 3 期。

③ 参见张士闪:《乡土社会与乡民的艺术表演》,北京师范大学博士学位论文,2005 年。

④ 衣俊卿:《现代化与日常生活批判》,黑龙江教育出版社 1994 年版,第 33 页。

说，“非日常”可用来指称岁时节日、神圣仪式等，而“日常”则是指节日、仪式活动外的平常生活与时段。李丰楙用“常与非常”取代民众日常生活通常所用的凡俗与神圣。[①] 张士闪认同这一观点，并在研究鲁中村落的信仰秩序时进一步将“常”与“非常”这两个概念用于村落民间信仰活动。他指出，民间信仰中的“常”是民众心中的常理，也是构成乡土日常生活的一部分；“非常”则是指在以农历四月初八的莲花庵庙会为代表的某些特殊时段中，人们有意打破乡土生活的常规，超越现实的日常生活，凸显民间信仰的权威性，营造出一种有别于日常生活的特殊文化情境。[②] 持类似看法的学者还有赵世瑜，他在《狂欢与日常》中提出庙会这类游神祭祀活动一方面构成了民众日常生活的一部分，另一方面也因时节和场合的特殊性而超越日常，形成非日常的全民狂欢。[③] “日常”与“非日常”的区别在于时空，即岁时节日的神圣性赋予了日常活动以非日常性。对于本文来讲，“非日常”不是指被赋予神圣性的仪式活动，而是指被赋予了神圣性的岁时节日，具体来说就是春节。故本文所言的“非正常”指新冠肺炎疫情下的灾害时段，而“非日常”特指春节这一中国最隆重的岁时节日。

传统的春节包含丰富多彩的习俗活动，如人神互动的祭祀、人情社会的礼俗交往以及多种多样的娱乐活动，将各种文化活动镶嵌并融入人们的生活中，体现出年节的复合性内涵。另外，春节还意味着时间的更新、个人的更新。正如陈连山所说，春节的全部传统意义都是围绕“开端”而存在的：宇宙的诞生、万物的起源、文化的建立、新生活的开端等。[④] 人们怀揣着对新的一年的美好希冀，祈盼着春节的到来，可此时新冠肺炎疫情遽然而起。新冠病毒肆虐蔓延，感染人数急速增加，政府每日滚动播报相关数据，媒体平台也被疫情消息淹没。迫于形势，疫情的主战场武汉于 2020 年 1 月 23 日 10 时实施“封城”，全市公共交通停运，离汉通道关闭，整座城市被迫按下暂停键。与此同时，在党和政府的号召下，全国各地纷纷采取了居家隔离等防

---

① 详见李丰楙：《台湾庆成醮与民间庙会文化：一个非常观狂文化的休闲论》，林如主编：《寺庙与民间文化研讨会论文集》，(台北)天恩出版社 1995 年版，第 43 页。

② 详见张士闪、张佳：《“常”与“非常”：一个鲁中村落的信仰秩序》，《民俗研究》2009 年第 4 期。

③ 详见赵世瑜：《狂欢与日常——明清以来的庙会与民间社会》，三联书店 2002 年版，第 47 页。

④ 详见陈连山：《春节民俗的社会功能、文化意义与当前文化政策》，《民间文化论坛》2004 年第 5 期。

疫行动。四川省也不例外,1月24日便迅速启动了突发公共卫生事件一级响应,成都市取消了春节期间公共场所的聚集性活动,娱乐场所暂停营业,同样邛崃的基层村庄也随之实行了封闭式管理。[①]

邛崃为四川省成都市所辖的一个县级市,既拥有部分传统的乡村民俗活动,又存在一些城市里人与人之间的边界感。南庭小区位于南城新市中心,是典型的学区房。小区内共有430户,生活群体涵盖各个年龄层,人员构成比较复杂,兼有本地人和外地人。其中,一部分是一家三口的小家庭,另一部分是祖孙三代人一起生活,他们往往来自周边乡镇,因为孩子父母工作繁忙,特意从老家过来带孩子。邛崃在2020年新冠肺炎疫情期间共有5名感染者,后均被治愈出院。因其中一名感染者出入场所是南庭小区斜对面的美甲店,所以小区防范更为严格,施行了严密的出入管理措施。小区安保人员分成三队,一队在门口设防把关,一队在小区内巡逻布置,一队严密关注各路监控。同时,为增强民众的安全意识,市政府的宣传车从早上8点半到晚上6点半行驶在各条道路上,反复通知"为防止疫情扩散,防止交叉传染,建议取消相互之间的拜年",电视上也全天滚动提醒民众"不出门,不聚集"。多数民众本来要回老家过年,但由于病毒的威胁和环境的限制,只能在家规避风险,进入自我防御状态,不能外出,也不敢外出。出门似乎就意味着要与数不清的病毒进行博弈,人人自危,人人自卫。

当祈盼了一年的春节突然遭遇传染病这种灾害性事件时,民众的焦虑和恐慌自是无法避免。"当时真的不晓得该怎么办了,这年还咋过嘛!"[②]这是刘荃最深的感受。疫情之下的焦虑情绪,并不只是源于对病毒的恐惧和个体无法自由流动的压抑,更是因为突发的疫病扰乱了春节这一时空的神圣性和社会的整体性,打破了人们之于传统生活下的惯常性,使实体空间中社会各方互动的结界增强,无法满足人们对于传统年节实践的情感与社会需求。企业停工导致社会个体的分工消失,民众为防病毒被滞于一方固定的空间内而无法自由行动,恰逢春节这样神圣的时空却又无法进行惯常的

---

① 《四川启动重大突发公共卫生事件一级响应》,人民网,http://sc.people.com.cn/n2/2020/0124/c345167-33743305.html,2020年1月24日。

② 访谈对象:刘荃,男,1942年生,南庭小区居民;访谈人:陈施融;访谈时间:2020年7月28日;访谈地点:刘荃家。本文访谈人,都为化名。

传统活动，三者的张力作用使个体在社群中无法得到认同，在岁时节日中找寻不到归属感。而防护物资的短缺则成为引发恐慌的导火索，在网上售罄、实体店抢空、即使高价也买不到口罩这一最有效的防护工具的情况下，人们的慌张程度剧增。一想起当时的情景，虽已过去半年多的时间，孙虹仍然带有一丝慌乱：

当时武汉那边的人戴口罩的时候，我就想要不要买口罩；但我又想有那么严重嗦，在他们那边还能跑得来我们这边来嗦。结果后来峡城发现5例。那段时间好慌哦，当真好慌哦，赶紧说买口罩，结果网上不发货，药店卖空了，不晓得咋办，好心焦。①

“封城”是史无前例的，大流行病也是经久不遇的，对事物的认知需要一个过程，疫情引发的不安感也是逐渐显现的。从自认为的局外人到被波及的局内人，角色的转变使人们的心态发生了巨大变化。此时的口罩已经不只是商品，更是一种安全感的载体。姑姑托邻居医生买了5个N95口罩，隔了很远递了两个给周省，这个25岁的男子哭着说：“你给我买了好口罩啊。”②在特殊的情势下，人们需要用值得信赖的物品或者精神安慰来降低心中的不安感，而疫情中可以充当这种角色的就是防护用品——口罩，而口罩的短缺恰恰加重了社会的恐慌情绪。

特殊时段造就特殊图景，除了试图用“防”切断传染源之外，人们还在“治”上竭力抗疫。口罩和空间隔离主要针对的是前者，而在确切有效的治疗药物问世之前，社群中总会出现针对诸如双黄连口服液、利巴韦林颗粒等“神药”的抢购潮，这些药物被一抢而空。在网络空间中通过信息交流而生成的疫情心态，是流动的、可传递的。③ 网络加剧了谣言的流动与传播范围，个体的情绪经由网络不断发酵，很容易扩散至其他群体，由此引发更大的效应，并再次作为起点，恶性循环，引发更大程度和更广范围的恐慌。真假消息混杂，使得是非难辨，谣言甚嚣尘上，往往引发二次恐慌，造成社会失序，

① 访谈对象：孙虹，女，1966年生，南庭小区居民；访谈人：陈施融；访谈时间：2020年7月23日；访谈地点：孙虹家。

② 访谈对象：周省，男，1995年生，南庭小区居民；访谈人：陈施融；访谈时间：2020年8月3日；访谈地点：周省家。

③ 参见刘少杰：《“疫情防控的社会学思考”笔谈》之《疫情心态网络化的信息编好与传递效应》，《学术界》2020年第2期。

使疫情信息变为“信息疫情”。①

总之，突如其来的新冠肺炎疫情犹如一股强烈的冲击波，震荡着人们原有的日常生活结构与秩序。疫情暴发初期，民众的脆弱性不言而喻，社会敏感度达到阈值，一点刺激就会引发非常态的行为。在笔者的访谈过程中，在访谈对象对新冠肺炎病毒风险充满不确定性和缺乏安全感的担忧和焦虑表述中，“慌”是出现频率最高的字眼。灾害使得社群民众在短期内处于一种失控与混乱的生活状态，无人可以置身事外。人们在激变的旋涡中一时无所适从，此时的日常实践便构成了对灾害认知的外化叙事，即通过语言及行为表达对于灾害的理解与认知。

二、仪式活动：寻求替代模式

春节是我国最为重要与隆重的传统节日，持续时间长，意义丰富，而祭祀活动是其中必不可少的组成部分，正是祭祀仪式将节日文化时间与日常生活时间区分开来。② 中国人向来就有祖先崇拜的传统，而春节则是人神互动最为频繁的时段。人神关系涉及民众的天人观、宇宙观，民众由此建构起自己的社会身份及社会认同。③ 同时，在社会文化生活中，年节的祭祀活动维系着人与神、人与祖先的内在关系，使事情朝着对自己和家庭有利的方向发展。因此，春节期间的人神交往凭借其强大的社会惯性，成为年节生活的重要组成部分，然而突如其来的新冠肺炎疫情却使传统的仪式活动无法正常进行。即便如此，民众也不会无所谓地将其放下，而是努力寻求解决方法。大致来说，有两种主要途径。

第一种是乞求祖先谅解，另寻祭拜时间。如受访者文杰的老家在遂宁，她的父亲和二叔都在邛崃安了家，每年初二会结伴开三个小时的车回遂宁老家祭祖。三叔生活在老家，每年初二，等兄长们回来一起用完晚饭后，一

① 参见孙馨：《新冠肺炎疫情下公众焦虑情绪的成因与调控——基于弗洛伊德精神分析焦虑论》，《潍坊工程职业学院学报》2020 年第 6 期。

② 参见陈连山：《春节民俗的社会功能、文化意义与当前文化政策》，《民间文化论坛》2004 年第 5 期。

③ 参见何孝辉：《美孚黎年节文化及社会关系研究——以海南省东方市西方村为例》，中南民族大学硕士学位论文，2013 年。

大家子男女老幼便拿着香烛、纸钱、挂坟钱、鞭炮及白酒等祭品前去祭祖，并按长幼尊卑依次向祖先烧纸钱、磕头。这是一场浩大的人神交往仪式，也是一场以此为契机的人与人之间的交往。“我们腊月二十就把油箱加满，准备过年回老家。初一中午我三叔突然给我爸打电话，说挂起牌子封村了，外面的人进不去。”[①]这显然是意料之外的事情。接到电话，文杰的父亲没有马上回复，愣了几秒后开口问：“那咋整？”三叔建议清明再去。通话结束前，文杰的父亲再三嘱咐三叔，他们一家去祭拜的时候要替全家人多磕几个头。当笔者问及对于今年未到场祭拜，祖先会不会不高兴时，文杰思考了片刻，郑重其事地说：“特殊情况，祖先们会理解的，之后补上，而且三叔他们帮着磕头也算是尽了孝吧。”文杰一家的案例，将人们对年节仪式活动的虔诚显露得淋漓尽致。正如李松所说的那样，春节的本质是精神性的。[②] 古往今来，春节都是中国人密集开展仪式活动的契机，为满足自身的情感需要和构建自我认同提供了一个合适的途径。当遇到突发事件而无法进行传统的祭祖活动时，人们会如文杰那样竭力寻找替代办法：既能最大限度地避免疫情的威胁并保障自身安全，又能满足自己作为后代应该遵守孝道的需要，还希望借助祖先强大的神圣力量庇佑和保护家人。

第二种是换一种方式实现与神灵的沟通，得到心灵的慰藉。开服装店的沈跃跃每年初一早上5点钟都会去鹤林寺烧香，为全家四姊妹点平安灯，七年来风雨无阻。但突然暴发的新冠肺炎疫情让她始料不及，但她仍决定照往年那样行事，“菩萨会保佑我们不招惹到(感染)”则成为她照常去烧香的驱动力。[③] 可到那一看，昔日香火鼎盛、人声鼎沸的寺庙大门紧闭，墙上贴着的一方通告说：“由于疫情影响，自2020年1月24日10时起暂停对外开放。”她站在大门前无所适从，周围站着几个和她一样情形的人，大家面面相觑。“冒起危险去，没想到居然进不去，一下子蒙了。回来的路上，开起车我都是慌的，想咋办嘛。不烧是不行的，之后一年都不会好。”[④]后来沈跃跃和

① 访谈对象：文杰，女，1991年生；访谈人：陈施融；访谈时间：2020年8月29日；访谈地点：地铁上。

② 详见李松：《现代时空中年节文化的变迁》，李松、张士闪主编：《节日研究》第3辑，泰山出版社2011年版，第1～8页。

③ 访谈对象：沈跃跃，女，1975年生；访谈人：陈施融；访谈时间：2020年8月3日；访谈地点：沈跃跃门店内。

④ 访谈对象：沈跃跃；访谈人：陈施融；访谈时间：2020年8月3日；访谈地点：沈跃跃门店内。

丈夫决定"就地祭拜"，将烧香地点改到自己服装店门口。他们把一个白萝卜切成两半，拿出之前准备好的一炷香、两支蜡烛插在上面，三磕三拜，完成了这一简洁的替代性仪式。沈跃跃的例子告诉我们，在一些民众心里，人神交往的仪式活动是新年中浓墨重彩的一笔，不论怎样都得继续下去。这项活动突然被迫停止，恐慌无措是第一反应，但慢慢地，民众对环境的自适应潜力逐渐被激发出来，他们会通过替代行为来重构对节日空间的认同：既不是完全放弃传统，也不意味着全盘承接特殊时段的新要求，而是在两者之间建立起动态平衡，维系并绵延着对传统活动的想象与实践。

总之，疫情重塑了社会公共空间以及民众的日常生活，像滴进清水的墨汁，一圈圈扩散，将看似处在外围的人们不断纳入被影响的范围之内。此时的仪式活动不再是单纯的仪式活动，而成为灾害背景下人们对生活的一种方式创造。传统习俗与特殊环境的互动，转变成适应和改造环境的产物，从而维系着社会的稳定与文化的延续。

三、社会交往：线下到线上的转换

中国的传统节日，有一个共同追寻的深层次目的，即协调"天、地、人"的关系，以期实现人人和谐的社会关系与"天人合一"的境界。[①] 春节便是一个典型例证，吃年夜饭、走亲戚、打麻将等民俗活动，有效协调着家庭关系与社会关系，促成人与人之间的情感交流并强化团体之间的关系，但突如其来的新冠肺炎疫情却极大地冲击了这一习俗与传统。当谈及2020年春节与往年春节的最大不同时，人们无一例外都会提到由于疫情不能走亲戚。

大多数受访者都表达了对未能走亲戚的失落感。以尤群为例，最近几年他们一家三口都会在大年三十一起乘高铁回丈夫的老家河南过年。在老一辈的主持下，一大家子人在家里包金元宝状的饺子，擀面、切肉、剁馅儿……每个人都参与其中，并随机把一角的硬币包在里面。大家围坐在大圆桌前吃饭，谁吃到了代表喜气的硬币，就可以先去贴着红包的墙上选取一个红包。"我运气超好，每次都会吃到硬币！"回忆起往常过年的场景，尤群

① 参见丛书编委会编撰：《中国节俗文化》，外文出版社2010年版，第12页。

的眼睛笑得弯弯的。可 2020 年，受新冠肺炎疫情的影响，尤群和丈夫最终决定在自己家过年。“过年就得有仪式感”，腊月二十九这天，她去超市买了黑瓜子、苹果、花生糖等食品，把茶几摆满。可只有一家三口坐在沙发上看春晚，她的心境不同于以往：“有点冷清，如果回去了肯定就很好耍，人多热闹噻。”过了一会儿，听到春晚抗疫特别节目《爱是桥梁》里白岩松说“我们在这儿过年，你们却在帮我们过关”时，她深受感动：“本来嘛，过年就是为了团圆，正在遗憾没走河南去，结果那个节目把我看哭了。我想人家年都过不成，我还在这儿过场多(不满足现状，挑剔)，不应该，明年再回去就是了嘛，人还在都好说。”①

千百年来，受传统文化尤其是儒家观念的影响，中国人总是将血缘亲情放置在一个非常高的地位，显示出强烈的社会文化认同。团聚是春节亘古不变的主题，在新年这样的神圣时空中，家庭的情感被最大限度地聚合在一起。正如萧放在《春节》一书中所说的那样：节日是人们社会时间的通过仪式，是民俗传统在时间上的周期性出现，因此我们利用传统节日不断地重温家庭与社会的文化与历史，中国人的伦理感与历史感因此也显得格外浓厚与突出。② 因此，当疫情阻断了家族的团聚，社会个体的失落感便油然而生。与此同时，人们又在社会关怀的感召下，在人类情感的共鸣下，自觉参与到抗疫活动中来。陈潇在 2020 年 1 月初便准备好了两件酒和十盒茶，结果由于疫情无法自由流动，准备的酒堆在书房里都已经积了尘，那些备好的过节茶也只得每天自己泡着喝，到 8 月时还剩下了一多半。“说不遗憾是假的，但是特殊情况特殊处理嘛，响应国家号召。”③原本的节日计划被取消，原应频繁的社会交往被打乱，个体暂时远离亲属圈、朋友圈，主动或被动地进行着自我的调适。

个体差异性决定了在失序的情境下，不是所有人都有足够的自适应能力。张晓琳本是个热情开朗的人，最大的爱好就是和朋友一起出去玩，打麻将、购物、旅游、喝茶摆龙门阵，这些活动占据了她的大部分日常生活，家对

① 访谈对象：尤群，女，1968 年生，南庭小区居民；访谈人：陈施融；访谈时间：2020 年 8 月 2 日；访谈地点：尤群家。

② 参见萧放：《春节》，三联书店 2008 年版，第 16 页。

③ 访谈对象：陈潇，男，1968 年生；访谈人：陈施融；访谈时间：2020 年 7 月 23 日；访谈地点：陈潇家。

她来说更多的是一个“睡觉的地方”，因此疫情期间的外出管控让她尤为难受。对她来说，时间的概念消失了，不知今夕何夕，没有明确的期限，看不到那根代表解脱的终点线，似乎一切都是未知。

> 天天门都没出过一步，突然就跟朋友些耍不成了，完全不晓得干啥子，也不晓得这疫情啥子时候结束，啥子都不晓得……去百度，对着自己的症状看，越看越吓人，就像每条都说的是我。年后天天去输液，还是没好转，又去华西挂专家号，说是抑郁症。[①]

当人类赖以生存的环境发生巨大变化时，个体就会陷入严重超负荷的身心紧张性反应状态，机体内外平衡被打破，从而出现一系列心理和生理的应激反应，并产生广泛的精神痛苦。这会影响人际交往、工作与生活，导致生活质量下降。[②] 提起那段时间自己的状态，张晓琳用“疯”这样一个字来形容：“正儿八经的疯。‘非典’那年根本没得感觉，哪像这次，造孽哦。”每天只能待在家中，没有了丰富的社交生活，整天无所事事，自然就会放大自己身体的反应，很多细碎的、一直以来遭到忽视的东西就会被放大。

受新冠肺炎疫情的影响与冲击，传统的人情往来似乎被阻断了，实则不尽然。在因社会场域被阻断而无法实现面对面交往的情况下，人们借助科技的力量，使用数字媒介，通过文字、图片、语音和视频等方式来沟通。朋友圈、微信群异常活跃，想约朋友出来玩，就给他发一张全副武装并配着“出去喝酒”文字的表情包，对方回复一张描绘穿着防护服、回答“马上下楼”场景的图片。用这种线上的虚拟形式代替线下的实体活动，体现的是人们苦中作乐的心态。另外，以往用红包封装的压岁钱，则通过微信红包的形式来发放。这种线上往来的方式是常态年节线下形式的媒介延续，并且与古代的“人不亲至投以名帖”这一年节礼俗一脉相承，同时也与现代节日的转型有很大关系。借助现代科技手段，张晓琳的朋友在得知她的情况之后，每天跟她视频聊天，朋友老聂对她说：“不可以出来耍啊，我们开视频嘛。你咋不跟

① 访谈对象：张晓琳，女，1960 年生；访谈人：陈施融；访谈时间：2020 年 8 月 10 日；访谈地点：张晓琳家。

② 参见陈美英、张仁川：《突发灾害事件的心理应激与危机干预》，《临床和实验医学杂志》2006 年第 12 期。

我打电话嘛,你就是跟我对卷(骂)啊还是可以的嘛!"[①]最终,通过线上社交释放坏情绪,张晓琳得到了较好的恢复。

作为"中国休闲之都",成都具有深厚的娱乐文化氛围,优哉游哉是本地人的生活常态。茶馆更是处于巴蜀文化圈的中心地位,是喝茶、摆龙门阵和打麻将的不二去处,尤其是在春节这种高度体现人情往来的日子。吴思林每年过年回家都会约初中同学到茶馆打麻将,通过麻将这种具有地域特色的娱乐活动来加固人际关系网络。由于新冠肺炎疫情,大家放弃了一年一度的约会,她对此的形容是"心有不甘",但在网络端找到了替代品,同样收到了"就像面对面一样"[②]的娱乐效果。总之,借助科技的力量,民众将线下交往转移至线上,满足了自身的社交心理需求。尽管新冠肺炎疫情在空间上阻断了人际交往,但是数字媒介却再现现场感,构建起另外一个身体虚拟却在场的社交场域。

诚然,对多数人来说新冠肺炎疫情阻碍了社会交往,但并非所有人都持这种观点:个体差异使不同人面对同一事件时会有不同的应对与表现。春节社会交往隐含着规约性的意味,对部分人来说,由于新冠肺炎疫情,不用再进行烦琐的社会交往活动,反倒有一个跟家人相处的契机。比如陈潇的女儿在外省上学,只有寒暑假才回家,这次新冠肺炎疫情反而增加了他与女儿亲密相处的时间,强化了代际交流与实时互动,"团聚的时间更长,安逸嘿"[③]。很多其他受访者也有类似的想法,一方面是性格使然,另一方面也是自我对无法进行社会交往活动的心理调适。

四、休闲娱乐:多样的调适

春节既是阖家团圆、祈求平安的节日,也是休息娱乐、调节身心的时

① 访谈对象:张晓琳;访谈人:陈施融;访谈时间:2020年8月10日;访谈地点:张晓琳家。

② 访谈对象:吴思林,女,1991年生;访谈人:陈施融;访谈时间:2020年8月30日;访谈地点:邛崃市凯德广场。

③ 访谈对象:陈潇;访谈人:陈施融;访谈时间:2020年7月23日;访谈地点:陈潇家。

日。[①] 正如张士闪所说，“节”是一种生活节奏的调节和精神状态的调整。[②] 春节是一年之中延续时间最长的岁时节日，为人们一整年奔波忙碌之后的身心调养与休闲娱乐提供了一个良好契机，比如放鞭炮、旅游、逛街购物等。但新冠肺炎疫情来势汹汹，让人始料不及，打乱了春节休闲娱乐的节奏。

国家号召居家隔离，社区实行封闭式管理，物业层层把关，严格限制人员出入。交通封锁，物流停运，人们整天囿于一个固定的小空间里(南庭房屋面积大多为100平方左右)。访谈时，不止一个人调侃说“走过最远的路便是卧室到卫生间”。由于空间的逼仄以及对新冠肺炎疫情的焦虑或疲倦，人们内心积累着躁意。小区里曾有人在阳台上大声唱歌、嘶吼，以这种方式宣泄压抑与苦闷，这种情况在其他地方也出现过。如2020年2月8日，浙江乐清一小区因新冠肺炎疫情被封闭管理，一名青年将音响搬到阳台上，开起了个人演唱会。他本来担心会扰民，但众业主反响却挺好。[③] 这一方式，对演唱者自己和小区内其他民众来说，也有放松身心、调节情绪的作用。

除了唱歌发泄之外，民众还采取了其他多种多样的调适方式，比如变着花样做菜、抄《道德经》、看书等。王艳喜欢热闹，休息日总会与朋友一起喝茶聊天，但因为新冠肺炎疫情无法出门，加之又是护士，害怕有感染的风险更需远离人群，于是只能被迫待在家中。起初，她很不适应，后来强迫自己静心：

> 我在作业本上一遍一遍地抄《道德经》，还看了余华的《活着》，看了两遍，特别感动。生活那么苦、那么难，都没把他(福贵)打垮，最后他跟他的牛在一起，还那么乐观。我就想到疫情，一下遇到点儿挫折算什么嘛。大家都该看一看这本书，不管生活多苦多难，活下去就好，神仙都要历劫，人活着都是有使命的，要尽力有意义地完成。[④]

可见，新冠肺炎疫情不仅影响了社会秩序，还改变了民众的观念；虽然扰乱

---

① 参见何星亮：《春节文化的特点与功能》，《中南民族大学学报》(人文社会科学版)2013年第2期。

② 参见张士闪：《春节：中华民族神圣传统的生活叙事》，《河南社会科学》2010年第1期。

③ 参见桥新闻：《因疫情小区封闭管理，小伙在阳台开演唱会，业主群里点歌》，腾讯视频网，https://v.qq.com/x/page/a30630f2cfq.html，2020年2月10日。

④ 访谈对象：王艳，女，1975年生；访谈人：陈施融；访谈时间：2020年8月15日；访谈地点：王艳家。

了人们的惯常生活，但也为人们提供了一个难得的思考空间。自省成为一种日常态度，不仅给民众提供了一种新的生活选择，还重构了人们的价值理念。

除了线下的居家活动外，在特殊的疫情环境中，还延伸出各种各样的线上年节活动，且呈现出迅猛增长的态势。人们通过“无接触”式的线上活动来转移受疫情困扰的注意力，构建自我的认同。如七麦数据统计显示，截至2020年2月8日，苹果ios平台上，下载量上升最多的1000个APP中有近1/3是游戏类应用。与平时相比，除了网络更为卡顿之外，2020年的春节游戏中还出现了一些关乎时势的特殊举动。如肖明坤在打游戏时，就遇到一个游戏玩家在公屏上打出“武汉加油”四个大字，游戏对局中其他争吵的玩家顿时静默下来，过后互相关心家乡的疫情，加油鼓励。[①]闹腾地打完游戏，安静地去捐款。

与之类似的还有“网上监督医院的建造”活动。吴思林和王振容都做起了在线云监工，进入建设“火神山”医院直播间，成为“网络包工头”，与4000万人一起为建筑工人加油鼓劲。社群利用虚拟角色，构筑起一个“想象的共同体”[②]，并以此获得自我与集体的身份认同。宏大且忙碌的场面似乎就在眼前，心中的感慨也可通过网络评论传达出去，而在群体之中，这种感受更容易产生共鸣、被放大。[③] 在危难关头，民众积极调整心态，除了体现出作为群居动物需要相互陪伴之外，还创造了大众参与、整个国家凝聚成抗疫共同体的新局面。新冠肺炎疫情使社群隔离，现实生活边界扩大，网络边界缩小，人们依靠数字媒体实现话语沟通与心态交流，从而将情感指向一种深层次的共融。这种共融相互依附回应着人们共通的情感经验，使之通过自我调适建构起新的共同体。

当然，访谈对象的主观感受不同，呈现出来的灾害色彩也会有偏差，但这是面对灾害时个体本该有的正常反应。[④] 大部分受访个体会表达有关新

---

① 访谈对象：肖明坤，男，2000年生；访谈人：陈施融；访谈时间：2020年7月23日；访谈地点：肖明坤家。

② 参见商爱笛：《从直播建医院窥探慢直播的发展方向》，《视听》2020年第5期。

③ 参见侯光辉、郑桂贤、邱国良：《应对公共危机的信心符号如何生产——基于火神山医院建设“慢直播”的分析》，《江汉论坛》2021年第8期。

④ 参见耿金、袁静、张茜：《记忆与认知：1969年云南盈江特大泥石流灾害研究》，《昆明学院学报》2020年第2期。

冠肺炎疫情期间居家隔离之时生活的憋闷感，有的人反而觉得疫情给自己提供了一个难得放松的时空，如王振容就认为“多了很多时间，有个人的生活了”[①]。起初她还每天关注疫情，但时间一长，就觉得“疲”了，索性在家追剧，将自己从疫情的高压下暂时解脱出来，转移注意力，从危机事件的压力情景恢复到之前良好的适应状态，平稳度过疫情期。此外，较之疫情对休闲娱乐本身的影响，还有一些人更关注人类的情感，如受访者陈必就将话语从个人层面上升到人类层面：“悲伤的不是这些在家里出不去的人，而是因为疫情把生命永远留在了那个冬天的那些人。所以说我觉得有些人可能只是失去了短暂的一个春节，但是有些人已经失去了整个生命。”[②]在个人的悲欢与人类的得失之间，他倾向于后者，体现出特殊时段所激发的大爱与感恩之情，这种情绪反过来也促使民众自觉自愿进行居家隔离，形成一种良好的共同抗疫的局面。

疫情之下，在固定的生活空间中，民众试图摆脱社会异常感，使失控的社会秩序逐渐恢复，从而达到一种平衡。疫情之下的民众行为受到多重因素的影响，其中既有被动的成分，也有主动的意愿。驱动力、内在需要和情绪这三种动机来源会相互影响、相互侵占、相互干扰，也可能联合起来产生多重动机。[③] 在多重动机的作用下，民众依靠身体实践和心理实践来调适各种不良情境。那些看似荒诞不经的排遣方式，实际上是避免心理失衡的巧妙策略，民众以此重塑心理过程，将无序状态逐渐规整成有序状态。这体现的是人们心中的执念以及对真实的诉求，即试图摆脱社会异常感，使失控的社会秩序逐渐恢复，并重新理解生活的意义。

结　论

灾难提供了一个最具戏剧性和展示性的情景，从而使群体日常生活状

---

① 访谈对象：王振容，女，1994 年生；访谈人：陈施融；访谈时间：2020 年 8 月 28 日；访谈途径：微信视频访谈。

② 访谈对象：陈必，男，2003 年生；访谈人：陈施融；访谈时间：2021 年 3 月 30 日；访谈地点：邛崃市瑞云欣广场。

③ 参见李王杰、刘喜山：《以新冠肺炎之殇触发体育锻炼机遇》，《沈阳体育学院学报》2020 年第 3 期。

态背后的生存环境特征与社会深层结构被揭示出来，在这一过程中，宇宙论与世界观的形塑得到实在的显现，从而促使人们对生活世界的意义和人类命运的起伏加以理解强化和重新阐释。① 在新冠肺炎疫情这场全球性突发公共卫生事件之下，地域、阶层、性别、年龄等的界限被打破，有着明确分工的社会共同体面临崩溃，惯常的行为活动被阻断，人们被迫暂时退出社会角色，回到个人或者家庭的空间；同时，个人又凝聚在一起，共同应对灾害，作为主体一同重塑灾害下的生活世界。在新冠肺炎疫情的大背景下，在春节神圣的时间中，传统的民俗活动被硬性阻断，民众被滞留在固定的空间内，活动受限，表面上看是无奈的“正常”行为，实则不然，而是在原有形式的表象下注入了不一样的内涵。具体来说，包含以下几个方面：(1)春节的神圣空间。在人们意识中，不管是往年出门拜年还是2020年被隔离在家都是在过年。因为年节本身就不同于平常时段，它蕴藏着伦理的色彩，祭拜祖先、家人团聚，通过一年一次的“复现”使家庭伦理感得到强化，所以这一时段所做的事情，无论是不是平日的惯常行为，都被赋予了岁时节日的特殊内涵。(2)隔离在家，不仅是出于对病毒的“畏惧”，更掺入了国家主义的情绪，把“宅在家”这一个人行为提升至“为国做贡献”这一思想觉悟层面，转“正常”为“非常”。(3)社群的活动看似是日常的，可其内心仍然是恐慌的。大家都知道彼时不同寻常，但依旧用常态化的行为来使自己进入理想生活的想象空间，努力调适疫情之下的失序感，以此达到掌控现实的目的，用徐晗的话说就是“秩序依赖导向的自我防御机制”②。看似常态化的生活，实则有内隐的失序，是民众对“正常”状态的期待与尝试恢复的努力，也就是说，民众试图稳定自己和家庭的情感，同时维护社会的秩序。正是在这一系列看似日常替代或者延续传统的行为中，失序逐渐恢复，以个体或者家庭为单位、以抗疫为目的的新的共同体得以重建。

在灾难中，继承与矛盾、合作与冲突、权力与反抗得到表达。③ 较之正常

---

① 参见张原、汤芸：《面向生活世界的灾难研究——人类学的灾难研究及其学术定位》，《西南民族大学学报》(人文社会科学版)2011年第7期。

② 徐晗：《相关的“邻人”：秩序、记忆与共同体——新冠疫情下的省思》，《天府新论》2020年第4期。

③ 参见[美]安东尼·奥立佛·史密斯：《灾难的理论研究：自然、权力和文化》，纳日碧力戈译，《西南民族大学学报》(人文社会科学版)2011年第11期。

状态的节日活动，民众在非正常状态下的年节活动呈现出一种由冲突走向整合的态势。从失序到恢复秩序这一过程，体现的是国家引导、民众参与以及科技辅助对社群生活的调适作用。

国家高度重视，统一部署，通过官方媒介每日实时公布疫情信息，尊重民众的知情权，准确可信地传达了相关情况；出台关于维护市场秩序等相关政策，稳定社会秩序；及时采取有利于遏制疫情的措施，以自上而下的实践行为主导着灾害话语权，稳定了社会的情绪，引导着社会舆论与秩序向有利的方面发展。这一系列举措的背后，体现的是国家、地方社会的应对和动员，以及通过官方话语的表达和社会的层层运作来实现对疫情的有效控制。以美国为代表的西方国家，采用的是联邦制分权治理模式，各州拥有巨大的自由裁量权，多元分立、各自为政的危机治理体系在此次新冠肺炎疫情之下暴露出明显的缺陷。[①] 而我国坚持"全国一盘棋"，使得国家行为能够迅速落实到个体身上。灾害具有社会属性，是人类与自然、技术、文化以及社会互动的场域，难以依靠单一群体的力量得以解决，牵涉到国家政府、大众传媒、商业集团在地方的协作，它们构成复杂的关系网络。在居家隔离、无法外出的日子里，家庭基本生活的保障，依靠的正是这张强大的关系网络。南庭小区在疫情期间对微信号"南庭物业管家"的运用便彰显出明显的社会关怀。小区业主给该微信号发消息列出自己所需的物品，在居委会的配合下，物业会联系联华超市，超市负责将物品配送到小区，小区物业人员消毒之后再将其分发到每家每户的门口，敲门后在微信上提醒说菜到了，并把小票拍照作为凭证发给业主，业主微信转账，稍微停留之后再把菜拿进屋，整个过程不正面接触。生活的齿轮看似如常运行，但是其中的推进方式却发生了变化。这既体现了社群的自适应能力，也体现了社会关系网络的运营方式，其应对过程展示出强大的社会动员和资源调配力量。

诚然，在新冠肺炎疫情居家隔离的状态下，民众看似受到了某种"压制"，可在遵守、配合的行为观念中，仍然有主动参与并自我调适的部分。官督民治，从最初的政府引导到后来的自发参与，民众以自身的行动参与到国

① 参见孙明霞：《危机治理的中西差异及其文化逻辑——以新冠肺炎疫情防控应对为例》，《中央社会主义学院学报》2020 年第 3 期。

家政治生活中，从而获得了个人与集体的认同。世界观的终极意义与普遍秩序被人们实在地体验感受着，由生活的规范与愿望构成的情绪和动机也成为人们生活中真实的心态与动力。[①] 民众在疫情中的表现及其所包含的经验知识，不仅是民众处理日常生活中突发事件的文化策略，而且构成社会民众进行自我调适的依据。人的社会性与个体性，都是人的本质之维度。非常态下的年节活动行为，赋予个体的生活和生命以独特的意义，而“如何生活”这一实践命题，则在疫情中得到民众的多元诠释，他们的言行直接反映了新冠肺炎疫情所带来的诸多直接和间接反应。一个平凡人，最初面对新冠肺炎疫情的恐慌心理被逐渐消弭之后，更多的是等待。人们在无法完成传统民俗活动的时候，凭借自适应能力，发挥着创造力和想象力，用另外的可替代方式继续下去，并将其作为自己重要的情感依附，这体现了人们的主观能动性。而中国人的这种调适力，与中华五千年的文化传统是密切相连的，体现的是中国文化中的“韧”性精神。这是一种独特的民族心理和深层的社会意识，蕴含着强大的自我恢复和更新能力，呈现出变通的智慧和顽强的活力。[②] 不同于西方国家崇尚自由的“个人本位”，我国坚持以大局、集体为重的“集体本位”，它是民众对国家措施认同的文化凭借。有着共同情感的人们重新凝聚在一起，形成新的抗疫共同体。而在此中，最大的原则就是“活着”，活着才是所有意义的前提。这既揭示出普通民众对于人生价值的最低理想，又表现出人们在重大危机之下的态度，即以一种向前看的姿态努力生活着，依靠自己的实践来调适与优化这个体系，其中表现出来的自洽就是普通民众过日子的逻辑。

另外，疫情之下自我活动空间受到限制，导致传统礼俗活动被硬性“割裂”。与此同时，传统礼仪文化亦在碰撞与磨合中不断进行调适，比如从身体的交互转向数字媒介的交互，彼此赠送礼品这一传统礼俗行为被线上红包转账取代。各种线上活动，是对之前传统活动的补偿性延伸与发展，其去现场性恰好符合新冠肺炎疫情所要求的社会环境。一方面，这些活动从技

① 参见张原：《礼仪与民俗：从屯堡人的礼俗活动看日常生活的神圣化》，《云南民族大学学报》(哲学社会科学版)2012年第4期。

② 参见王学典：《不倒的精神长城——从战疫看中华文明的“韧”性特质》，《光明日报》2020年3月16日。

术上打破了时空壁垒，在一定程度上扩展了被局限的空间，延展了民众的视域范围；另一方面，也让社会充满情义或者说是数字媒介的人文关怀，而这种感情是属于民间的、民众的。可见，新冠肺炎疫情下的生存策略，凸显了数字媒介的交互，实现了传统节日物质载体的转变，体现了行为话语的延伸。当然，科技的进步也意味着信息传播的无阻隔化。虽同为传染病，并且事实上 2003 年“非典”的致病率更高，但在多数人心目中此次新冠肺炎疫情却比“非典”更让人感到恐慌，很大一部分原因即在于传播途径提升所导致的信息量剧增，其中不准确甚至是虚假的消息会扰乱个体判断，进而影响到正常的社会秩序。因此，政府和媒体需要对不实言论加以管治，另外，个人也应该理性地看待各种信息。

没有人能置身事外，我们都是“疫中人”。人们通过自身的行为表达着对节日的重视以及对灾害的态度，由一点点生活碎片，编织起一张情感和价值交织的网络，将个人价值与社会价值统一起来，寻求自我认同与集体归属感。个体总是与社会上的其他个体存在或显或隐的联系，应对灾害的过程乃是个人、群体直至国家多层次、多方联系的行动和实践的过程。疫情之下的年节，街头路口万籁寂静，作为平凡而幸运的大多数，普通百姓的日子看似难得悠闲，实则内心汹涌澎湃。“疫”言难尽，希望用鲜活的方式记录下那段日子的浮沉与变化。

节庆仪式、现代乡贤与乡村文化的互动关系

——以广东湛江调顺村“年例”为中心的考察

郭烨佳[*]

摘　要

从主体神明、表演者、参与者、宗教执行人四个维度来看,如今调顺村的“年例”仪式摆脱了过去狭窄的地域范围,变得更加多元。这既是当地村落发展、文旅开发的需要,又是以村落内部乡贤作为主体,对村落文化进行新创造与诠释的结果。随着“非遗”保育意识的日渐普及,调顺村早已中断的“舞网龙”传统复苏,且成功融入“年例”的仪式环节中。调顺村有关“年例”与“舞网龙”的文化传承经验,展现出民间乡贤的智慧与村落的调适能力,在促进节庆仪式、文化活动适应现代社会的基础上,又未失去核心的信仰意涵,甚至还以周期性的节庆仪式活化了当地的其他传统文化。

关键词

年例仪式　舞网龙　村落发展　“非遗”保育　乡贤

“年例”流行于粤西地区,是当地民众过年时的传统贺岁仪式。自农历正月初二至二月底,各村皆有不同的“年例”之日。“年例”最早可追溯至明清时期,然而与早期相比,当下的“年例”在仪式内容和意涵方面已发生了很

---

* 郭烨佳,中山大学历史学系博士后。

大的变化。"非遗"话语与地方村落的触碰交接，以及村落发展、文旅开发的经济需求，皆可能使民间仪式与节日庆典衍生出新的元素。许多关于粤西"年例"的研究提出，"年例"具有一定的社会功能。作为具有粤西本土特色的文化仪式，从宏观视角来说，"年例"的保育与发展有利于岭南文化的传承[①]，也有助于促进当地旅游文化产业的繁荣[②]。从仪式举行的村落而言，"年例"又起到了靠社交宴席强化村落凝聚力[③]、提升乡土情感的作用[④]。综观既有成果，学界对"年例"仪式的功能性解释甚多，但仍缺乏以"非遗"保育、村落发展等为视角的考察。

有鉴于此，本文以调顺村的"年例"作为核心个案，探究"非遗"文化的保育意识如何影响如今的"年例"仪式，也尝试讨论乡村与乡贤如何以节日庆典为载体延续本土的传统习俗，并以此促进村落民俗文化的发展与建设。一方面，发展村落的目的促进了现代乡村对地方民俗文化的发掘，以期有利于村落文旅产业的发展；另一方面，对非物质文化的保护意识也逐渐普及至民间村落，现代乡贤充分挖掘和利用本土的传统文化资源，将村落传统活动推至"非遗"的位置，又以"非遗"文化建构着村落的文化形象和底蕴。总结调顺村的经验，或许有助于我们更好地理解古时的节庆仪式、传统活动在现代化变迁中的成功传播，以及在文化传承的脉络下的革新和变迁。

一、"年例"仪式与康王信仰

"年例"乃粤西居民的一种贺岁方式，即当地居民在初春时节举办的大型祭祀庆典。不同地区的"年例"有着各具特色的活动内容，比如吴川"年例"的"百鸡宴"以及东海岛"年例"的"人龙舞"等。游神的环节，则是各地"年例"仪式的核心内容。社区敬拜神明，祭祀祖先，目的在于祛除凶灾厄

---

① 参见周大鸣、潘争艳：《年例仪式与社会功能——以粤西电白县潭村为例》，《中南民族大学学报》(人文社会科学版)2008 年第 2 期。

② 参见王彩燕：《社会治理背景下粤西地区年例的功能分析——以广东茂名水塘村为例》，《湖南广播电视大学学报》2016 年第 4 期。

③ 参见蒋明智、吕东玉：《乡村社会的人情盛会——以粤西高州的年例为例》，《民俗研究》2008 年第 3 期。

④ 参见罗远玲：《仪式叙事中粤西年例的变迁与当代意义》，《中南民族大学学报》(人文社会科学版)2010 年第 5 期。

运，祈求新的一年风调雨顺。后来，这种约定俗成的活动慢慢演变为一种集祭祀、民俗、饮食等多重元素在内的节庆综合体，也就成了现今时人所见的“年例”活动。光绪《高州府志》已有“年例”的说法，其云：“自十二月至于是月（农历二月），民间多建平安醮，设蔗、酒于门，巫者拥神疾趋，以次祷祀，掷珓悬朱符而去，神号康王，不知所出。乡人傩，沿门逐鬼，唱土歌，谓之年例。”[①]而当时调顺岛所属的吴川县地方志当中未有“年例”的记载，不过其中的《风俗志》有关于元宵节习俗的描述，我们从中可以窥见些许“年例”仪式的影子：

> 岁时。元旦，辰起祝先。毕，以次称寿于长者。既，乃出贺亲姻，谓之拜年。元宵张灯，各社于初十前，盖棚迎社神，曰“开灯”。同社中有生子者，即张一灯，锣鼓笙歌，连宵聚饮，曰“庆灯”。元夜，妇女走百病，撷园中生菜，曰“采青”，又曰“偷青”。十六日，社公康王沿门逐鬼，谓之“搜捕”。二月祭社分肉，小儿食之，使能言。[②]

“采青”（偷青）的环节，在现今调顺村的“年例”仪式中仍然可见，但其做法已与清时大为不同。如今的“采青”，是在游神期间，当地的舞狮队前去各家各户“采青”，索取利是红包。其他诸如游神清洁、祭祀祖先、聚饮庆祝等活动，仍然是现代“年例”的构成部分。关于“年例”的由来，学界主要有三种说法：第一种说法认为“年例”由元宵节衍生而出，其根据是各地“做年例”的时间皆集中于正月，而至元宵节则为仪式举办之高峰；第二种说法认为“年例”的兴起与南北朝时期岭南百越族的领袖“冼夫人”有关，年例活动是冼氏家族发起的，后演变为“年例”；第三种说法则认为“年例”是一种驱瘟仪式，比如雷州地区“年例”仪式中依旧保留的“傩舞”，便是一种驱瘟消灾的舞蹈。

“社公康王沿门逐鬼，谓之‘搜捕’。”[③]康王作为广东吴川地区广为敬奉的民间神明，传说其真身为北宋抗辽名将康保裔，《吴川县志》提到这一神明对于当地的重大意义：

---

① （清）杨霁修，（清）陈兰彬等纂：《（光绪）高州府志》，影印本，（台北）成文出版社1967年版，第83页。

② （清）毛昌善修，（清）陈兰彬等纂：《（光绪）吴川县志》，影印本，（台北）成文出版社1967年版，第50页。

③ （清）毛昌善修，（清）陈兰彬等纂：《（光绪）吴川县志》，影印本，（台北）成文出版社1967年版，第50页。

拜斋者惟吴川有之，病者祷康王神。酬之，设康王厂于野，其北为岳神坛，拜康王转达岳神云。饰童子为拜童，诵百余言，诵且拜，五日毕。盖十余年一举焉。《心亭亭居笔记》：案，康王庙，邑中多有，复有金轮神，亦拜斋。虽十余年一举，几于无岁不拜斋也。其最盛者，拜童千人，来观者数万人，裙屐喧阗、笙歌杂沓，其糜费金钱不必问矣。①

从吴川当地的古老传说来看，以康王游神为核心的调顺村"年例"确有可能蕴含着"驱除瘟疫"的意涵，因此本文倾向于"年例"的第三种传说由来。与光绪《吴川县志》所提"病者祷康王神"的情况如出一辙，调顺村当地对于康王也普遍存在着"凡村中发生瘟疫，求之，必能驱除"的说法。康王的神诞之日为农历七月初七，这是调顺村众多节庆仪式中仅次于元宵节"年例"的盛会。除康王之外，天后为当地第二重要的信仰神祇。调顺村的天后宫共有两座：一座原在调顺岛东，乃清嘉庆年间农民义军"乌石二"所建，1957 年被拆毁②；另一座在调顺岛西，为调顺村民于清光绪年间始建。排名第三的神明是车大元帅，起到护境安民的作用。海口大王、曹圣夫人并列第四，祀于大王庙。该庙原在调顺岛海边，同属清嘉庆年间农民义军"乌石二"所建，1967 年被拆毁。除此之外，调顺村的地方神明还有雷门通事罗大侯王、马大元帅、玄天镇武上帝、华光、黄真君。这些神明之中，除黄真君（相传为调顺村人）有黄真君庙外，其他神明现今皆无庙宇。这些神明的塑像原供奉于"会主神坛"，现已悉数移至新建成的调顺祖庙内部进行统一敬祀。

民间信仰衍生于民间，根植于普罗大众的认知深处。神明信仰与节庆仪式相融合，发挥着教化民众、团结地域以及祈福祝愿的作用。调顺村分东镇境、南和境、西安境、北合境四境，其村落神明的多元化，便是缘于各境信奉的神明不尽相同。村落之内"境"的划分，以及各境自拥神明的情况，极易强化地域边界感，不利于村落内部不同族群、姓氏的融合。就如今调顺村"年例"的实地考察而观，"年例"仪式实际上汇聚了各境的神明，有利于他们共同参与到整个地域范围的祈福仪式当中。这不仅是宗教意义上的"神力

① （清）毛昌善修，（清）陈兰彬等纂：《（光绪）吴川县志》，影印本，（台北）成文出版社 1967 年版，第 50 页。

② 参见湛江市赤坎区调顺村委会编：《名门望族——廉江上县黄氏分支调顺村概况》，2009 年，第 38 页。

大汇集”，于社会意义而言，更是起到了巩固村落族群和谐的作用。

二、调顺村“年例”：湛江道教协会与作为“非遗”的“舞网龙”

2018年，调顺村“年例”仪式于2月24日（正月初九）正式开始。在仪式开始之前的初七与初八两日，村民将康王和车公抬出巡村，并清洁两位神明要经过的村落道路。2月24日下午2点半，在调顺村的南和境准备“会神齐”环节，康王和车公继续巡村，而天后则负责带路“以会神齐”。“会神齐”的仪式内容是，抬奉天后的巡游队伍前往其余各神明的塑像之处，逐一迎接全部神明加入迎神队列。将所有神明迎至黄氏宗祠附近后，便需要为下一场更为隆重的游神仪式做准备。无论是神明塑像在黄氏宗祠附近的神龛安置顺序（见表1），还是之后“年例”游神中的队伍序列（见表2），皆以各个神明在村落中的地位作为排序之依据，比如村落地位最崇高的神明康王会放于所有神像的最右侧，并在游神队伍中被安排至最后。

表1　黄氏宗祠附近神龛放置顺序

地域			北合境	南和境	东镇境	西安境	北合境	南和境	东镇境	北合境
神明	土地	土地	罗大侯王 清赵公	黄将军	华光	天后	马元帅	车元帅 三尊	天后 千里眼 顺风耳	康王

注：从左至右，土地先行，神明最大行最后。

表2　“年例”游神队伍序列

顺序	内容	人数（名）	顺序	内容	人数（名）
1	头锣	4	15	深圳腾艺文化传播有限公司	28
2	头牌	2	16	本境土地万寿尊王、太奶夫人（西安境）	6
3	回避、肃静	2	17	境主土地万寿尊王、太奶夫人（东镇境）	6

续表

顺序	内容	人数(名)	顺序	内容	人数(名)
4	伍仕	4	18	北合境褐主敕封功曹黄法官老先师	6
5	庆元宵	2	19	南和境褐主敕封功曹统兵黄将军	19
6	八宝	8	20	东镇境玉封无显华光天王大帝	19
7	花篮	8	21	西安境敕封护国庇民天后圣母元君	19
8	六国旗	16	22	北合境北极玄天镇武上帝	19
9	五色彩旗	16	23	敕赐雷门通事罗大侯王、上清正一灵宫马大元帅、正一灵宫马珠元帅(北合境)	19
10	调顺村网龙队	80	24	敕赐海口大王、曹圣夫人(西安境)	19
11	赤坎高田醒狮团	28	25	玉封地只承天总管烈雷车大元帅(南和境)	19
12	遂溪许屋醒狮团	35	26	敕封护国庇民天后圣母元君(东镇境)	19
13	遂溪国武醒狮团	30	27	玉封道果无漏康皇大帝(即康王,北合境)	19
14	麻章太平醒狮团	38	28	灯笼每境 2 个	8

注:本表数据由黄车炳先生提供。

调顺村的“年例”,仍然保持着过往“分四境”的传统。“年例”活动于 2 月 24 日下午 2 点半,在南和境进行“会神齐”,然后天后带路将各神汇聚一堂,以南和境—东镇境—北合境—西安境—黄氏宗祠作为“会神齐”的路径。2 月24 日晚上 7 点半,村民们应时聚集于黄氏宗祠前,共同观赏调顺村网龙队的舞龙表演以及其他村落的舞狮表演。如今仪式的娱乐表演还融入了现代的广场舞,这由村中的老少妇女共同负责排练。演出结束后,大约晚上 10 点整,人们开始进行正式的神明巡游仪式,以期将神明所带来的祝福传播至沿途的乡民家庭。

2月25日（正月初十）的活动在程序上与前日大体相同，继续进行相关的娱乐表演与游神仪式。早上8点半，黄氏宗祠门前有湛江十九中学少先队员的仪仗队表演。此后至中午11点，则继续进行神明大巡游的仪式。各个神明的巡游队伍需在中午12点半之前回到调顺祖庙，以备夜晚的第三次游神仪式。下午2点半，调顺祖庙前开始进行与传统文化相关的节目演出。当夜的神明巡游时段原本定为晚上7点至9点，但实则下午5点半便开始，至晚上7点半便已正式结束。游神结束后，祖庙前又有大型的文艺晚会供村民与游客观赏。虽未有足够资料再现古时调顺村的“年例”场景，但如今的调顺村“年例”已然有一些新的元素。比如，随着调顺村新祖庙的兴建，湛江市道教协会也开始参与当地的“年例”仪式。在这两大改变的背后，有两个现象值得进一步关注：一是调顺村关于村落发展与文化建设的宏观蓝图，二是宗教组织与地方村落仪式之间所发生的互动。

过去调顺村的民间习俗有所消弭。以“草龙舞”为例，“草龙”是用稻草、渔网、竹篾等材料制作而成的舞具，自明代开始，调顺村每年的“年例”中都有村民“舞草龙”的习俗。新中国成立后至改革开放前，“草龙舞”在村中停顿过一段时间，而“赛龙舟”亦于“文化大革命”时期被短暂禁止。[①] 后来，得益于调顺村黄车炳老人的不懈努力，停办许久的“舞网龙”与2005年首届调顺农村文化节一起复苏，更于2007年被列入湛江市非物质文化遗产名录。2012年，调顺网龙亦被列入广东省非物质文化遗产名录。2005年2月18～23日，调顺村打造首届农民文化节，将“年例”冠以“文化节”之名举办，并在同年的“年例”活动中，再现原本已经中断的“草龙舞”表演。[②] 其后，网龙队又参与了许多比赛与活动，先在湛江市首届红土艺术节亮相并荣获银奖，后又参加了海湾大桥通车仪式表演，以及“神州蛟龙耀港城”等演出。原先被禁止的调顺村龙舟表演也于2009年参加了首届中国龙舟文化节，获得展演赛金奖和最佳创意金奖。

① 参见湛江市赤坎区调顺村委会编：《名门望族——廉江上县黄氏分支调顺村概况》，2009年，第36页。

② 参见湛江市赤坎区调顺村委会编：《名门望族——廉江上县黄氏分支调顺村概况》，2009年，第40页。

因早期编龙、舞龙的老人大多辞世，故2005年表演所使用的草网龙，虽仍采用较为传统的渔网、稻草等材料制作，但已是黄车炳先生凭借记忆将草龙、网龙两者合一的改良版本。出于美观的考虑，加之制作技艺退步，如今村民所舞的网龙更加简化，改由彩纸制作而成。借助“年例”仪式，已经中断的地方文化草网龙不仅重现光彩，而且通过一年又一年盛大的仪式庆典增加着影响力与知名度。至此，调顺村“年例”不再局限于过往驱瘟、祈福的宗教祝福意涵，也成为村落振兴地方文化的一大契机。为使“非遗”项目“调顺网龙”世代传承，黄车炳先生在2011年自编了一套教材《调顺网龙的培训》，免费教导村中的孩子们，并在湛江十九中开设了“调顺网龙”的培训课程。由此，成为“非遗”项目后的“舞网龙”在调顺村“年例”中占据着越发重要的地位，无论是在游神队伍，抑或是各个时段的文艺汇演中皆能见到它的身影。一方面，“年例”成了“调顺网龙”重新展现光彩的平台，为其“非遗”之路添砖加瓦；另一方面，当网龙成为“非遗”后，它又成了当地“年例”的一大看点，吸引着外地游客前来观赏。

随着时代的演进，仪式的娱乐部分也发生了崭新的变化，诸如广场舞、文艺汇演等模式，便是中国现代村落仪式中的新型娱乐方式。黄车炳先生说，这些表演与娱乐的变化还表现在舞狮队的引入方面。调顺村“年例”原先只有本地的“舞网龙”，后期才有其他地区的舞狮队加入。2018年，调顺村“年例”中的舞狮队伍主要有赤坎高田醒狮团、遂溪许屋醒狮团、遂溪国武醒狮团、麻章太平醒狮团、深圳腾艺文化传播有限公司等。除了麻章太平醒狮团外，其余醒狮团皆隶属调顺村分出去的自然村，而深圳腾艺文化传播有限公司也是湛江人开设的。虽然这些参与仪式的表演团体拥有湛江本土的血统，但与以往聚焦于单一村落的“年例”仪式相比，现代版本的“年例”已不再局限于一个村落“孤岛”，而是吸纳了更加多元的跨地域艺术表演，仪式的参与主体也从本地村民拓展至更为广大的全国游客。

2月25日（正月初十）下午，湛江市道教协会在调顺村新修的祖庙前举行“新春祈福，千秋呈祥”法会。调顺村的新祖庙于2009年动工，至2015年建成。同年，湛江市道教协会也迁移至调顺祖庙附近。后加入的宗教组织，不仅担负起地方村落节庆仪式的宗教法会环节，而且改变了当地的信仰体系、神诞庆典。已往调顺村有自己的“道公”，也为黄姓人士。20世纪50年代随着“舞网龙”等活动被禁止，道公也不再有。随着宗教组织的介入，道教协会开始负责主持调顺村当地的宗教仪式。调顺祖庙外张贴的《祖庙2018年法事活动》显示，除了“年例”的祈福法会外，调顺村内各神的神诞日庆典也由湛江市道教协会负责举办和组织，可见调顺村的祭祀活动、民间仪式已开始与道教协会挂钩。此外，宗教组织与地方村落、民间仪式逐渐融合，其最突出的表现便是道教神明逐渐加入调顺村的地方信仰体系。2018年调顺村祖庙所计划的诸多法会活动，除原先的康王、天后、杨真君等本地神明外，还融入了道教的其他神明，比如上元天官大帝、中元地官大帝、下元水官大帝、元始天尊以及灵宝天尊等道教神祇。

三、“非遗”语境与村落开发下的节庆仪式

“2000年，为贯彻湛江市委、市政府创建生态文明村的指示精神，调顺村积极改善环境，完善公共设施，掀起了建设生态文明村的热潮。”[①]除了2005年文化节的出现以及“舞网龙”的复兴外，在政府建设生态文明村的热潮下，2009年调顺祖庙也开始进行建设。同年，调顺村更是集资拟建设占地约82亩的调顺民俗文化园[②]，其计划创建的设施主要有调顺祖庙、仿古戏台万福楼、文化园办公楼、调顺历史陈列馆、怡养院、人工湖、阙亭、古龙舟状湖心亭、三条九曲桥、大牌楼等。[③] 2016年4月19日，《湛江市调顺岛总体规划》《湛江市调顺岛核心区控制性详细规划》对调顺村所在的调顺岛作了新的定位：“通过发展创意产业、都市旅游、总部经济、生态居住，打造文化岛、生态岛、浪漫岛。”[④]伴随着“生态文明村”“文化旅游村”等主题概念在现代村落的流行，出于发展旅游业考虑与乡村振兴的目的，如调顺这类渔村也开始着手推行一系列与之配套的发展措施，如打造美食“海鲜渔港”、将地方仪式冠以

① 参见湛江市赤坎区调顺村委会编：《名门望族——廉江上县黄氏分支调顺村概况》，2009年，第11页。

② 参见湛江市赤坎区调顺村委会编：《名门望族——廉江上县黄氏分支调顺村概况》，2009年，第46页。

③ 《古朴调顺村——建设特色民俗文化园》，《湛江晚报》2013年10月20日。

④ 《湛江市调顺岛总体规划、湛江市调顺岛核心区控制性详细规划公示》，湛江市人民政府门户网站，https://www.zhanjiang.gov.cn/zjsfw/bmdh/zrzyj/zwggk/csgh/ghpqgs/content/post_1317687.html，2016年4月19日。

“文化节”等,便是希冀塑造一个文化村落的良好形象。

2012年,“年例”被列入广东省非物质文化遗产名录,各地的“年例”仪式便如火如荼地开展起来。与同年被列入省级非物质文化遗产名录的“调顺网龙”一样,调顺村的“年例”也越发盛大。通过对调顺村“年例”的实地考察,我们得以窥见其村落节庆的主体神明、表演者、参与者、宗教执行人等皆摆脱了过去狭窄的地域范围,而变得更加多元。周期性节庆的精神内核从原先强调村落地域范围内的融合团结,转变为突出更加广阔的大众文化。这种变化的形成,一方面得益于当地村落发展与文旅开发的需要,以及村落内部乡贤对村落文化进行的新的复苏与诠释,另一方面与“非遗”保育意识日渐普及有关。2011年,《广东省非物质文化遗产条例》第三十二条明确指出:“应鼓励采取与经贸、旅游相结合的方式保护和传承具有生产性、表演性或者观赏性的非物质文化遗产代表性项目。”“县级以上人民政府应当鼓励和扶持有关单位和个人在有效保护的前提下,合理利用非物质文化遗产资源。”①随着地方政府对非物质文化遗产越发重视,原先中断的调顺村网龙与龙舟也拥有了得以复兴与发展的契机,并逐渐成为当地旅游宣传的一个文化标识。宗教组织湛江市道教协会的加入,则使得村落在维持本土民间信仰留存的前提下,吸纳了其他神明而衍生出更为多元化的神灵体系。于是,在现今的“年例”仪式中,我们既看到了道教协会主持的法会,又见证了大量外地游客慕名前来观看粤西“非遗”文化——“年例”与“舞网龙”。

调顺村依托“年例”节庆仪式,复苏了传统的地方活动“舞网龙”。调顺村黄车炳先生所致力的“调顺网龙”传承工作,实际上也对其他地区的“非遗”保护工作有极大的借鉴作用。我们可以从调顺村文化保育工作中总结出以下经验:其一,尊重节庆仪式的地方文化多样性,修复节日的文化空间。“舞网龙”与“年例”相结合,传承与发扬了当地的两种特色文化;修缮调顺祖庙,为原先分散四处的地方神明提供了一个更为固定的供奉场所。如此一来,既维持了“年例”仪式的内涵,即地方神明对村落社区的保护与祝福意义,又为调顺村“年例”建构了符合现代生活的另一个象征符号——以“舞网

① 《广东省非物质文化遗产条例》,2011年7月29日广东省第十一届人民代表大会常务委员会第二十七次会议通过。

龙”为主的文化艺术表演。其二，在培养青少年理解“非遗”文化的方面，调顺村“舞网龙”采用了社区、学校教育相结合的培养模式。本村的“非遗”传承人不仅前往湛江十九中开设“舞网龙”的课程，而且为村落社区中的孩童开展“非遗”文化的宣传与教育。其三，当地的传承人和表演队伍亦积极参与公众比赛与活动，以此提高网龙、草龙的知名度。

节庆仪式与民间信仰是乡村文化中不可忽视的部分，也是最容易引发民众共鸣并保育地方其他传统文化的一个平台。作为非物质文化遗产的村落传统，同样可以成为当地的文化名片，从而有助于村落的文化发展与旅游开发。每年定期举行的节庆仪式，加深了文化传承在每个村民心中的烙印，并逐渐将本土信仰与仪式以一种文化庆典的形式传播给慕名而来的外地游客与公众。商业发展、旅游开发对乡村文化的覆盖与影响，容易导致包括宗教信仰在内的乡村族群文化消失。[①] 但在调顺村的个案中，民间乡贤的智慧与当地的调适能力，能够保证传统节日在适应现代社会的基础上，不致失去核心的信仰意涵，甚至还能以节庆仪式作为复苏其他传统文化的跳板。实际上，湛江地方政府更倾向于将调顺村“年例”及其他民间文化交予最熟悉其内涵的当地乡贤去维系。通过田野考察发现，正月初十调顺村在进行祈福仪式与文艺演出时，政府工作人员则在另一片区域开展戒毒宣传。可以说，现下的地方政府实则沿用了古时以节庆、信仰加强民众德化教育的做法。

不过，将地方仪式冠以“文化节”的做法，也需要避免一些潜在的弊端。“非遗”评选的本意是保存文化传统的“原真性”。“非遗”与旅游发展相结合的模式、围绕“非遗”主题的表演项目等，皆是地方“非遗”保育条例积极倡导的做法。此类方式虽有传播文化与习俗的好处，但所希冀保存的民间文化亦可能在无形中发生变化。节日文化保护最为主要的问题在于保护不当和利用不足。[②] 调顺村“年例”中游神、请神的主体部分虽仍有强调村落地域分区与神明地位顺序等传统信仰之内容，但作为现代娱乐形式的“文化节”在整个活动中占据了很大的比例。调顺村“年例”的文化庆典融入了现代广场

① 参见储冬爱：《“城市乡间化”与乡村节日遗产保护》，《文化遗产》2016 年第 1 期。

② 参见萧放、贺少雅：《仪式节庆类非遗保护的经验、问题与对策》，《中国非物质文化遗产》2020 年第 1 期。

舞等娱乐形式，大大丰富了村民的娱乐生活，但同时也削减了地方戏曲的比重。地方戏曲扎根于本地文化，体现着地方的习俗、审美与风情，不应忽视其对于当地文化的重要价值。古时酬神、祭祀时上演的"神功戏"，同样应作为仪式节庆类"非遗"保护的一个重点。基于"神功戏"的传统，现代的节庆仪式实际上能够作为地方戏曲传承的一个极佳载体，雷剧、粤剧、吴川木偶戏以及跳鬼驱疫、表示安庆的娱神舞蹈"傩舞"，皆可在"年例"的庆典表演中得到传承与保育。此外，以"非遗"保护作为突破点，将地方文化纳入村落振兴的旅游规划，打造民俗文化特色乡镇，虽然能够为文化宣传助力，为当地文化的保存、民生的发展提供经济来源，但需适度而行，以避免旅游开发与"非遗"保护的初衷相矛盾。

余论

通过对调顺村"年例"仪式的考察，我们得以思考以下两个问题：其一，现代农村社会中，乡贤耆老在保育村落传统时如何发挥作用？其二，节庆仪式怎样与文化表演结合，才能适应现代化发展并焕发生机？

(一)乡贤何以"现代"？

明清时期，乡村社会的信仰、仪式与国家秩序挂钩，并发挥着维系乡村社会的功能。① 韩书瑞(Susan Naquin)认为，寺庙作为中国传统社会中重要的公共活动领域，亦是处理社区事务的场地。② 清末时期，乡绅阶层是维持地方公共秩序与协调地方公共事务的主要力量。③ 面对现代化的浪潮，中国村落虽已发生巨变，但传统乡村社会的框架并未全然消失。就调顺村这一个案而言，无论是祖庙的兴建、草龙与网龙的复原，还是面向青年孩童的文化教育，黄车炳这类耆老乡贤皆在其中扮演了重要的角色。德高望重的乡贤，以及由众多老人组成的"老人会"，经常参与村内的大小事务。一方面，

① 参见刘志伟：《地域社会与文化的结构过程——珠江三角洲研究的历史学与人类学对话》，《历史研究》2003 年第 1 期。

② Susan Naquin, *Peking: Temples and City Life, 1400-1900*, Berkeley: University of California Press, 2000, pp. 57-66.

③ 参见陈支平：《民间文书与明清东南族商研究》，中华书局 2009 年版，第 256 页。

乡贤在本地的声望与能力使他们能够在协调民众与农村社会治理等方面发挥影响；另一方面，乡贤通常既了解村落的传统文化，亦拥有现代的知识体系，在一定程度上可以为乡村传统、节庆仪式在现代社会的立足提供帮助。也就是说，乡贤凭借自身的影响力和知识储备向村民传达现代社会观念以及重视传统文化的意识，并在这一过程中成为凝聚村落认同感的主心骨。

乡贤何以"现代"？在如今的乡村社会中，他们依旧如明清时期的乡绅阶层那般，为地方事务尽心尽力，比如致力于修复村落中的祖庙、宗祠等，以之作为维系社会情感、巩固节庆仪式的场域。与古代社会相异的是，现代乡贤更需要处理传统文化在现代化进程中的地位和应对问题，从而思考二者达至平衡的策略。现代乡贤群体之构成，亦有别于过去的乡绅阶层，除了本村资深望重的耆老外，华侨也是一股不可忽视的力量。"落叶归根"的情怀与"思乡"的身份认同，使诸多华侨热衷于重整家乡的传统文化和节庆仪式。

(二)调顺村之经验

"调顺岛在新农村建设浪潮中，积极唱响海鲜美食岛品牌，推动发展特色生态经济，并以草龙舞为载体，深度挖掘、弘扬传统文化，推动生态文明建设。"[①]2000年以来，在建设生态文明村的浪潮下，调顺村积极发掘不同的经济生长点，其中就包括振兴村落传统文化。2005年，调顺村首次将"文化节"纳入"年例"，"舞网龙"也随之复苏，此后在湛江红土文化艺术节上获得银奖，开始获得电视台的关注，至2007年被列入湛江市非物质文化遗产名录。调顺村借此良机，以"调顺网龙"为龙头，进行了一系列传统文化推广活动，以期推动生态文明村建设。2009年，调顺村开始建设以调顺祖庙为中心的民俗文化园，并将"舞网龙"作为"年例"的一大重点。

透过调顺村的"年例"活动，我们得以窥见地方村落仪式与其他因素碰撞所产生的一种互动关系。这种互动关系既表现为宗教组织道教协会对地方仪式的参与，也体现为"非遗"语境与村落发展诉求给地方仪式带来的机

---

① 《以打响品牌、弘扬文化为突破口，调顺岛新农村建设边"舞"边"唱"》，《湛江日报》2006年8月30日。

遇与变化，即地方村落在适应宏观环境的过程中重塑仪式。在这种情形下，现代中国的许多村落仪式越发与民俗文化节相融合，村落振兴，旅游开发，城市化进程加快，这些因素极易对植根于传统农业社会的节日与仪式造成冲击。不过，探讨调顺村“年例”“舞网龙”等故事，我们可以看到乡村仪式也是有一定的自适应能力。

节日观察

节日中传统区域生活的戏剧化呈现

——以古丈县跳马节为例[*]

金　晶[**]

摘　要

受环境的影响，不同区域的人会有截然不同的生活模式，而这些生活模式会随着时代变迁而变化。透过独特的生活模式，我们可以回溯一定区域的历史，也可窥见这一区域的发展变迁。作为日常生活中的重要节点，节日蕴含着日常生活逻辑，也发挥着承载记忆的功能。这种记忆一方面因其在区域内较长时间的传续和继承而被人熟知，另一方面，又因受到节日氛围的影响而以一种不同寻常的、新鲜夸张的艺术方式呈现于人前。对它的关注，有助于理解时代背景下区域传统生活模式的留存与变迁，据此探讨同一区域内族群间的关系及族群或区域身份认同的建构问题。

关键词

地区节会　跳马节　“西可乐”　变迁

跳马节是流传于湘西古丈县古阳河上游的具有酬神祭祀、联欢庆祝性质的地区节日。以我国开展的民族识别工作为分界线，对跳马节性质的界

---

*　本文系湖南省教育厅科学研究项目“基于湘西地区节会的区域身份认同研究——以古丈县跳马节为例”(19B302)的阶段性成果。

**　金晶，湖南人文科技学院法学院讲师。

定，可分为民族节日、地区节日两种。跳马节流布的区域民族构成复杂，人们对它的认识经历了从"苗人跳马"[①]到土家族跳马节的变迁。虽然节日的民族属性在不断变化，但其性质始终没有离开过民族节日的范畴。近年来，受脱贫攻坚和乡村振兴战略的影响，湘西地区的节日多与地区发展相关联，对跳马节性质的界定也不再局限于某一族群，其转而成为所属区域共有的文化资源。

跳马节的起源细节已不可追溯。据传跳马节兴起于明代，至今仍流传于古阳河上游的村寨，如太坪、宋家等。但是，并非每年都会进行跳马节。据太坪村的老人回忆，自20世纪40年代至今，跳马节举办的次数在10次以内。[②] 近年来，随着民俗旅游、乡村旅游等新兴旅游方式的日益兴盛，以及对习近平总书记"精准扶贫"指示精神的贯彻落实，人们开始注意到少数民族地区传统节日所蕴含的巨大能量。由此，原本已经式微的跳马节重新回到人们的视野，并活跃在地区文化事业建设的舞台上。跳马，既是节日的名称，也是节日的重要组成部分。其内容丰富，包含许马、扎马、祭神、贺马、调年、跳马、"西可乐""抬老爷""烧老爷"等环节，各环节性质不一，有的侧重于祭祀，如祭神、烧马骨等；有的侧重于联欢娱乐，如调年、"西可乐"等；也有的既具有娱乐性质又体现出族群互动和"区域共同体"概念，如邻近村寨表演队的贺马。由此可知，人们不仅通过节日祭祀酬神，还通过联欢与周边村寨加深交流。

一、"西可乐"与跳马节

跳马节内容丰富，其中最具娱乐性、参与人数最多的环节要数"西可乐"。"西可乐"为土家语音译，其准确含义已无从考证，现存以下三种说法可供参考。其一，"西"是铁的意思，"可乐"指的是杂草丛生的荒地，"西可乐"指用铁器开垦荒山，即再现先民开山种地的劳动场景。验之"西可乐"表演，其中确实存在对劳动场景的模仿。其二，"西可乐"有"打呜"和"咳"的意

① 详见石启贵：《湘西苗族实地调查报告》，人民出版社2002年版，第141～142页。

② 访谈对象：向顺仲；访谈人：金晶；访谈时间：2014年12月29日；访谈地点：太坪村向顺仲家门口。

思，打鸣可看作召唤同伴的方式。因此，也可将“西可乐”理解为“呼朋引伴，相约一起玩闹”[①]。太坪人认为，“西可乐”是“山鬼子呼朋引伴地前来参与节日盛会”[②]，所以“西可乐”表演环节中，会有一群村民模仿山鬼子，事先藏身在村寨近旁的山林草丛里，等到“西可乐”开始，就一齐冲出来，开始表演。其三，“西可乐”可作“茅古斯”解。“西可乐”可以被译成“捆草”，延伸开来，即指从高处滚下或抛下捆扎好的草垛的动作。与之相关联的土家舞蹈“茅古斯”中，表演者以稻草编织衣物蔽体，多蹦蹦跳跳的舞蹈动作，远看犹如移动的草垛。然而，我们现在看到的“西可乐”与“茅古斯”舞的表演形式截然不同，因此这种说法有待考证。

不管“西可乐”意指为何，这个表演环节包含了众多为人熟知的传统生活场景。虽然在节日中，传统生活场景以一种戏剧化的形式得以呈现，但从中不难看出日常生产生活的影子，由此也能体会人们对先民生活的怀想。因为其中蕴含了对先民的致意，所以此环节不单单要求参与者能够还原真实的生活场景，更要求他们表现出先民努力生活的状态。由此，我们得以从“西可乐”中看到一个区域内社会生活的众生百态。“西可乐”表演者配合默契，不时彼此互动，或与围观者互动，将“西可乐”所呈现的碎片式生活场景拼接成一幅完整的、生机勃勃的区域日常生活图景。

二、生活方式的戏剧化呈现

“西可乐”是整个跳马节中参与人数最多、最有联欢氛围的一个环节。之所以说参与人数最多，是因为在“西可乐”环节中表演者会与围观者互动，基本上在场的所有人都会参与其中；而称它是最有联欢氛围的环节，则因为其内容之丰富令人咂舌，且表演者又习惯通过夸张、诙谐的方式进行表演。偌大的场地中间，不同表演者各司其事，演出精彩纷呈，人群中总是弥漫着轻松欢乐的氛围。

“西可乐”表演最突出的一个特点，就是表演者的动作夸张诙谐。20 世

① 伍秉纯：《土家族“跳马”考察》，《土家学刊》2000 年第 3 期。

② 访谈对象：向顺仲；访谈人：金晶；访谈时间：2014 年 12 月 29 日；访谈地点：太坪村向顺仲家门口。

纪的“西可乐”表演者主要是男性。

> 装“西可乐”是从原来喊作“爬家套”(地名)的那个地方(出来的)。(大家都)戴斗篷。实际上旧社会哪有女的陪侍(参与)呢,(表演时)都是男的戴上斗篷,假装女的。[①]

男性表演者反串女性角色时的夸张妆容、扭捏动作都透露出一种诙谐之感,而女性参与“西可乐”表演之后,这种自然而然的反串式诙谐不复存在。但是,表演者仍然通过丰富又夸张的肢体语言,以及故意制作得比例失调的道具等,将诙谐的意味保留下来,并重新融入“西可乐”的表演中。其中,最具代表性的就是对农耕、渔猎生活以及节日重要场景的重现。

(一)对农耕场景的回顾

“西可乐”再现的春耕场景十分抢眼。春耕场景中一般有三到五人,两个人配合扮演“春牛”,一人扮成赶牛的“农夫”,“耕牛”与“农夫”相互配合,再现春耕的场景。为了生动再现春耕场景,还会有“耕牛”争斗、“农夫”劝解的表演。

2016 年 11 月,在栖凤码头举行的跳马节中[②],再现春耕场景时只配置了一头“耕牛”和一名“农夫”。“耕牛”扮演者使用的道具非常简单,除了一个牛头形状的面具外,就是连在面具后的一块巨大的棕色布匹。牛头面具由涂成深黑色的硬壳纸制作而成,面具上的牛眼、牛嘴、牛鼻子等都用白色的粗线条勾勒出来;上面还配有两只弯弯的大牛角,这也被制作者画满了相对平行的白色短线,远远看着,就像真牛角上棱角分明的沟壑一样。

与以往一样,春耕表演中的“耕牛”和“农夫”都由男子扮演。“耕牛”扮演者半蹲在棕色的“牛皮”之下,其中负责“牛头”部分的表演者双手举着牛头面具,同时配合脚下的动作晃动手上的牛头面具,做出努力向前耕耘或是偷吃旁边青草的动作;而负责“牛尾”部分的表演者则完全被隐藏在棕色的“牛皮”之下,表演时需要一直弓着腰,双手扶在前面表演者的腰上,根据“牛

---

① 访谈对象:鲁德玉;访谈人:金晶;访谈时间:2016 年 11 月 18 日;访谈地点:太坪村跳马节排练现场。

② 此次跳马节由湘西州文广新局和古丈县人民政府主办,古丈县古阳镇人民政府承办,活动地点在古丈县罗依溪镇栖凤码头,太坪村的村民们也应邀来到栖凤码头参加庆祝活动。

头”做出的动作予以配合。“耕牛”扮演者既要通过视野所及的路面状况判断接下来要走的方向，也要不断做出模仿耕牛的动作。正因为表演强度较大，所以即使当时是11月，仍可以透过“牛皮”看到“耕牛”表演者穿着单薄的衣服，甚至“牛头”表演者还将裤腿卷得高高的。由于棕色布匹的遮盖，“耕牛”扮演者只有脚暴露在外，他们穿着一样的黑皮鞋，身上还套着专程从太坪村带来的木犁，很有真实的味道和感觉，一上场，就引得围观者发出阵阵欢呼和尖叫。“农夫”扮演者头戴一顶小帽，袖子和裤腿都向上挽着，腰上绑着一件旧衣服，一手拿犁把，一手拿鞭子，赤着一双脚就上场了。三位表演者绕着表演场地不断来回，“耕牛”不时调皮地用“牛头”“牛角”假装顶撞围观人群中的儿童和妇女，有些父母好笑地抱起孩子进行躲避，惹来阵阵嬉笑喧闹声。眼看要撞到围观者，扮演“农夫”的鲁德军[①]会赶紧上前呵斥“耕牛”，挥鞭假装抽打，将其赶回表演场地继续“耕作”。

由于山地环境对机械的限制，事实上直到今天，牛仍是湘西地区日常耕作的好帮手。因此，在当地人看来，再现的春耕场景不仅不是陌生的，反而是司空见惯的、熟悉的画面，他们还会被“耕牛”扮演者夸张滑稽的动作逗乐。或许，他们从挽着裤腿、赤着双脚的鲁德军身上看到了自己的祖辈、父辈甚至是曾经的自己在田地里辛勤耕种的样子，因而对春耕表演表现出强烈的喜爱之情。当“耕牛”往围观群众撞去，惹来身后人好几鞭子和一阵喝骂时，围观者可能会想起自己在耕作中与自家老牛的互动，比如对它勤恳工作的怜惜爱护，对它调皮行为的鞭打喝骂。围观的小朋友更是在和父母一起躲开“牛角”碰撞的过程中，像玩游戏一样开心。

(二)渔猎生活的重温

包括太坪村在内的整个湘西地区，水系发达，为了便于获取食物，湘西各族在建造聚落时喜欢选择近水区域。对住在古阳河畔的太坪人来说，渔猎是日常获取生活资源的重要方式之一，下河钓个鱼、捞个虾都是常见的事

---

① 鲁德军，男，1958年生人，土家族，太坪村人，湘西州州级非物质文化遗产保护项目“跳马节”代表性传承人，太坪村唯一的神职人员——土家族梯玛。土家族从事祭神驱鬼仪式的专家，土家语称之为“梯玛”，也就是土老司，掌管着村寨的祭祀、驱鬼、治病、占卜等事项。土老司的装束有凤冠、花褂子和八幅罗裙，法器有师刀、斩刀、铜铃、牛角号、五彩柳巾等。但去掉梯玛的身份，鲁德军也是一个普通的太坪村村民。

情，入春以后，还会去河里寻找应季的水生昆虫，不管是自家吃还是拿去集市上卖，都是不错的选择。小河旁、小溪边，常常可看到人们在河里翻找水生昆虫，或者坐在河岸边悠闲地钓鱼。

太坪村处于古阳河上游，水质相比县城以及下游更好，很多住在县城的人也会专门来这里捞虾。张小瑾[①]就经常去古阳河上游的太坪、长潭一带捞虾。张小瑾是古丈县人，家在县城，与丈夫都在古丈县城的教育系统工作。家里的孩子大了，都在外地工作，因此每到周末或假期，夫妻俩就与一群志同道合的伙伴相约远足，或者上山摘野菜、下河捞虾。丰富的假期生活不仅锻炼了他们的身体，还丰富了他们家的餐桌。其中，下河捞虾是张小瑾比较喜欢的休闲活动。每到下过大雨，古阳河涨水之后的休息日，张小瑾就会约上几个要好的同事，带上网兜到太坪、长潭一带的古阳河段捞虾。这里的水干净，捞到的河虾也干净。只有两口子在家的时候，捞到河虾，她舍不得吃，会焙干之后妥善保存着，等外地工作的孩子们放假回家时才拿出烹饪。“西可乐”致力于重现本地居民的传统生活模式，因此也少不了对捞虾和钓鱼等日常渔猎场景的模拟。

捞虾的场景中，“苗女”的扮演者在场地上不断移动，双手紧握虾网，有节奏地屈膝，前倾身体，向前送出虾网。她们穿着的绣花衣裳、具有地方特色的劳动工具以及她们背在身后的小娃娃，都使她们的动作看上去就像一种特殊而又姿态优美的舞蹈。

“西可乐”中捞虾者为什么要做苗女的装扮，是个值得探讨的问题。在询问访谈对象的过程中，这个疑问并没有得到解答。人们只是说从老一辈那里看到的“西可乐”，捞虾人就是苗女的装扮。在笔者看来，这或许与湘西地区土家族、苗族两个民族与汉族的关系有关。自宋朝起移民进入湖湘，湘西本地居民的生存空间便被不断压缩，生存资源也不断减少。生活在湘西的两个主要民族中，土家族更倾向于通过顺应的手段来改变自己，从而得到更多的生存资源。他们虽然是少数民族，但与中原王朝和统治阶级有较密切的关系。因此，他们占据了整个区域内仅次于移民的生活资源，如居住在

① 访谈对象：张小瑾；访谈人：金晶；访谈时间：2016 年 12 月 1 日；访谈地点：古丈县教育局职工宿舍。

缓坡地带、河谷旁边的小山丘之类的区域。而同一区域内苗族对自我族群认知的坚持，以及对外人的排斥和警惕，使他们不得不放弃较为舒适的生活环境，转而将家庭或整个村寨安扎在比较偏远的山林或坡地。手中的生存资源无以为继时，苗族的妇女们只能依靠地理环境，结伴到河里搜寻一些水产填补餐桌上的空缺。如本地民谣“排达牛、李家寨，蛤蟆鱼儿当小菜”[①]中的主角村寨“排达牛”和李家寨，就是以苗族居民为主的村寨。对这种情形年长日久的观察，使人们自然形成了“西可乐”中捞虾者要扮成苗女的定式思维。

钓鱼的场景基本上是由一名男性表演者完成的。2016 年的跳马节上，男性表演者手拿的鱼竿是用长竹竿制成的，鱼竿的顶端系着长长的鱼线，线尾处还挂着一个白色的鱼形道具。钓鱼者在场中到处游走，每每走到离观众较近的地方，就作势把手中的鱼竿甩动起来，将鱼线甩到观众当中去。若是道具恰好甩到妇女身上，他就要作势扑到人家身上，假装是在抓鱼，这时场边的妇女就会举起拳头将他“捶”回场上。

（三）节日场景的完成

打糍粑，可以说是湘西地区年节的标志性活动。每到重要节日或活动日，人们就要拿出洗净的粑槽和粑粑槌，打上几槽糍粑为节日增添喜庆的氛围。“西可乐”中自然也少不了对打糍粑场景的再现。由于生活水平低，以往的“西可乐”表演更重视仪式感的建构，于是往往致力于对表演形式和表演技艺的完善，即采取无实物表演的方式。这一点在打糍粑的模拟中表现得尤为突出。

从以往拍摄的跳马节照片[②]来看，打糍粑表演主要是两个男性完成的。他们穿着传统的蓝黑服装，倒披蓑衣，相对而立，你来我往地挥舞着粑粑槌，模拟着打糍粑的动作。表演时，两人手舞足蹈，与其说是打糍粑，倒不如说

① “排达牛”与李家寨都是古丈县默戎镇下辖村寨的名称，它们位于古阳河沿岸、太坪村的上游，是传统的苗家村寨。由于生活条件艰苦、耕地稀少，这里的人们时常处于吃不饱饭、更无菜可吃的状态。每当家中来了客人，只能寄希望于家门前的小河，用小河中的少量水产填补餐桌上的缺口。久而久之，整个县城的居民都对这些村寨产生了如民谣所述的认识。

② 以往跳马节的照片，多来自村民鲁德军的收藏。鲁德军作为该节日的代表性传承人，又得到父辈的传承，因此对节日信息的搜集和保存十分上心。跳马节中用到的很多关键性道具平时也是鲁德军在保管。

是在跳某种舞蹈。为了配合演出,旁边还会有人用事先准备好的萝卜片等假装制作完毕的糍粑,将其撒到围观人群中。打糍粑往往在表演者夸张的动作和人们的哄笑声中结束。随着生活水平的提升,"西可乐"实物表演已经代替了过去的无实物表演,如打糍粑的场景中就用真的糍粑代替了以往的道具。主办节日的村寨会在跳马节的现场打制一些糍粑,然后或分或抛撒给围观群众。人们认为吃了抢到的糍粑是个好彩头,因此打制糍粑和争抢糍粑的场面往往十分热闹。抢到糍粑的人笑逐颜开,将糍粑及其所寓意的祝福同前来看热闹的亲友分享。

2016年11月在栖凤码头打糍粑时,太坪人就打了一槽糍粑分给观众。由于蒸糯米需要较长时间,因此"西可乐"现场的糯米都是事先蒸好的。粑槽刚被抬进场地放定,原材料刚刚摆放到位,粑槽周围的空地便被来看热闹和想抢糍粑的人围了个里三层外三层。这时,参与表演的一众妇女纷纷上前帮忙,从围观人群中找出自己的亲友或熟人,将用一次性小碗装好的糯米饭送到他们手中,同时还说着一些祝福的话。收到糯米饭的人在周围人艳羡的眼光中开始吃起来,或与身边的人分享带有祝福性质的食物。由于这一天太坪的妇女们所穿的演出服大多是红色的,因此在表演场上往来穿梭,向围观群众分送糯米饭的她们,就像一群红色的蝴蝶一样翩跹灵巧。

在全场分享糯米饭的同时,打糍粑活动正式开始。打糍粑是个体力活,一定要将槽内的粒状糯米捶打成光滑的糕状后才能停下来休息。一时之间,场中只听得此起彼伏的捶打声。打制完之后,妇女们是接下来工作的主力,她们在粑槽边或蹲或站,迅速灵活地从粑槽里的糯米团上揪出一个个圆滚滚、大小相近的"扯子坨"[①]。受条件制约和氛围影响,"西可乐"中的打糍粑省去各家制作时压制"扯子坨"的环节,由做"扯子坨"的妇女用手将球形压制成圆饼状。糍粑成型后,妇女们赶紧向人群抛去,但更多的情况是还没来得及抛出,糍粑就被身边等待的围观者"抢"了过去。在一个又一个糍粑向外传递的场景中,打糍粑的气氛再一次被推向高潮。就这样,打糍粑活动在大家愉快地吃糯米饭、分抢糍粑的过程中画上了句号。跳马节的节日氛

① 将糯米打成光滑的米团之后,妇女再用手扯出一部分并揉搓成椭圆形,这被湘西人称为"扯子坨",取其从大糯米团上扯下之意。"扯子坨"可以趁热蘸上蜂蜜或白糖、红糖食用,口感绵密软糯。

围就此被烘托了出来。

除了与围观群众互动以外，场上不同的表演者之间也会不时互动。如在场地上撞到一起时，捞虾的“苗女”会故意将手里的网兜罩在“耕牛”的头上，给“农夫”添麻烦。另外，“西可乐”中的其他表演者在打糍粑时也会帮忙制作糍粑，并向围观者分发。总之，“西可乐”看上去是一场各司其事的演绎，但在表演的过程中各个部分又相互串联，是一场相互呼应的集体表演。

三、“西可乐”中的人物百态

“西可乐”表演充满质朴的生活气息，动作中既有夸张的成分，又不乏细腻的部分。过去，男性表演者反串女性角色的效果和夸张的表达方式十分逗趣，常引得围观者不时发出哄笑声。到了现代，女性参与“西可乐”表演虽然使表演丧失了一部分逗笑成分，但是增加了表演的真实性和生动感。

“西可乐”表演对生活场景的模仿也十分讲究细节。如打糍粑场景中，表演者要表现出打糍粑的卖力之感，旁边的表演者会做出做糍粑的动作，并假装向围观人群分发，边送边念叨：“你一坨，他一坨，中间还有一大坨。”[①]即使是无实物表演，表演者们也将打糍粑的一举一动模仿得惟妙惟肖。又如春耕场景中，制作牛面具也是从身边取材，用枇杷叶作“牛耳”，用稻草扎两只“牛角”。“耕牛”在前面行进，摇头摆尾做出拉犁的动作，扮演“农夫”的人紧随其后，一手拿鞭，一手扶着木犁。为了安全起见和减轻表演者的负担，表演时一般都不在木犁上安装铁质的铧口。“农夫”手拿竹鞭驱赶“耕牛”，喝声不绝于耳，将人们在田间劳动的场景表现得淋漓尽致。另外，场上还有表演算命先生拉着胡琴，给围观者算命的；也有扮成钓鱼人的，手拿钓竿不时模仿钓鱼的动作，将挂在钓竿上的鱼饵抛向人群。场上表演捞虾的大多作苗家妇女装扮，这是“西可乐”表演中唯一一个强调民族属性的部分。“苗女”在场中来往穿行，还要做出捞虾、装篓等动作，她们的表演既自然拙朴，也透露出一丝夸张诙谐。在“西可乐”众多的人物中，最具代表性的要数农

① 访谈对象：鲁德玉；访谈人：金晶；访谈时间：2016年11月18日；访谈地点：太坪村跳马节排练现场。

夫、苗女以及三棒鼓的表演者。

(一)耕种的"农夫"

在"西可乐"的春耕场景中,跟在"耕牛"身后呼喝指挥的"农夫",其表演十分生动。在2016年11月的跳马节中,大概由于村里人手实在不足,因此跟在"耕牛"背后的农夫表演者一出场就着实令人大吃一惊。因为这个人不是别人,正是跳马节的传承人、太坪村的"梯玛"——鲁德军。

脱下"梯玛"神圣的红色法衣,鲁德军穿着日常的服装,在"西可乐"中摇身一变,成了场上辛勤的"农夫"。"梯玛"身份的转变,一方面是因为表演人手的不足,另一方面暗合了土家"梯玛"在生活中身份自由变换的情形。与人们常见的戴斗笠、披蓑衣在春雨中忙春耕的农夫形象有所不同,鲁德军头戴一顶跳马时骑士所戴的黑色小帽——小帽上还赫然写着"骑士"两个白色的大字,身穿一件格子花纹的针织衫,两个袖口都挽到了胳膊肘,下身穿着一条普通的牛仔裤,裤腿也被挽到了小腿肚子以上。为了贴合耕种的情形,他的腰上反围着一件老式的湛蓝色外套,脚上什么都没穿。他的两手也不空闲,一只手拿着鞭子驱赶走在他身前的"耕牛",另一只手则负责扶着挂在"耕牛"身上的犁。

11月虽然还不是一年中最冷的时候,但天气也不算好。年近六十的鲁德军在春耕的表演中光脚上场,以呈现耕田时的真实情景。这种挽着裤腿、赤脚在水田里耕作的农夫形象至今仍存在于湘西很多地区,依然活跃在人们的生活与记忆中。与其说是鲁德军对农夫耕种形象的模仿,不如说是他在本色出演。他的表演唤醒了人们记忆里的农耕场景,带给人们真实的参与感。因此,当鲁德军像日常耕种一样呵斥"耕牛",驱赶"耕牛"时,围观人群都对他发出了善意的哄笑。

(二)捞虾的"苗女"

捞虾的"苗女"是"西可乐"表演中颇具特色的部分,也是"西可乐"所有表演中唯一强调民族属性的部分。从前捞虾的"苗女"由男人扮演,反串的形式往往给观者带来滑稽感。但妇女在节日表演中日益占据着重要的位置,"西可乐"中扮演"苗女"的任务也开始由村里的中老年妇女接手。虽然是扮演捞虾的"苗女",但对表演者本身的民族成分并不作要求。在2016年11月的"西可乐"环节中,扮演"苗女"的两人都是太坪村的土家族村民。为突出所扮演的角色,扮演者穿上了传统的绣花苗族服饰。在湘西地区,传统的绣花服饰是苗家妇女的日常服饰,不管是干活、走亲戚还是赶集,苗家妇女都喜欢穿着绣花的民族服饰,这也成为湘西街头巷尾的一道靓丽风景。苗族服饰多以蓝、黑等深色为底色,绣花集中分布在前胸、袖口和裤脚部位。两位"苗女"扮演者腰侧绑着专门用来装鱼虾的竹制篓子,手里拿着三角形的网兜,还要背上一个一两岁的小娃娃。她们表演所需的网兜和竹篓不用专门购置,因为地处古阳河畔的太坪村,几乎家家都备有这套工具,捞虾、捞水生昆虫更是人们司空见惯的活动。为显真实,两位"苗女"扮演者还特意穿了一双草鞋。其实,随着生活条件的改善,草鞋基本上已经退出了当地人的日常生活,这两双草鞋是她们为了表演而特意购置的。

在以往的表演当中,受条件限制,人们更注重其中所体现的生活方式与日常生活中的仪式感。但随着时代的变化,人们试图用真实的道具追求更生动逼真的表演效果。在2016年11月的表演中,扮演"苗女"的太坪村妇女就专门背上了自己家的小孙子。虽然表演现场人声嘈杂,不时还有火炮与锣鼓齐鸣,但小孙子在现场表演中安静地趴在奶奶背上,好奇地打量四周。考虑到年龄小,小孙子被背着在场上转了几圈之后,就被转移到场外的家人手中。事实上,为了让孩子提前适应表演的大场面,表演者提前做了不少准备,更是一次不落地参加了之前的彩排。不过,由于"西可乐"的表演大多贴近人们的日常生活,并不需要专门的彩排,而且他们也没有刻意装扮,所以在彩排队伍中怎么看都像是过来看热闹的普通婆孙。从这一老一小的组合可以感受到太坪村的孩子从小就潜移默化地受到跳马节的影响,也许一时之间这种影响无法显现,但这何尝不是一种对村寨中新生代族群身份认知的潜在洗礼。

(三)表演三棒鼓的祖孙

由于三棒鼓[①]在形成之初具有沿街乞讨的性质,因此单人表演的形式常

① 三棒鼓鼓架大约半人高,上面放着主要的打击乐器小鼓,小鼓下面悬挂着小小的锣片。表演者手中拿着三根鼓槌,一边玩着抛接的花样,一边敲打节奏。同时,脚下还踏动着自制的机关,有节奏地敲响小锣。在锣鼓伴奏的同时,表演者还需要完成唱词。

见于春节期间的街市拜年。2016年2月春节期间,笔者曾在古丈县城街边的商户门口见到了三棒鼓的表演。表演者是上了年纪的男性,身穿深色传统长衫,腰扎旧式腰带,头裹包帕。表演时,他将鼓架放置在商户的正门口,随着锣鼓的伴奏,一边如同杂要一般抛接三支鼓棒,一边唱起彩头十足的吉祥词。为了讨得新年的彩头,商家大多会闻声出来给表演者一些辛苦钱。得到打赏后,表演者便会拿起简易便携的表演道具转战下一家商户。三棒鼓的表演也有时代变化的痕迹。以笔者在2016年春节期间观察到的三棒鼓表演为例,除了较为"复古"的装束以外,三棒鼓表演中很多道具上的小细节都向人们展示了表演者对时代的顺应。如在小鼓的正面挂上专门制作的写着"恭喜发财"的红色条幅,在小鼓的侧面斜插一面小国旗。另外,表演者专门配置了头戴式麦克风和腰带式扩音器,这不仅能够帮助表演者有效地应对人声嘈杂的街道环境,而且不会占用表演者的双手,进而影响表演效果。

近年来,"西可乐"表演中也融入了三棒鼓。2016年11月的跳马节上,打头出场的三棒鼓表演者是一对引人注目的反差组合——张德成[①]爷孙。爷爷张德成先搬着鼓架登场,将鼓架放在表演场地的前排。这次表演使用的小鼓前面依然悬挂着一张红色条幅,上面写着"湘西'非遗'土家族三棒鼓80岁老翁传承人"字样。为孙子摆放好鼓架之后,张德成回头取来自己的乐器,即竹筒乐器和一面缺角的小锣,站在鼓架不远处。张德成右手臂抱着比他的手稍长的竹筒,同时手中提着缺角的小锣,而另一只手则拿着一根细细的木棒。表演中,他先用手敲击竹筒的截面,再用木棒敲击小锣,以此控制表演的节奏。张德成戴着一副墨镜,身穿一件深蓝色的斜襟长衫,长衫袖口镶有黄色花边。表演时,他站在表演场地的侧边,一副甘当配角的模样。鼓架前的小张头戴麦克风,腰上别着小小的扩音器,手中拿着鼓槌,身穿一套蓝底白条的运动服并罩着鲜黄的毛绒马甲,与爷爷白发白须的形象相比,显得十分稚嫩。可能对于小张来说三支鼓槌的表演还是比较难的,因此他只拿了两支鼓槌。整个表演过程中,张德成不时在小张身后关注着他的表演。小张的表演熟练自然,看得出来常跟爷爷配合。但笔者仍然不禁联想,张德成现在还可以带着小张到处表演,但到了该上学的年龄,小张是否还有时间

① 张德成,古丈县人,湘西自治州第五批州级非物质文化遗产项目"三棒鼓"代表性传承人。

继续练习和表演？他有了自我认知与判断之后，是否还会觉得三棒鼓的表演有趣而愿意继续传承？会不会因为同龄人的笑话而放弃？当张德成表演不动了，还有谁能带小张继续表演？随着时间的流逝，这项表演的技巧，是否会被长大后的小张遗忘？这场表演会不会最终只成为他的一点童年回忆？祖孙俩的表演持续了几分钟，之后便是其他表演者进场。

结　语

总之，“西可乐”看上去是一场各司其事的集体表演，但在表演的过程中各个场景相互串联，其精彩程度令人叹为观止。不管是参与“西可乐”互动的围观人群，还是表演者，都认为表演是神圣而又责任重大的，并认为认真完成“西可乐”表演与烧马[①]献祭一样，都是酬谢神灵的重要手段，信奉的神会被“西可乐”取悦，愿意继续保佑这片土地。同时，在“西可乐”表演中，传统的生活方式也是一种记忆，这种记忆以一种夸张、逗乐的方式呈现在大家眼前。表演者的卖力模仿和场上欢乐的氛围，使围观者仿佛置身于熟悉的传统生活场景中。这片土地上的祖辈曾赖以生存的生活方式，也通过这种戏剧化的表现形式，被不断传承、内化成区域性的生存知识技能。此时，“西可乐”除了具有酬神娱乐的功能之外，还兼具重现区域生活场景、传承生存知识技能的功能。

① 从前跳马结束后人们还要将所有的马骨焚烧以示献祭，但随着跳马节中信仰部分的淡化，这一环节也有所改变。现在跳马之后烧马骨的环节中，人们往往象征性地将一匹马去皮留骨后焚烧献祭。

仪式传统与村落公共空间的建构

——赣南寨坑村"祭大神"活动考察

李小真*

摘　要

乡村仪式一直是人类学和民俗学等学科的关注重点。历史上，赣南寨坑村的"祭大神"仪式由村内彭、廖两个家族主导，共享和传承这一祭祀仪式；随着现代社会的逐步发展，该仪式不断拓展出新的村落公共空间，成为整个村落的"标志性文化"。与此同时，村落中的个体、家庭和家族之间也因信仰文化和神圣空间的共享，实现了民俗行为实践上的一致及文化心理的高度认同，并在一定程度上建构了村落公共秩序，从而使得村落处于一种相对稳定的社会状态。

关键词

仪式传统　村落公共空间　寨坑村　"祭大神"

庙会仪式一直是学界的关注重点，相关研究成果汗牛充栋。大致看来，关于庙会仪式的考察，多聚焦于庙会类型功能[①]、信仰仪式、生活实践及组织

---

* 李小真，山东大学民俗学研究所硕士研究生。

① 如刘铁梁：《作为公共生活的乡村庙会》，《民间文化》2001 年第 1 期；刘铁梁：《村落庙会的传统及其调整——范庄"龙牌会"与其他几个村落庙会的比较》，郭于华主编：《仪式与社会变迁》，社会科学文献出版社 2000 年版，第 254～309 页；高丙中：《一座博物馆—庙宇建筑的民族志——论成为政治艺术的双名制》，《社会学研究》2006 年第 1 期。

结构等层面。其中，在仪式研究方面，郭于华主编的《仪式与社会变迁》一书通过多个仪式个案，讲述了不同地区仪式的变迁过程，旨在揭示仪式作为具有象征性、表演性的一整套行为方式的特征与功能。[①] 类似研究还有叶涛、刘晓春、周大鸣、张士闪[②]等学者，以田野考察为基点，将仪式与年节活动、组织结构、神明崇拜等方面相结合，力求呈现整个仪式活动产生的背景、组织运行过程及其产生的意义。值得注意的是，学者往往将信仰活动发生的场所（如庙宇）及地方上的庙会等视作传统文化的重要空间载体，在此基础上探讨乡村文化共同体与地域社会认同的形成过程。乡土社会中民间信仰所体现的地域认同感虽然常依托于某个具象的、实体的空间载体，但空间作为一种社会的产物，自然会有非实体的存在。笔者认为，村落的公共空间作为村民日常生活与交往实践的场域，既是各类民俗事象产生和发展的重要情境、社会空间，也是呈现地方传统、社会规则秩序的平台，理应成为民俗学重点关注的问题。鉴于此，本文通过对村落仪式传统的深入考察，尝试从社会空间的视角解读仪式在村落公共秩序建构中的角色与意义，以期在更广泛意义上理解乡土社会的内在逻辑与运作机制。

一、村落地理人文概况

（一）村落的地理空间与生计方式

寨坑村，位于江西省赣州市南康区横寨乡西北部，距横寨乡 10.2 公里，离南康城区 16.6 公里。历史上的寨坑村比较封闭，村民各自以家族为单位傍山而居，村内仅有一条由山涧泉水汇聚形成的狭长小河，且四周植被繁茂，俗谓“十米之内必有竹林”。村内的低山和河谷沿溪旁，黄竹密布，高山上多毛竹、杉树以及各种常绿乔木。寨坑村是个杂姓村，由彭、罗、廖、邱、谢、蔡、王、郭、朱、蓝十大姓氏组成。据村民说，相比后来定居在村中的其他

① 郭于华：《仪式与社会变迁》，社会科学文献出版社 2000 年版。

② 叶涛：《信仰、仪式与乡民的日常生活——井塘村的香社组织与民间信仰活动述论》，《民间文化论坛》2006 年第 6 期；刘晓春：《仪式与象征的秩序——一个客家村落的历史、权力与记忆》，商务印书馆 2003 年版；周大鸣：《“年例”习俗与宗族认同——以粤西电白县潭村为中心的研究》，《文化遗产》2008 年第 1 期；张士闪：《“常”与“非常”：一个鲁中村落的信仰秩序》，《民俗研究》2009 年第 4 期。

姓氏,彭姓是较早在寨坑村开基立业的,如今已发展成村落中的大家族。《彭氏七修族谱》记载:“万寿公于明正德年间自龙泉(江西遂川)携子同母迁居南康西乡李姑堡大寨坑。”[①]至 2018 年,村落共有 900 户,3000 多人。其中,彭姓 400 多户,罗姓 200 多户,廖姓 40 多户,其他姓氏户数较少。全村拥有耕地面积 1045 亩,山地面积 16348 亩。村内人居分散,人多地少,且整体地势呈西高东低。虽然目前已有三条通往外界的主干道,但因处在偏远山区的河谷地形,寨坑村一直是村民口中“山高皇帝远”的“山坑坑”。

正如费孝通所言:“乡土社会的生活是富于地方性的。地方性是指他们活动范围有地域上的限制,在区域间接触少,生活隔离,各自保持着孤立的社会圈子。”[②]在自给自足的传统农耕经济社会,村民的活动范围大多限于村落内部。当然,村落虽然是一个较为封闭的政治单位,但与外界也不是完全隔绝的状态。寨坑村邻近朱坊乡、赤土乡和横寨乡,这三个乡镇每月各有 9 天是墟期,必要时乡民可以去集市上进行自由贸易。不过,1949 年以前,寨坑村没有公路,加上四周都是连绵山脉,自产的农副产品只能靠人肩挑运出去。[③] 因此,在日常生活中,村民除了婚丧嫁娶等礼俗大事而与周边村落有更多交流之外,整个村落内部相对封闭。

(二)“彭廖一家亲”

寨坑村的聚落格局以家族为单位,划分为多个相对独立的生活空间。各姓氏家族在村落中的同一片土地上开基和发展,共同创造着村落独特的历史与文化,积极建构家族之间的自然空间和精神生活。

调查发现,在搬进寨坑村之初,廖姓家族的总人数实际上多于彭姓家族,在村内的力量优势也较为明显。后来,因为迁离村落等,目前村中廖姓户数逐渐减少。但是,廖、彭两个家族之间一直相交甚好,最突出的表现就是共同操办传统仪式活动。依据村民的表述,自廖姓迁入,彭姓和廖姓便一

---

① 《彭氏七修族谱》,村民彭乙生家藏,2001 年,第 295 页。

② 费孝通:《乡土中国》,北京人民出版社 2008 年版,第 5～6 页。

③ “以前我们翻山去赶集哦!有的人挑着稻草秆子,砍的柴火,去墟上卖,还有的人卖那个竹篾制的背篓、筛子之类的,卖了买油盐啊,吃的,穿的啊!我们小孩子都很喜欢去墟上,一大早爬那个山,没有路,赶集都差不多要用一天,逢墟都好累呀!”访谈对象:郭已娣;访谈人:李小真;访谈时间:2017 年 11 月 15 日;访谈地点:郭已娣家。

直共同操办"祭大神"的仪式活动。由于年代久远,仪式活动具体是从何时开始的,现已无从考证,村中也无人知晓。笔者在访谈过程中发现,彭姓和廖姓的村民常用"一家亲""兄弟"等词语来形容彼此的关系。透过他们各自的叙事话语,我们大致可从以下三方面究其原因。

一是村落中的地形格局。调查中,笔者注意到,彭姓聚居在村中较为平坦的河谷低地,廖姓聚居在村中主干道旁边的山坡脚下。从地理位置上来看,彭、廖两姓家族相对而居,且距离较近,而其他姓氏一开始就与彭姓相隔较远,定居的位置也不算特别集中,故日常交流甚少。①

二是关于仪式活动记忆的影响。彭姓和廖姓家族一致表明,他们两家从开始举行活动起,就一起合作共事,并以祖先定制的名义,将该传统延续至今。虽然两家来到这片区域的时间有先后,但是迁至此地之后,就如同兄弟一样,彼此照应。

三是彭姓和廖姓的姻亲关系使得彼此更加亲近。在寨坑村,村民解释彭、廖两姓的关系时,往往以他们之间长期的姻亲走动为依据。按照他们的说法,彭、廖两姓联姻,有着较为悠久的历史,且从未中断。姻亲关系之频繁,乃至村中廖姓有五家人同娶的都是彭姓女子,以及一家之内两兄弟同娶的都是廖姓女子。

(三)祖厅—家族的公共空间

在传统社会时期,寨坑村与赣南地区的很多村落一样,有着原始且浓厚的民间信仰。崇拜和敬仰祖先是他们日常生活中最为核心的信仰活动,而在家族开展的一系列具体事象中,祖厅则是最重要的活动空间。

从族谱的记载来看,寨坑彭姓的开基祖万寿公生四子,长子桂公和次子槐公是村中彭姓的祖先。到宣公五十六世,桂公之子会高生五子,槐公长子会秦生三子,槐公次子会泰生二子。在这十人当中,只有会高的长子启圣、三子启尧、五子启君和会秦的长子启元四人分立,成为四个不同的房支,其余或没有后嗣,或迁至别处,或夭亡。由于各房支人口增长速度的差异,在

① "一开始姓廖的人不多,我们姓彭的人也不算太多,但是我们住得好近,就在路的两对面。只要经过那个村里的大路,抬头不见低头见,反正平时就跟兄弟一样,有什么事情还可以相互帮忙。"访谈对象:彭斌;访谈人:李小真;访谈时间:2017 年 11 月 18 日;访谈地点:彭良祥家。

房支分化的过程中，村中彭姓家族祖厅数量也有差异。这四房在村中各自繁衍，以自然村为单位，相对聚居。其中，启圣一房主要居住在庙背和道士场，启尧一房主要居住在营里，兰芬，圆背，楼子下、上屋，墩背，中岭上、下新屋，启君一房主要居住在竹石下，启元一房主要居住在上新屋和屋肖排。在人口数量上，以启尧房最多，其余三房则较少。与此同时，随着家族的发展兴盛，村内彭氏的祖厅从一开始的庙背、营里、竹石、上新屋4个，衍变到今天的12个。他们来自同一个开基祖，在村中相互依赖，共同坚守着祖先开辟的这片天地，沿袭着祖先留下的“祭大神”文化传统。

可以说，作为家族文化传承的物质载体，祖厅对宗族延续起着重要作用。于公，它是一个村落空间内的建筑物，是村民日常生活和交往实践的场所；于私，它是一个家族内的私人空间，是家族中每个家庭共享的社会空间。几代人在祖厅茁壮成长，虽渐渐走出祖厅，但每年的节日庆典、崇尊敬祖时刻，他们在这个村落公共活动空间里，举行各种节庆习俗活动，以此感谢祖先的恩德，传递对美好生活的期盼，也沿袭着祖先遗留下来的传统记忆和文化。村落中的“祭大神”仪式，正是依托这些分布在村落的公共空间，完成了一年一度的民俗展演。或许正因为保留着遵循传统、注重礼俗的文化特征，村落中的彭姓家族内部独特的信仰民俗在历经社会变迁之后，依然能够延续。

二、仪式的传承演变与信仰表达

寨坑村的正月“祭大神”仪式，原本也叫“闹大神”，是当地正月期间最热闹的民俗活动。但是，笔者问及该仪式活动的历史源流时，村中竟无人知晓。村中大多数老人表示，在他们的孩童时代，这个活动就是家族内正月里的大事。村民彭美夫谈到，这个活动一直采用的是厅堂轮流做头的形式，在他的印象中，三年困难时期中断过，1962年、1963年又接着举行了两年，但到1966年“破四旧”时，刚好轮到他所在的那个厅堂负责，就中断了，直到1981年才重新恢复，并延续至今。

(一)“大神画”上的玄机

据村民介绍,“大神画”是彭姓家族祖传的一幅神画,据说已有几百年的历史。如今村中彭姓家族手中的“大神画”,其内容大致是:一艘大型龙船行驶在江海上,船中央有亭台楼阁,船上有各式各样的人物及物品,文武百官、乐队手、统兵令旗、集福标语和各类装饰品。值得注意的是画中右侧河岸边的一个人物形象,据说是彭姓家族中的一名道士。笔者问及村中的长者得知,以前家族内举行“送大神”的活动时,需要专门请道士来作法。画中的这个道士,字丽阳,大家都称他为“丽阳太公”。他既是村中彭姓大房派下的子孙,也是彭姓家族里一个道法高强的人物。关于这个道士,村中流传着一则神奇的故事:

> 在过去,每次搞这种活动都要请人作法。我们祖先中有个叫丽阳太公的,道行很深,所以每次搞活动他会负责。有一次,他告诫自己的子孙后代,将来他走了(去世),大家千万不要去请外来的道士作法,因为以前的道士经常作弊。丽阳太公担心因我们家族兴盛,请别人来作法,有些人会从中作梗,搞得家族衰败。但是要搞活动没有本家道士该怎么办呢?他也交代我们了,就是把他的形象画在“大神画”里,每到搞活动起神之时,只需要敲三下锣鼓,放三炮,他便会立马到活动现场。有他在这里,任何人不敢造次。[①]

尽管这个故事听起来有些许传奇色彩,但自从1981年恢复活动以来,家族内举行活动都会击鼓敲锣,鸣放鞭炮,不会请外来道士主持,这个环节也从未出现过任何意外。

翻阅彭氏族谱发现,丽阳太公的生殁失考,甚至他的形象何时入画,我们也无从得知。查阅相关文献,我们发现寨坑村现存的“大神画”形象,很可能与赣南地区现存的两种图案相关:一种是元宵画。有学者曾在探讨客家地区民间文化艺术时,注意到一种“唱元宵”[②]仪式。虽然各地的民间俗唱文本存在较大差异,但是关于元宵画的表达却较为类似,据说画面基本上是按

---

① 访谈对象:彭乙生;访谈人:李小真;访谈时间:2017年2月19日;访谈地点:彭乙生家。

② 有些地方叫“唱船”,也有些地方叫“唱元宵歌”。

照天界神灵显身—人们迎接神灵—神灵乘船—神人共娱—洛阳桥送神灵的结构来叙述的。基于此，唱本和图画之间是相辅相成的关系。[①] 笔者在寨坑村“祭大神”仪式活动中搜集到的船歌文本，与其他客家地区流传的元宵唱本的确很相似。另一种是明清两代留存在民间的具有道教内容的水陆画。如高文杰在《〈龙舟大神宝像图〉考》一文中，对一幅反映清朝江西省吉安府泰和县端午节、中元节习俗的水陆画作了较为详细的解读。据他的描述，该画纵长 154 厘米，横长 150 厘米，为清乾隆时期民间画师所绘。此画分为三个层次：最上部分是天界各神灵人物形象，中间的主体部分是龙舟竞渡，最下部分是本坊迎送的画面。[②] 其中，龙舟竞渡所包含的中国传统端午节的内容，与寨坑村目前的扎神内容有多处相同的地方。综合以上两点，虽然无法确定“大神画”的历史来源，但不可否认，它并非整个地域文化中独有的民间习俗，并且极有可能在历史发展过程中，经历了一个不断吸收融合与再造的过程。

（二）正月“送大神”

每年正月，寨坑村的“祭大神”活动，常常会吸引来自四面八方的民众。“祭大神”是村内彭、廖两姓家族共同举办的仪式活动，也是村落整个公共空间内一年一度的大型文化活动。整个仪式活动历时 16 天，主要包括两个时间段：正月初一至初五，这是仪式活动的准备阶段，即“扎大神”；正月初六至十六，这是活动的正式会期，其中最热闹的仪式环节就是“送大神”。

按照惯例，十五日晚上，村民会将“大神”停放在村中一家廖氏的厅堂。凌晨时分，村外的民众就开始陆续进村祭拜“大神”，距离村落较远的，会在上香之后，留宿车内。一般正月十六上午 9 点左右，“大神”会被移到村里的送神场地，供众人祭拜。等到 11 点左右，主办方会在现场杀一头生猪祭祀“大神”，并用红水涂抹猪头，再将其放置在供品盘内。据说，在过去道士会取下猪牙，把它掩埋在村中的风水宝地蛇形岭，随后将有一些神奇的事情发生。关于这些神奇故事，彭氏族人有两种说法：

---

① 参见张丽、李静：《传统〈元宵歌〉本的复现、消失与走向——客家白鹭社会“唱元宵”仪式形态初探》，《人文杂志》2017 年第 9 期。

② 参见高文杰：《〈龙舟大神宝像图〉考》，《东南文化》2010 年第 3 期。

过去我们搞活动，杀了猪，撬下猪牙，等到12点钟，道士会带着几个人去村内一座外形像蛇的山，我们都叫它蛇形岭；然后挖个坑，把那个祭祀的猪牙埋在那里，等到来年我们再去埋新的猪牙。挖开那个坑的时候，很奇怪，竟然跑出来一条蛇，猪牙却不见了。现在村子里举行活动不请道士了，也就没有这个程序了。12点一过，我们就把“大神”抬到水边，烧掉它送走。①

我们埋猪牙的时候，要用锄头使劲轧土，埋好了之后，贴近那个锄头把，经常能听到很多奇怪的声音。如果听到的是小孩的哭声，那就说明今年村里的小孩要注意不能玩水，小心溺水；如果听到的是有人吵架的声音，那就是说要注意村里的口角是非，可能会有一些闲言碎语，要大家和睦，相互礼让。②

不难看出，对于村中的彭氏和廖氏家族而言，这种蕴含神秘感的表述背后，一方面是世人对神性的一种期盼，想要得到神的预示，并规避风险，永保太平；另一方面大家试图通过神灵的公摄力，实现村落各家族的安宁。

12点整一过，就到了“祭大神”的最后阶段。锣鼓声、鞭炮声一齐响起，舞龙队伍同为“大神”开路，准备去河边“送大神”。“送大神”实际上就是“烧大神”，即村民把大伙精心扎制多日、受到信众供奉的圣物焚烧掉。这也是整个活动仪式价值得以实现的标志。大火熊熊，众人目送“大神”入江，一些在场观看的民众纷纷双手合十，虔诚作揖，口中念念有词。村民认为，只有把“大神”烧了，神灵才能收到自己的愿望，并帮忙实现。他们还相信，顺着河流，“大神”会带走自己所有的灾难和厄运，自己会迎来新年的安康和吉祥。

圣物的存在，意味着一种神圣空间的建立，并且它的产生往往伴随着一系列特别的、规范民众言行举止的仪式的确立。因此，在寨坑村村民的心目中，“大神”是村落内部的保护神，对村民的生活和命运有着绝对的震慑力，因而受到村民普遍的信赖。出于对神明的畏惧，村民总是下意识地规范自己的言行，生怕得罪了神灵，给自己带来不必要的麻烦与灾难。同样，民众

---

① 访谈对象：彭美夫；访谈人：李小真；访谈时间：2017年11月21日；访谈地点：彭美夫家。

② 访谈对象：彭才淦；访谈人：李小真；访谈时间：2018年3月4日；访谈地点：彭才淦家。

也可以通过对神意的顺从，协调现实生活中难以缓和的利益关系。

笔者在调查中发现，尽管“祭大神”仪式在历史上中断过，但如今依然具有鲜活的生命力。褪去了些许神秘感和仪式色彩的活动，反而呈现出较大的开放性和包容性，存在于村民的日常生活之中。在这个过程中，历经多年的传统仪式，如何才能做到经久不衰，并重新建构起其信仰存在的合理性与家族的权威性？显然，家族的集体叙事与自身的文化实践在其中起了极为重要的作用。

三、“众家”的仪式运作及村落公共空间的建构

相对于整个村落公共空间而言，村落中的家族又是一个独立的公共空间，“祭大神”的活动就是以家族为组织核心。在过去，涉及修祠、建庙、家族仪式这类群体性活动时，往往需要某些在经济上占有优势的能人来组织，不过实际的具体操作模式都是大家一起完成的。换言之，只要是“众家”的事业，很多人都愿意参与其中，并在其中付出个人的努力，作出贡献。对于这种追求公平、互益、共享的活动空间，民众不愿它成为某个人的专属荣耀。[①]这种大部分人心中固守的心理情感，使得村落公共生活中的参与者不仅关注现实生活中的短期利益，而且会在村落的公共事业中为自己的子孙后代考虑。

(一)“众家”的仪式组织模式

调查得知，以前“祭大神”仪式活动并没有固定的组织团队，只有少部分人组成的“大神会”[②]。如今，为了更好地管理“祭大神”各项事宜，2007年成

① “很多人就这样想啊：这个众家的东西，要大家一起搞，一起出钱出力，不可能让一两个人沾了光，再没钱我都要参与进来，不然以后我的后辈们发达了，还要受你们的气啊！比如之前我们老祖宗建那个老祠堂，家里有钱的人就说不要大家捐款，他们几个人来出，其他人都坚决反对！为什么呢？这种众家的事不行啊，大家就会想，他们几个人出钱那就不能打‘彭氏宗祠’几个字，他们有钱又能怎么样，风水轮流转，到时候我家比你更强盛的时候，还会受你的气啊！”访谈对象：彭玉才；访谈人：李小真；访谈时间：2017年8月15日；访谈地点：寨坑村文化广场。

② “以前主要是每个厅堂里面的主要骨干，叫他们来开会传达下去。家族里面会有一些人，他们专门搞村里的事情，负责搞这个‘大神’，包括处理一些家庭纠纷。就比如你家里出了什么事，那些人会说‘去，回去，烧好水来，泡好茶来，等下我们来处理’。”访谈对象：彭明礼；访谈人：李小真；访谈时间：2017年8月15日；访谈地点：寨坑村文化广场。

立了由彭乙生等10人组成的“大神”理事会。至2016年，理事会成员不断增加并渐趋稳定。会内的成员基本上是彭姓、廖姓家族所在厅堂的代表，且这些代表大多在自己厅堂内较有威望，办事公正，热心公共事务。同时，考虑到“祭大神”是个集体活动，因此扎制“大神”的固定人员也被纳入“大神”理事会队伍之中。[①] 此处以2016年理事会名单为例，予以详说。

会长：彭海林

副会长：彭乙生、彭新华

财务会计：彭明清

监察委员：廖军民

设计：彭亚平、彭平福

秘书长：彭贵明

监督委员会：彭才焜、彭美夫、彭年忠、彭金林、彭小平、彭北林、彭星亮、彭国平、廖禄者

扎神队伍（12人）：彭延新、彭冬福、彭平福、彭良祥、彭长生、彭斌、廖善周、彭亚平、彭志善、彭和林、彭华山、彭玉忠

不难看出，彭姓在“大神”理事会中占有绝对的人数优势。名单上的人员也不是随便确定的，大多是从个体家族利益出发选定的。相对于整个彭姓家族而言，彭姓的各厅堂是一个“私”的利益空间。在这项公共事务中，各厅堂必须公平公正地享有活动的各项权利，尤其是参与权、表决权和话语权，就连扎制“大神”的队伍人选，也会尽量平均分配给各厅堂。出于集体利益的考虑，各厅堂会下意识地培养本厅堂的相关人才，使其得以参与其中，为家庭增光添彩。

（二）厅堂轮值——“十夜月半”

总体而言，相比于过去，“大神”理事会的职责更多的是组织协调。村主任彭乙生指出，这点突出表现在每年“十夜月半”的安排上。大家普遍认为，

---

① 关于“大神”理事会的人员构成，村内并没有具体的名单，文中所呈现的名单是自2016年以来一直较为固定的组织队伍，为笔者调查访谈所得。

“众家的大神，也要放一晚在自己厅堂”①。随着家族的不断壮大，整个正月活动的阵地，由最先的3个厅堂逐渐变成了5个厅堂、8个厅堂、10个厅堂。按照规定，“龙头要年年搞新的，才有新发展”，所以每年厅堂轮值时添丁的人家要出资置办一个新的龙头，而且大家觉得这种花费其实是非常值得的。因为在某种程度上，这代表着自己家里人丁兴旺、添子添福。另外，正如村民所言：“很多人可能一辈子都轮不到这样的机会。”因此，每一个做头的家庭都希望用绝对的实力来证明自己有足够的能力承担这份责任。而真实的情况是，1978年以来，随着社会的变迁，民众生活水平的提升，乡村社会中的个人也逐渐从家族中独立出来，不再依附于传统意义上的集体和组织。换句话说，对于活动，出钱出物的人越来越多，而愿意站出来出力做事并敢于承担责任的人却越来越少了。最近这几年，村内“大神”活动的规模越来越大，不仅弥补了民众公共生活的缺失，还提升了彭、廖两姓家族的荣誉感和自信心。为了把众家的事业做得更好，在活动期间，大家也越来越注重团结协作。虽然是以轮流的方式由每个厅堂承担一年，但相互之间会主动互帮互助，尤其是在移神的时候，会自觉参与相关工作。② 此外，随着半开放和捐款政策的实行，寨坑村的“祭大神”活动也开始广为外界所知，吸引了当地政府和相关社会工作人员前来调研。寨坑村“大神”理事会逐渐意识到，唯有将仪式活动进行更大范围的开放，其才能获得新的发展生机。

（三）村落公共空间建构的力量

虽然寨坑村的“大神”仪式活动在“文化大革命”期间被迫中断，但作为地域社会所生成的信仰文化，其自身也会根据外界环境变化作出相应的调整，或者以某种特殊的形态在夹缝中生存。20世纪80年代以来，随着国家政策的松动，民间信仰活动开始以民间文化的形态得以复兴，“大神”仪式活动也开始逐渐恢复。一方面，信仰活动的持有者可以借助现有的政治资源对这一文化进行复兴与再造，使之一举成为村落“标志性文化”；另一方面，地方对于这类民间信仰活动开始呈现出迎合姿态，民间信仰亦逐渐被纳入

① 访谈对象：彭勇；访谈人：李小真；访谈时间：2017年8月15日；访谈地点：寨坑村文化广场。
② 访谈对象：彭浩明；访谈人：李小真；访谈时间：2017年2月15日；访谈地点：寨坑村。

国家民间文化体系，这使得民间对神灵的崇拜转变成对各种历史名人的敬仰，从而达到国家对民间文化的控制，保证了地方的稳定和团结。

在重新发展、建构这一家族仪式的过程中，村中彭氏家族的精英起着关键作用。一方面，家族中的老辈人在积极创导，并大力宣传；另一方面，彭氏家族在村内的权力格局中，一直占有较大的政治优势。据调查，从 1949 年至今，村内 10 任村党支部书记中就有 7 位是彭姓家族人（见表 1），且在 5 任村委会主任中有 4 任是彭姓家族人。

表 1　　寨坑村党支部书记更迭情况

年份	寨坑村党支部书记
1949～1957 年	彭其宴
1957～1963 年	罗享龙
1963～1974 年	彭才淦
1974～1980 年	罗家峰
1980～1981 年	彭恭仁
1981～1997 年	彭恭全
1997～2000 年	彭恭桂
2000～2015 年	蔡文冲
2015～2018 年	彭海林
2018 年至今	彭云葵

注：本表由现任寨坑村村主任彭乙生口述所得，任期可能存在一定的误差，但大体情况与寨坑村较为符合。

除了恢复活动，把家族的“私祭”行为变成整个村落的“公祭”盛典，也是彭氏家族精英运作的结果。在某种程度上讲，“大神”崇拜只是彭、廖两家族内部的信仰活动，但是彭姓的一些精英分子审时度势，发现了周边群众的普遍精神需求。为了扩大活动的影响力和知名度，他们便采取了更加智慧的运作模式。除了前文提到的组织现场捐款，还包括制定参与规则，规划更宽敞的活动场地。笔者调查得知，2010 年左右，以彭乙生为代表的“大神”理事会的主要负责人，最先提出祭祀场地硬化建议。虽说自 2007 年以来，活动慢慢开放，但对于寨坑村的其他姓氏而言，一提到“大神”，第一想法就是：活动只是彭、廖两家族的事，自己没有份。[①] 因此，为了进一步调动全村人的参与热情，理事会和村委会相关人员决定全村人共同承担、参与每年的活动，尤其是正月十六那天，各姓氏要派人来活动现场帮忙，如登记捐款，维持秩序等，并商议将一部分"大神"理事会的善款用于奖励村内各个姓氏子女的升学事业。[②] 可以说，这一举措改变了很多村民固有的想法，也有利于整个村落内部的团结与凝聚。

与此同时，官方的关注和现代媒体的各方报道，使得寨坑村的"大神"仪式活动名声大震，随后寨坑村的"横寨唱船"也被列入江西省级非物质文化遗产名录。赣州市政府鼓励引导社会各界团体积极参与宣传和保护工作，当地政府也一直从文化旅游的角度入手，加大对村内仪式活动的宣传力度，这在很大程度上促进了地域信仰的发展。与此同时，寨坑村一年一度的"闹大神"仪式更名为"祭大神"活动，并确定以纪念屈原为主题，以迎吉纳福为目的，举办每年一度的"寨坑村大神文化节"。

当然，这种祭典形式是在国家礼制渗透与民间传统再造之间作出权衡选择的结果。一方面，虽然彭、廖两姓表面上让出了祭祀的专权，但无形中也促使地方民众享受了一次狂欢，从而维系了乡土社会的集体生活。另一方面，对"大神"的崇拜，不仅拉近了家族内部的关系，而且使其具有神明崇拜的色彩。此外，虽然神明具有极大的地域性和普世性，但是村委会和"大神"理事会不断挖掘信仰活动中的积极因素，比如舞龙舞狮表演、乐队演奏等，渐渐淡化其宗教性，突出其娱乐性、实用性，让来现场祭拜的信众能够尽情释放情感，传递心中所愿。就此而言，寨坑村俨然成为一个较具地域特色的民间信仰中心。如今，面对正月十六前来赶"大神会"的外村信众，寨坑村村民常常夸耀村里的"大神"，并为村落中有这样一种仪式活动而自豪。

（四）"大神"文化广场：神圣与世俗空间的交织点

一种民间信仰之所以在当地流行，缘于民众的实际生活及生活需求。同时，一个地方神灵信仰的兴起，既体现了生活化的信仰，又呈现了信仰的

① 访谈对象：王连生；访谈人：李小真；访谈时间：2018年2月28日；访谈地点：寨坑村。

② 访谈对象：蔡建芳；访谈人：李小真；访谈时间：2018年2月28日；访谈地点：寨坑村。

生活化。村落中的“大神”并没有具体的神灵形象,但民众认为,只要有了祭拜和信仰表达的对象,也就有了达成愿望的条件和机会。因此,“逢庙烧香,见神磕头”,大抵是民众信仰选择的常态。如今,随着信仰群体的扩大,原有的祭祀场所已经崩塌,新建的文化广场应运而生。村内的“大神”信仰不仅囊括了村民日常生活的各个领域,而且被当地民众赋予了更加丰富的文化内涵。

张士闪认为,乡村信仰活动有“常”与“非常”之别,“以家庭为单元而进行的村落内部的信仰活动,是村民日常生活的一部分……村民以仪式表演的方式重温或重塑人神关系、人际关系乃至村际关系,参与者暂时超越了现实日常生活,营造出一种有别于日常生活的特殊文化情境,是民间信仰活动的‘非常状态’”[①]。就笔者调查的寨坑村而言,村落内部在农历正月初一至初六举行的“祭大神”活动,基本上是以家族为单元而进行的;而正月十六的大神会活动,则是整个村落各姓氏共持信仰活动的“非常状态”。作为一项村落公共活动事件,“祭大神”逐渐成为村民村落生活的一部分。人们在年节期间进行的一系列集体活动,不仅是村落生活的意义体现,还是建构村落公共生活的载体。“大神”的存在,让村民获得了一种身份上的认同感,并在很多方面达成了共识。“大神”不但代表了传统生活“公”的一面,更代表着对“私”的家族生活的超越。“祭大神”活动为大家搭建了一个公共的情感交流的平台。作为“祭大神”活动的主要场地,村落中的“大神”文化广场,不仅是村民日常活动的世俗公共空间,还是民众信仰集中表达的神圣空间,具有休闲娱乐和神灵祭典双重作用。一方面,活动现场的信众,既能向神灵传递自己的愿望,又能在当下的社会生活中宣泄和表达情感;另一方面,村落的“大神”信仰传统正是依托了公共平台,其传统价值才得到了更大的彰显。

结　语

“祭大神”仪式传统的恢复与改造,既是寨坑村信仰传统向现代社会的自然延伸,也是家族精英审时度势,依托村落政治资源运作的结果。作为该

① 张士闪:《“常”与“非常”:一个鲁中村落的信仰秩序》,《民俗研究》2009 年第 4 期。

信仰体系中的重要组成部分，祖厅既是个体信仰集中表达的物质载体，也是村内彭、廖家族共同分享的公共空间。为了更好地适应外界环境变化，彭姓家族精英试图在村落建构起更大的公共空间，以此在村落政治权威、经济活动上享有更多的话语权。他们凭借自身所拥有的文化资源优势，努力强化村民对“大神”信仰的文化认同，使其重新回到民众的日常生活中，并发展成整个村落的主体文化。“祭大神”信仰仪式之于寨坑村的意义，依赖于特定的空间场所，而村落中新建的“大神”文化广场，便是该仪式活动得以鲜活呈现的村落公共空间。寨坑村的“大神文化节”就像一根隐形的绳索，把村落中的公共活动、公共场所、公共权威、公共资源等构成村落公共空间的要素巧妙地联结在一起，并让村民自觉参与到村落公共生活之中。一方面，“大神”仪式活动使得“大神”文化广场这个实体的公共活动空间有了更强的神圣性和感染力；另一方面，民众在参与一年一度的集体祭祀活动时，既延续了当地的信仰传统，重塑了以祭祀为核心的神圣空间，也为家族、村落提供了一个交往、实践的社会空间。寨坑村的“祭大神”仪式实践表明，民众常常运作传统资源而努力使日常生活更具滋味。由此，面向不同社会群体的文化意义才得以生成。

“非遗”嵌入与乡民艺术的传承发展

——鲁南郑家庄八仙灯调查报告

秦承泽*

摘　要

一般说来，乡民艺术最初与乡土活动有关，终而凝结为较稳定的乡土传统或艺术现象。它深刻塑造着当地以及周边民众的生活面貌和精神面貌，影响着人际关系和村际关系，但又容易受社会大环境的波折影响。八仙灯发端于鲁南地区蒙阴县郑家庄，是一项民众集体创造、集体传承的乡民艺术活动，曾是蒙阴县以及周边地区春节期间必不可少的乡民艺术活动。它以传统民间故事“八仙过海”中的八仙形象为表演主体，并以之作为神界的代表，通过表演“拜年”活动，成为新一年驱灾辟邪的象征性仪式。在仪式活动之外，八仙灯又以村民自编自演的小戏，将严肃的仪式活动娱乐化、狂欢化，从而带有明显的酬神娱人的乡民艺术活动特征。21世纪以来，随着非物质文化遗产保护运动的兴起，八仙灯的活态传承出现了一些具有时代印痕的新特征。

关键词

八仙灯　乡民艺术　非物质文化遗产

* 秦承泽，山东大学民俗学研究所硕士研究生。

八仙灯发端于山东省南部地区的蒙阴县郑家庄，是一项民众集体创造、集体传承的民俗活动，因表演带有驱灾纳福的仪式性和讨乐逗笑的娱乐性而受到当地群众的喜爱，曾在蒙阴县以及周边地区广为流传。八仙灯由村内一群热衷表演、热爱艺术的乡民自发组织表演，以民间传说中广为流传的道教“八仙”及其故事寓意为展演主题，包括仪式性舞蹈和诙谐小戏两大部分，是每年春节后至元宵节期间展演的乡民艺术活动。

八仙灯既非单纯的秧歌，更不属于任何一种地方戏曲，其中包含音乐、美术、手工艺和民间文学，在历史上颇为兴盛。它起源、传承于乡土社会，但近年来，随着社会变迁和市场经济的发展，外出务工的村民越来越多，越来越少的村民愿意把时间放在几乎是义务参与的排练和演出中，传统表演者的匮乏更成为八仙灯传承的一大难题。同时，现代娱乐方式多样，民众也不如以前那般期盼着在正月里观看八仙灯的表演，八仙灯参与者的积极性大幅降低。21世纪以来，非物质文化遗产保护运动为八仙灯注入了一股新鲜血液。2002年，当地政府部门开始介入，成立郑家庄八仙灯戏团，八仙灯也被列入市级和省级非物质文化遗产名录，其活态传承出现了许多新变化。据此，本文将八仙灯活动作为个案，基于对郑家庄村落语境的深描，勾勒八仙灯在乡土社会的生成、发展脉络与艺术传统，从人与艺术活动的关联出发，理解艺术活动的变化与传承，观察其在社会背景变化与“非遗”保护运动嵌入后的新趋势。

一、八仙灯传承的村落语境

郑家庄隶属山东省蒙阴县高都镇，位于蒙阴县中部，距离县城仅10公里。郑家庄属高都镇，位于高都镇与蒙阴街道交界处，地势比较平坦，村落外围紧靠偏东走向的205国道，另有一条南北主路纵穿整个村庄，交通便利。郑家庄常住人口逾2000人，有535户，郑姓人口占70%，其次是王姓、赵姓。人口较多的郑姓、王姓在村落公共事务中享有较多的话语权。该村经济水平相对较高，曾长期以农业种植和牲畜养殖为主要收入来源，种植以玉米、小麦等常规农作物为主。近些年来，村中产业结构随着市场经济的发展而转变，果树种植取代传统农作物种植与以种兔及兔毛出售为主的牲畜养殖，另外在村中商业街从事商业贸易或外出打工的家庭,年收入水平普遍较高。传统种植业的衰落造成大片耕地荒废,外出务工成为大部分村民家庭的新经济来源。因为没有可以拉动就业和带来税收的大工厂,村集体收入乏善可陈,兼之村庄的公共基础建设一般由村委会承担,所以村委会一直背负着沉重的债务负担,从而有"人富村穷"的说法。

年节是郑家庄村的重要时间节点。一入腊月,郑家庄的村民就要进入"忙年"的准备之中。村民把年三十称为"大年",而把腊月二十三称为"小年",小年一过就正式进入年节的周期。"小年"这天,郑家庄每家都要举行"辞灶"仪式。一般是在晚上祭祀灶神,在锅台上侧贴灶神像,准备好糖瓜等祭品,烧香烧纸时嘴里念叨着"灶王老爷上天去,上天多多言好事,上天言吉祥,多带人口多带五谷杂粮,不惹是非"。"辞灶"以后,人们便开始采购菜、肉等食物,准备年货。

大年三十是村民最为忙碌的一天。早上贴对联,打扫庭院,午饭后就要着手准备"请家堂"。中午12点以后,村民会先将写有祖先姓名的"家堂轴子"挂于堂屋中间的八仙桌上方。在桌子上设香炉,摆好鸡鱼肉、点心、水果等供品。供品至少要准备6个碗,禁忌是"摆双不摆单",即强调偶数的正面意义。然后各家男人便到家族所在的"林地"上坟,请先祖回家过年。祖宗在家,讲究便多一些:在吃晚饭之前,必须先给载有先人名讳的"家堂轴子"磕头,磕头时有辈分顺序,先是长辈磕头,后辈再跟着磕;家堂在时,不许说脏话,不许做坏事;请到家堂后,女儿不再回娘家;等等。[①] 除夕晚上,很多村民还会按当地习俗"守岁",并举行"发纸马"的敬天仪式。所谓"发纸马",即各家在院子里摆好供桌后,烧一些火纸、纸元宝,祭祀"天爷爷"。供品除常见的鸡鱼肉之外,还必须有米饭、饺子。"纸马"快燃尽时,要在上面浇饺子汤,意即保佑来年丰收。"天爷爷"代表着乡土社区古老的神祇,虽然今日乡民已经不太知悉其神职功能,但仍然凭借着某种信仰的惯性将其权威延伸到当今村落生活中。

正月初一是新年的开始,村民这一天的主要活动是拜年。这天早上,村

① 不请家堂的人家,当地也有"闺女不看娘家年三十的灯"的讲究,从年三十这天的下午到年初一,出嫁的女儿不能回娘家,否则"穷娘家"。

民都要吃素馅水饺，寓意一年"肃静(素净)"，无是非，无病灾。吃完水饺后，村民便开始拜年。一般是近支的村民一起给长辈拜年，在长辈家里要在"家堂轴子"前磕头。村民们还认为正月初一是闲下来的日子，为了给新的一年开个好头，这天不能干活，不许哭闹，不动刀剪，否则会影响整年的运气。

正月初二下午，家家户户"送家堂"。人们在路边烧纸钱，表示为祖先备好了"盘缠"。从初二开始，俗称的"八仙拜年"活动就开始了。下午送完"家堂"后，村民们在村委会碰面，点上胭粉，穿戴坐骑，扮起"八仙"。当天第一场灯，先要到村东南头的土地庙和三义庙，操办神事的妇人会提前到庙内摆好供品，烧纸，点燃香火。正月初二与初三两天晚上，"八仙"队伍将在村内有选择性地入户拜年，意为驱魔除祟，保佑平安。入户串庄的活动结束后，表演者会在村内小广场上进行一场完整的八仙灯表演，之后便开始走出郑家庄，到周边村庄以及较大的企业拜年，并讨得相应数量的"喜钱"。八仙拜年的活动集中在每天晚上，一直持续到正月十六才宣告结束。以此为基点，村民白天拜年、串门、走亲戚，晚上看灯、听小戏，这成为相沿成习的民俗传统。

正月十五元宵节晚上，每家会将新鲜的胡萝卜横切，然后开挖一个圆洞，插上用黄草秆做灯芯的棉棒，再倒入花生油，拿到祖先的坟头点燃，村民将其称为"送灯"。送好祖先后，各家各户要把家里的灯都打开，在每间房里放上一个胡萝卜灯，还要在大门、屋门、磨盘、自来水管、深井、厕所里都放上灯。据说，用灯照照眼睛可以目明，照照耳朵可以耳聪。上完灯后，人们会在这天选择一块较大的空地进行最后一场八仙灯表演。在郑家庄村民看来，元宵节过后，春节就算正式结束了，新一年的生活开始步入正轨。

明洪武四年(1371)，郑姓人家的三兄弟从河北枣强迁至蒙阴，选择在西榆钱山前定居[①]，以姓氏立"郑家庄"，稳定地生活下来，并使家族不断扩大。后来，有外姓人口陆续迁至此地，但郑家始终是村落中最有话语权的家族。据传，明末的瘟疫因为八仙显灵才使乡民生活得以恢复正常。从此，在郑家族长的组织下，人们开始扎灯"跑八仙"，以示对八仙的感谢；后又添入小戏，仪式性活动中充满着娱乐气息，使得八仙灯体现出世俗化、娱乐化的功能。

---

① 郑家老二支定居蒙阴县常路镇下怪峪村。

二、八仙灯的起源、制作技艺与表演

(一)八仙灯起源

八仙是道教系统中通过不同方式得道成仙的八位仙人，有上八洞仙、八仙人、暗八仙三种说法，即俗称上八仙、中八仙、下八仙。一般所说的八仙，是指八仙人，即张果老、吕洞宾、韩湘子、何仙姑、铁拐李、钟离权、曹国舅、蓝采和。八仙信仰源起于唐宋时期，当时民间已有“八仙图”。元朝马致远的《岳阳楼》、范子安的《竹叶船》和谷子敬的《城南柳》等杂剧中都有八仙的踪迹，但成员经常变动，直到明朝吴元泰的《八仙出处东游记》(一般称为《东游记》)，才正式定型为汉钟离(或钟离权)、张果老、韩湘子、铁拐李、吕洞宾、何仙姑、蓝采和及曹国舅等8人。

关于八仙灯的起源问题，郑家庄村民通常说不出究竟，一般的解释就是“传下来的，一直就这样”。许多上了年纪的八仙灯表演者，有一个熟记于心的八仙故事：八仙灯源自明末，与瘟疫有关。据传，当时鼠疫盛行，民不聊生，而去往蓬莱给王母祝寿的八仙恰好经过此处，为了普度众生，便走遍沂蒙大地，采集仙花异草，熬制药汤。村民服下后，疫情稳定。八仙脚踏白云离开时展现仙姿，村民才知道是8位神仙，于是凭借记忆扎制了他们的坐骑并扮作八仙的形貌在年节跑灯。这一方面是为了感谢八仙，让后人不忘仙人的恩情，另一方面也是祈求八仙保佑村落免遭疾苦，驱魔避害。[①] 有关八仙灯的传说，虽然无从考据其真实性，但是村民们对其中所包含的神圣性笃信不疑。

八仙及其相关俗信在郑家庄的村民心中并不是高高在上的、受人顶礼膜拜的冷酷形象，而是平易近人的。首先，在当地的信仰体系中，八仙在百神之中被村民当作仅次于灶王的神仙，与灶王一起，逢年过节便受到祭拜，与家人的平安健康息息相关。其次，八仙跑灯又被人们亲切地称作“八仙拜年”。“拜年”一词常指晚辈对长辈或者亲朋好友平辈之间的一种年节活动，

① 访谈对象：王传祥；访谈人：秦承泽；访谈时间：2013年9月23日；访谈地点：郑家庄村委。

“八仙拜年”的说法，显然是村民想拉近神与自己的距离。最后，在表演时，“八仙”自报家门，语言诙谐幽默，造型、形态动作夸张，与民众的距离更近，充满了与民同乐的世俗色彩。

作为道教文化在民间传播、渗透的一种重要题材，八仙从最初产生时的道教主题逐渐演化为具有吉祥寓意的仙人形象，不论八仙还是坐骑都已经成为吉祥文化的表征符号和具有特定语义的象征形象。变换着的花步、色彩丰富夸张的造型，共同诠释着八仙的吉祥寓意，这既是一种朴素的理想寄托，也是活泼天真的民间趣味的集中体现。八仙题材的在地化，不仅反映出历代沿袭的文化心理基础，而且可以从中直观地体会民间吉祥文化的衍生和发展状况。

（二）八仙灯灯具扎制

灯具是八仙灯表演的载体，8 只灯具基于八仙过海传说中每位神仙的坐骑制作而成，分别为麒麟、狮子、独角兽、老虎、驴、仙鹤、鹿、大象。虽然八仙灯的表演时间段固定在每年的正月时节，但灯具的扎制时间却相对灵活。虽然灯具的扎制过程较为烦琐，但是成品较为耐用，一套灯具能用 5 年左右。

灯具的扎制大体分为备料、扎架子、糊纸、上色、放灯架等步骤。选料决定了灯具的耐用度，扎制骨架需要选用柔韧性强、质量好的毛竹。每次扎灯之前，戏团负责人会亲自到外地选购竹子，买回后剖制成竹片备用。糊灯所用的材料是当地所产的桑皮纸①，这种材质的纸，韧性极好不易坏掉，透光性好且成本较低。

从开始准备扎灯到制作完成，是村民们共同劳动的一个过程。不同专长的人有不同的分工，有削竹条备料的，有扎架子的，还有糊纸的。扎灯时，场面热闹但秩序井然。主扎灯者被村民俗称为“头儿”，既是村民公认的最有资历的巧手能将，也是前任“头儿”最满意的徒弟，负责分配任务，指导工作，并在扎制的过程中传点技术给大家。

兽灯成形的第一步是制作骨架。乡民们把备好的竹条弯曲、打圈成不

① 访谈对象：郑曰然；访谈人：秦承泽；访谈时间：2013 年 10 月 4 日；访谈地点：郑家庄族长家。现在市场上已经基本没有桑皮纸的踪影，最近一次扎制的灯具用的是白色棉布，透光性以及上色程度远不如桑皮纸。

同的样子，再将结头用铁丝拧紧固定住。这是灯具扎制的第一步，也是最关键的一步，骨架制作得好不好，决定了灯具是否协调、是否美观。在这个阶段，灯的扎制分制作灯头和制作灯身两部分。灯头是最难的一部分，一般是主扎灯者带一个帮手一同扎制。由于8只兽灯的图样不一样，因而每个灯的用料、尺寸有所不同，且扎制灯具时，对尺寸的要求极为严格。据乡民口述，8只灯的尺寸需要精确到每一厘米，这不仅能使结头美观，而且能保证样子的灵动性。以头灯麒麟为例，它的头长1.2米，简单的一个头架就需要19根竹片，其中仅扎成圆圈状的7根竹条就有1.25米、1.35米、1.8米、2米、2.4米等5种尺寸。在扎制过程中，麒麟的眼睛是最简单的部分，人们用两根竹条圈成两个直径为0.45米的圆圈，然后用铁丝拧在头架上；它的鼻子分别用0.15米、0.1米、0.6米3条竹片围拢成；耳朵稍复杂一些，每只耳朵分别用0.7米、0.35米、0.15米和0.1米4条尺寸不同的竹片做成。由于表演者手举灯头随着花步的变化而摇动，所以头部还有一个从内伸到下边的"把手儿"。这个"把手儿"其实是一根粗木棍，在兽灯的头顶位置将其固定住，再从脖子里延伸出来，最后在脖子的出口处用铁丝固定，防止晃动。由于8只兽灯的头长不一，其"把手儿"的长度随着头长有着微妙变化。

灯身的制作相对简单一些。麒麟身长1.5米，身宽1米，身高0.5米，用两根1米长的竹片作为主骨架，先固定宽度；延伸出去的横骨架，对称地用了1.1米、1.05米、1米、0.9米10根竹条，再与分别为1.8米、1.75米、1.7米、1.6米、1.5米的10根侧围架交错弯曲；圆润的身子成型后，再用一根0.45米的竹片作为尾骨。就这样，头灯麒麟的骨架便完成了。需要说明的一点是，考虑到扎制的弯曲程度，特别是头部的负荷，竹片的厚度限定为3毫米。

扎制灯具，不单单是用竹条扎起骨架，更少不了用桑皮纸糊在外面作为兽衣。糊纸通常是妇女来做。先将头部和身体分开，再将整张桑皮纸抹上浆糊，以一条边为基准，绕着骨架旋转而上，贴好后，将多出来的部分剪掉。神兽的眼珠、眼底、吐出的舌头、舌头与嘴巴之间的口腔、胡须、鼓起的毛鬃与尾巴等细小部分也要用桑皮纸糊好。为了美观，糊纸时需要平整，尽可能减少褶皱。因此，看似简单的一步，实则十分耗时耗力。

将兽衣糊好晾干后，便到了最能展现郑家庄村民想象力的时刻——绘图上色。除了五灯毛驴是全身黑色，对于其他的7只灯，不仅要开动脑筋想底色,还要在底色上绘出不同形状的祥云和花朵。头灯麒麟是火红底色配上蓝祥云,二灯狮子是褐黄底色配上大块绿叶,三灯独角兽是紫色配白祥云,四灯老虎是金黄色配火红礼菊,六灯仙鹤是纯白色配五彩羽毛,七灯仙鹿是暗橙色配上白色荷花,八灯大象是深灰色配上黄色菊花。对于兽灯底色上的花,绘制者可以凭想象随意发挥,因而其常有变化,但都闪烁着乡民的智慧。

跑灯的时间是在正月的夜间,因而灯具透光是很重要的一点。扎灯的最后一步是做灯架。八仙灯的灯头在表演者的手里,灯身则“穿”在表演者的身上。灯身随着花步的变化而变化,在晃动中依然亮着。现在多在灯身里拴上小电灯或者小灯笼,而在传统社会时期,用的则是油灯。聪明的乡民有独特的放油灯方法:将两根稍细一些的竹条扎成十字,用秫秸绑在灯具前后凸出的两头内,再用木板钉两个小方框或者用硬纸板折个小盒子,从下往上钉住小盒,上面卡上萝卜油灯或者蜡烛。

在协作扎灯的过程中,村民之间的情感交流得到增强。无论是处理材料还是拧铁丝,无论是准备道具还是糊桑皮纸,每道流程都不可或缺。在他们心中,这是一件令人自豪、充满神圣感的事情,似乎也象征着他们在村落社会生活中的独到之处。

(三)八仙灯剧目及表演

一场完整的八仙灯演出包括两部分:第一部分是核心部分,即“八仙拜年”,时间较短;第二部分是秧歌小戏,多为自创自演,有旱船、孟老虎、抬花轿、轱辘子挑儿等十几种小戏,演出时长从半小时到两小时不等。演出队伍每到一处,领头人便喊一句“八仙来啦”,八位演员带着坐骑伴随着锣鼓家什发出的音乐声、鞭炮声开始边唱边转花。拜年的花步结束后,小戏上场。八仙灯在自己村内串街单个入户时,只进行“拜年”这一部分。由于村民的院落狭窄,8 只花灯只得轮番进入院落,打个花步以示拜年除秽;而村内的沿街商户则几户不等,共同将八仙灯请到门房前,完整地跑完花步,以之祝福新年生意兴隆。[1]

八仙灯表演人员包括乐器演奏人员、小戏和八仙灯的表演者[2]，以及必不可少的领头人。哪家需要请灯，先去哪家跑灯，在什么地方跑灯，都需要主家先联系好领头人；演出队伍的介绍、表演时长与节目的控制也是由领头人完成的。可以说，领头人虽然不参与表演，不需要任何装扮，但在整个过程中不可或缺。

跑花步是八仙灯表演中具有舞蹈性的步伐，它的节奏、变化与乐器的演奏节奏相关。传统的花步有7种，但是现今完整记录传承下来的只有5种。跑花步通常是下面这种场景：

（开始跑灯，鞭炮先响）

领头人：众仙出东来，遍地黄花开；忽听云沫响，众位八仙来；王子去修仙，诞圣去九天；洞中方七日，世上几千年。

（随后"八仙"出场并依次从鞭炮下穿过）

（一挂鞭炮后，鼓乐停，"八仙"每两位站成一排）

头仙：今天王母娘娘蟠桃大会，众家兄弟愿去不去？

八仙齐声：愿去不辞！

头仙：请了！

（乐器响起，第一个大花步"十字大串花"开始，头灯与五灯、二灯与六灯、三灯与七灯、四灯与八灯串花转圈，然后两灯交换位置，再捉对串花转圈。此阶段步子快且轻盈，乐器节奏紧凑高扬，表现出八仙赴王母盛宴的欢快之情）

第一轮跑灯结束后，"八仙"随着最后一个音调每两位一排站定，每人清唱四句，对跑灯神仙进行介绍。虽然人们对于八仙的性情、样子都已熟稔于心，但这仍然是必不可少的部分。两人一组，八句清唱完后"二仙"跟随音乐节奏用交叉花步换到队尾。

① 访谈对象：王家均；访谈人：秦承泽；访谈时间：2014年1月28日；访谈地点：郑家庄王家均家中。

② 两部分的演员是交叉的。

头灯神仙汉钟离，身穿红袍大肚吉，
手中摇着芭蕉扇，仙桃仙果赴首席。
二灯神仙吕纯阳，头戴道冠身穿黄，
腰中挎着七星剑，七星宝剑放寒光。
（变换队形，小鼓和小镲打节奏）
三灯神仙曹国舅，头戴乌纱蟠龙绣，
手中捧着玉笏板，脚跐莲花驾云头。
四灯神仙铁拐李，身背葫芦穿灶衣，
用手打开葫芦盖，五福捧寿起空间。
（变换队形，小鼓和小镲打节奏）
五灯神仙张果老，骑驴路过赵州桥，
手捋胡须哈哈笑，玉鼓掂板不住敲。
六灯神仙何仙姑，头上青丝不用梳，
千年荷花手中舞，来自东海一仙姑。
（变换队形，小鼓和小镲打节奏）
七灯神仙蓝采和，我是上天一只鹅，
手打竹板心中乐，来到堂前升秧歌。
八灯神仙本姓韩，口吹麦笛挎花篮，
麦笛一响云头起，花篮能盛四座山。
（变换队形，小鼓和小镲打节奏）

这部分以清唱为主，曲调自哼，带有随意性，但整体以上扬打转儿的秧歌调为主，意思是八仙将为郑家庄带来福音。秧歌调结束后，便是集中的花步组合。

"剪子固"也叫"别秫秸门儿"，即头灯一跺脚，然后与其余灯串八字，其余灯也如此。此时，乐器节奏快且紧张感十足。村民们认为这部分是八仙发现疫情后正在寻找解决办法。常用的跑灯花式有"九龙摆尾""四门斗""对花"。"九龙摆尾"，即头灯领跑，其余灯跟随着在内圈跑一周，再转内圈跑一周，表示八仙外出寻找医治药草；"四门斗"，即头灯与尾灯、二灯与七灯、三灯与六灯，四灯与五灯分四角，捉对转花，然后头灯与七灯、二灯与六灯、三灯与五灯、四灯与八灯，捉对转花。此时，乐器沉稳略显平缓。这部分通常被视为八仙为疫情中的村民熬制仙药。“对花”，即头灯领三、五、七灯，二灯领四、六、八灯，齐头并肩向前直行，然后沿外圈跑回，再齐头往回。此时，中间放两箱自制烟花，烟花喷放时，锣鼓节奏加快，跑灯人员的速度也随之越来越快。[①] 这是对祛病除疫胜利后，八仙离开时与人们欢庆的展现。跑灯还有割条盘、金丝缠葫芦等花式，但已经失传。

诙谐有趣的小戏是八仙灯的一大看点。与前面带有仪式色彩的拜年仪式不同，小戏是对村民真实生活、精神世界世俗化的展现，表演内容“有荤有素”。随着时代的变化，小戏的曲目和内容与时俱进，曲目总量接近二十出。根据受欢迎程度，演出率较高的只有“孟老虎”“抬花轿”“轱辘子挑儿”“老两口算卦”“小黑孩”以及纯舞蹈形式的大秧歌。这几出小戏的兴起时间不详，但是内容都与民众的生活息息相关。比如，“孟老虎”表现闺中待嫁女子对未来夫婿的想象，唱词以吕二姐为切入点，典用了杨宗保、马方林、薛丁山等历史人物形象：

正月里来那个正是正，吕二姐绣房叫声春红。
打开奴家的描金柜，取出来五色用。
闲来无事地绣花灯，哎呀哎嗨呦。
花灯上绣众位先生，刘伯温指导收下了北京，能掐会算的苗光义，
徐茂公有神通点将封神的姜太公，诸葛亮草船借东风。
二月里来春风和，吕二姐绣房里打开司乐，扎下钢针盘绒线，
叫春红你听着，洗手水需要泼，哎呀哎嗨呦。
洗手水来需要泼，哎呀哎嗨呦，嗨呦。

“抬花轿”展现的是春节欢庆氛围中传统婚俗的热闹与喜气场景：

(唱)喜事进门富贵春，男婚女嫁去宴门，
俺夫妻恩爱同相伴，相亲相爱永结同心。
一路上花轿走得欢，欢天喜地去成亲，
早生贵子创大业，金玉良言情意深。

---

① “这是村民最喜欢的花步，一般也就是十五晚上或者年初三晚上才放烟花。”访谈对象：王家均；访谈人：秦承泽；访谈时间：2014 年 1 月 28 日；访谈地点：郑家庄王家均家中。

（白）大门挂彩，二门挂红，

红毡铺地芦苇照顶，花轿穿堂而过。

“钴辘子挑儿”以传统社会中锔锅碗瓢盆的手艺人为主角，讲述了他们在走街串巷时与不同人群的互动与见闻：

钴辘（白）：东街溜，西街串，昨日掉了一口钻，

哪位大嫂拾了去，我给她二百铜钱，给我那口钻，

掌柜的，我那挑儿活呢？

观众：在马棚里！

钴辘（白）：有钱搁了上房里，无钱搁了马棚里。

给我挑出来！

观众：不得闲。

钴辘（白）：干什么？

观众：摸老虎池。

“老两口算卦”的唱词诙谐，不合逻辑，却能体现平民百姓家中的和睦美满与乡土社会的淳朴：

男：老婆子，今天天气晴和，在家闲来无事，不方便出门，

算上几卦，挣上几个小钱，好度日为生。

女：好，老头子，咱今日出门算卦，怎样收钱？

男：好办，鸡蛋仨，鸭蛋俩，棉花柳子一大掐。

女：好，那咱开始。

男：阴阳阴阳好阴阳，

女：俺两口子算卦下四乡。

“小黑孩”用不符合以白为美传统审美观念的黑妮儿做主角，唱出了她从出生到为人母的人生经历：

一岁两岁娘怀里抱，三岁四岁离娘身，

五岁六岁街上耍，七岁八岁扣逗枕。

黑妮儿长到十六岁，她上坡里去剜菜，

左手提着黑蓝子儿，右手拿着黑刀子儿。

穿着黑鞋黑袜子儿，还有黑裤黑褂子儿，

来到一个黑地头，剜了一棵黑心菜，

放进她的个黑提篮。

小戏表演中，不仅要有跑灯时的锣、鼓、镲，还需要一部分弦乐器，如板胡、二胡、三弦等。曲调较多地借鉴了豫剧和山东梆子，没有规范的曲谱，主要依靠口传心授的方式传承。每年排练八仙灯时，最重要的不是回顾花步，而是找寻乐器表演之间的默契。

小戏加入八仙拜年活动，源于村民对丰富精神世界的娱乐追求。据说清末时，郑家庄不仅富足，而且男丁旺盛。每到农闲，男丁便聚在一起找乐，这样的闲暇空虚带来了赌博的恶习。随着歪风邪气愈演愈烈，族内男子赌博成性，更有人在输掉赌注后上吊自杀。三支族长召集各房当家的商议后，决定排练些杂耍，成立一个子弟班，以此分散人们闲聚的精力。小戏的产生，一方面源于村民对精神生活的追求，另一方面源于其与八仙拜年这样的仪式性活动的融合。可以说，小戏既是八仙灯从娱神设想向娱人追求的转变，也是将八仙灯这种原本带有神圣色彩的表演活动艺术化、世俗化的结果。

三、社会转型中的乡民艺术

刘晓春指出："地方性的历史与文化已经进入了一个错综复杂的关系网络之中。由于权力政治与资本的作用，文化与历史不再隶属于某个特定的地方社会，而是由于不同的利益诉求服务于不同层次的地缘政治共同体。"[①]在国家现代化建设不断加快的进程中，八仙灯不仅与传统社会文化密切相关，而且映射出社会新环境下的村落现实生活。

21世纪以来，各地申报各级"非遗"的积极性高涨，乡民的文化自觉与文化保护意识也在增强。"申遗"开始渗入乡土社会的每一个角落，外界的关注让乡民艺术的发展步入一条"规范化"之路，有些举措对"非遗"保护帮助很大，有些却背离了乡民艺术的本质基础。作为乡民艺术的八仙灯也在"非

① 刘晓春：《一个人的民间视野》，湖北人民出版社2006年版，第123页。

遗”大潮中迎来了一个不一样的发展阶段。21世纪初，八仙灯经过文化普查被列入蒙阴县非物质文化遗产保护名录。此后，郑家庄八仙灯戏团成立，团长、副团长皆由村委会任命，村委会还与上级文化部门建立了密切联系，不断寻求文化馆工作人员的关注和支持。2009年，蒙阴县文化馆成立非物质文化遗产保护研究中心，专门对八仙灯建立了遗产类档案并由专人负责“申遗”事宜。2013年，八仙灯入选山东省第三批非物质文化遗产保护名录。2014年开始，蒙阴县又着手申请国家级非物质文化遗产。八仙灯在乡民艺术发展的低谷期受到了国家文化政策的浸润，逐渐进入地方政府的视野，迎来了发展新阶段。

八仙灯能够列入省级非物质文化遗产名录并得到实质性的助力，与村委会、文化馆为代表的地方政府的努力密不可分。从最初的文化普查到随后的深入挖掘，再到后来准备“非遗”申报材料，最后到省市级“非遗”申请成功，政府都在其中起到了主导的作用。[①] 同时，政府主导下的八仙灯有了更多的话语权，在组织与召集中更有权威性。召集演员在现今的表演活动中逐渐成为一个难题，少年上学、青年打工，合适的人选集中于就近打工者和对八仙灯感情最复杂的中老年。虽然很多人表示不愿意为了跑灯而耽误厂子的活计，但是在熟人的邀请，特别是在村委会的鼓励下，便不好意思再拒绝。此外，在当地文化馆员的指导下，排练和组织更成体系，演出安排、物品存放更加便利，散漫状态逐渐改善，多次与其打交道之后，村民们逐渐产生了被重视的感觉。

一方面，重新整合后的八仙灯以非物质文化遗产的形象重新进入人们的视野，关注度增加，吸引了更多的眼光，处在发展低谷期的乡民艺术得到复苏，有利于其后续传承；另一方面，一贯以“上不了大场”的散漫形象示众的八仙灯在各种条框规范之下，也出现了一些新问题。例如，组织方由传统家族转变为行政部门，目的也由大家一起讨乐变为完成任务。在村委会逐

① “因为最近几年自发不起来了，咱们村委必须插手，不能让几百年的东西失传了。这个在咱们这里是最长的，据历史资料来看是全省最长的，除了‘文化大革命’时期一直没间断。省厅来的时候我有表态我在干的时候要把它传承下去，有一天我不干了我也要把它传承下去。农村现在没有钱不愿意干，去年前年村里都拿了一部分钱，服装花了3000多元，扎制工5年了都没给呢。主要村里没钱，不能给政府喊困难。”访谈对象：王传祥（时任郑家庄村委会主任）；访谈人：秦承泽；访谈时间：2013年9月23日；访谈地点：郑家庄村村委。

步成为实际操作者的同时，八仙灯也由一种乡民艺术变成了一种带有娱乐性质的非正式工作，即参加表演按工分记工，最后算工钱，这使双方呈现为某种雇佣关系。问题是村集体经常入不敷出，无法实现给予参与者演出报酬的承诺，演员们的表演热情也在不断降低。同时，演出也从自己喜欢的事变成了公家的事，从集体化时期留下的“大锅饭”陋习依然存在，大家不再如以前那般卖力，敷衍应付成为常态，甚至观众都开始心生不满。[①] 这种情绪在熟人社会互传，演员们的解释获得了更多的同情，村委会则成为众矢之的。另外，八仙灯戏团不再仅仅是一个自组织团体，而是扩大为村落形象的代表，在对外演出中特别是在跨镇域、面向上级的表演中，便需要维护本地的正面形象，乃至要根据不同情境刻意投对方所好。于是，传统乡民艺术的地方感、仪式感有所弱化，时髦的内容不但没有吸引观众，反而显得呆板，缺少趣味。

以农业为主的生活方式使得八仙灯的表演时间固定，农忙时大家纷纷忙于务农，在秋收之后的漫长冬季，人们利用闲下来的日子排练跑灯，并利用年节的节点进行驱灾辟邪迎新年的拜年活动，既充实了闲暇生活，也满足了精神需求。长期下来，八仙灯的时间和演出线路便逐渐固定，已然成为村落习惯的沿传形式。但是，随着官方的介入，八仙灯表演不再是一种自主行为，反而更像是一种带有强制性的支配手段。近几年，地方文化馆运用各种手段提高八仙灯的知名度，以期扩大其影响力，比如经常组织八仙灯参加不同类型的汇报演出和文艺比赛。民间秧歌会、民俗庙会这些临时安排的演出，打乱了原有的“生物钟”，匆匆通知匆匆准备，演员们既来不及充分准备，也来不及安排自己的事情，大队人马疲惫地赶过去，却只能在场上表演短短的几分钟，模式刻板甚至都不能完整展现精华。这样的表演与年节拜年不同，只是为了表演而表演，既无仪式感，更无谢赏，经常需要大家自备干粮。有时加紧准备好的节目也会因为与上级沟通不畅而被取消。虽然“给公家办事”在淳朴的乡民中仍是引以为豪的事情，但是花费了时间与精力，却没

① “这本来就是个求吉祥保平安的事，搞得有气无力的，看着添堵，还不如不演。今年十五也没跑灯，初二在庄里串了串也没表演，初三就在供销社那块打了几个花也没演小戏，都是老头子了，够呛跑动。”访谈对象：郑庆民；访谈人：秦承泽；访谈时间：2014年2月20日；访谈地点：郑家庄商业街种子站。

得到应有的回报，于是失望增加，热情降低，愿意继续表演八仙灯的人越来越少。另外，对灯具等硬件也有了更多要求。文化部门希望扎灯图画更有特色，用料更精致，灯身更服帖，于是在重新扎制的过程中，用结实平滑的白布代替糊灯身的纸，并请中学美术教师绘制灯身的图画。白布做底的灯具虽然减少了原先的凹凸不平感，但是因材料透光性差，晚上表演时效果不佳，较难分辨。同时，文化馆为了方便在县里的"非遗"展厅内展示灯具，便要求村委会组织村民扎制一批迷你八仙灯，既没有具体的尺寸，也没有合适的比例，让扎灯的老人们着实犯难。

如何传承"非遗"一直是各界关注的核心问题，也是实现"非遗"保护愿景的灵魂。由于非物质文化遗产依附于人而存在，没有传承人就没有原生态的非物质文化遗产，因而传承人保护也成为"非遗"保护的重点。我国的《非物质文化遗产保护法》对于"非遗"传承人的界定是："(一)熟练掌握其传承的非物质文化遗产；(二)在特定领域内具有代表性，并在一定区域内具有较大影响；(三)积极开展传承活动。认定非物质文化遗产代表性项目的代表性传承人，应当参照执行本法有关非物质文化遗产代表性项目评审的规定，并将所认定的代表性传承人名单予以公布。"[①]那么，谁是非物质文化遗产继承人？有学者指出，所谓"非物质文化遗产传承人"，是指在文化遗产传承过程中直接参与制作、表演等文化活动，并愿意将自己的高超技艺或技能传授给政府指定人群的自然人或相关群体，那些在非物质文化遗产传承或弘扬过程中确实发挥过重要组织、领导及协调作用的，那些热心学习传统文化但本身与传统艺人或匠人不具有正式师承关系的，乃至水平尚无法达到非物质文化遗产传承人标准的自然人或群体，都无法获得非物质文化遗产传承人的称号。[②] 但在很多时候，法律规定的传承人资质在实践中出现了与立法原则相背离的现象，具体传承人的人选通常与实际情况有偏差。例如，表演团队中组织者与村落高威望者更受重视，真正熟悉组织流程和本体知识的乡民，却不一定能顺利当选。这是一个值得深思的问题。

在经济社会急速发展的大环境下，乡土社会的方方面面都受到冲击，传

① 《中华人民共和国非物质文化遗产保护法》，http://www.gov.cn/jrzg/2011-02/26/content_1811128.htm，2011年2月26日。

② 参见苑利：《非物质文化遗产传承人研究》，《厦门理工学院学报》2012年第3期。

统语境中的乡土生活支离破碎，乡民观念的改变与生活节奏的不断加快，使得乡民艺术的发展举步维艰。寻求行政力量的庇护体现出其自救的努力，“官方化”与“非遗”大势相互碰撞，确实使得走下坡路的八仙灯刹车回升，但是这个过程显然也遇到了各种不适与矛盾。

结　语

乡土生活是乡民艺术生成和发展的土壤，乡民艺术传统不仅丰富了乡民的精神生活，而且激发了乡民对艺术生活的追求。作为一种集体娱乐和村落的艺术传统，八仙灯在村际关系、区域生活中扮演着重要角色，是郑家庄的标志性文化。同时，八仙灯的产生与发展绝非偶然。村落的文化传统激发了表演的仪式感与神圣性，乡民们富有创造性的艺术传统充实了表演的趣味性和吸引力，而爱玩的乡民与体系化的家族组织则是其坚实的后盾。从根本上讲，八仙灯是一种年节艺术活动，基于传统农业社会的农耕时间而展演。在经济迅速发展、城镇化水平不断提高的新时代语境中，八仙灯所依存的生活秩序与节历正在瓦解，主体与受众的观念也在不断发生变化，自身也面临着不断衰落的困境。幸运的是，时代变迁中的非物质文化遗产保护运动带来了新的发展生机，不仅吸引了各方的重视和外界的注意力，而且解决了部分经济困难。当然，事物的发展总是充满曲折的。究其原因，大概是自下而上生长的乡民艺术与自上而下进行的政府行为之间需求和目标不一致，这需要经历时间的调和与多方的努力才能达到平衡。但是，乡民艺术基于特殊的村落语境而生存，自身发展与“非遗”保护都不能离开乡土生活，八仙灯最终还是要回归乡民之中，这大概也是同类乡民艺术活动长远发展的根脉所在。

古节:晋南稷山县36岁同龄人的节庆再造

——兼论其在乡村振兴中的治理意义

郑晓东　张多*

摘　要

“36岁同龄人祈福迎春庆典”的节庆再造,是晋南地区在实施乡村振兴战略中社区文化内生的应对措施。它在充分应用地方民俗文化的基础上,发挥强大的人群聚合和社会交往功能,通过对传统的再发明,实现对“打工潮”的反向推动,以及人与自然之间循环路径的重建。“再次命名”古节的过程中,稷山民众重塑了节日的“公共性”和“公益性”价值,表现了其在基层社会建构与治理方面的意义。顺应并适当引导乡村社区的节庆再造,发挥其内生的积极作用,是改善乡村基层社会治理的有效途径,也是实现乡村振兴的文化举措。

关键词

古节　晋南乡村　节庆再造　礼俗互动　乡村振兴

作为社会生活时间的“节点”,节日穿插在忙碌的日常生活之间,涵纳了民众的综合性民俗实践。从民俗生活的精神文化意义来看,节日具有“非日

* 郑晓东,云南大学文学院汉语言文学专业本科生;张多,云南大学文学院副教授。

常”的“神圣性”[①]特征。因此，作为“一宗重大的民族文化遗产”[②]，节日受到民俗学、历史学、人类学等学科的广泛关注。

在民俗学领域，有关传统节日在当代社会变迁的研究，总体上采取的是内部视角和外部视角两种分析路径。内部视角着眼于节日本体，针对节日的习俗、过程、流变、地方知识等展开研究，例如季中扬[③]、朱振华[④]等的村落民俗志书写；外部视角则是把节日置于多层次的社会关系网络中，分析节日在生活整体语境中的传承状态和价值功用。这类研究主要是在当代社会变迁语境中观察节日的社会治理功能和传承状态，如张士闪[⑤]、王加华[⑥]等的理论研究。

近年来，随着乡村振兴战略的推进，节日研究在其中发挥着重要作用，体现出兼具内部描写和外部社会网络分析的特点。例如毛巧晖[⑦]、毛晓帅[⑧]结合乡村振兴的实际来阐述节日重构的走向。值得注意的是，当代中国乡村节日文化受到城市化进程的巨大冲击，描述乡民的节庆实践如何应对这种城乡巨变，成为新的学术热点。以往对节日的个案研究大都把节日“对象化”，即将其看作一个相对固定的事象。其实，社区内部的民众（乡民）对生活变化是有敏锐感觉的，能够抓住生活节奏的微妙变化，以此调整社区的节日设计。

基于此，笔者在对晋南稷山县乡村节庆开展田野调查时，将重点放在乡民如何发挥文化调适的主观能动性对传统节庆进行改造上，并发现古节与“36岁祈福仪式”相融合的案例。该案例研究试图回答，乡民如何通过

---

① 参见王加华：《传统节日的时间节点性与坐标性重建——基于社会时间视角的考察》，《文化遗产》2016年第5期。

② 萧放：《传统节日：一宗重大的民族文化遗产》，《北京师范大学学报》（社会科学版）2005年第5期。

③ 季中扬：《传统节日文化传承与乡村发展——以皖南绩溪县伏岭村春节为例》，《中原文化研究》2020年第1期。

④ 朱振华：《扮玩：鲁中三德范村的年节生活》，齐鲁书社2019年版。

⑤ 张士闪：《节日：乡土社会中知识传播与文化传承的特殊时段》，《节日研究》第5辑，泰山出版社2012年版，第16～18页。

⑥ 王加华：《作为人群聚合与社会交往方式的节日——兼论节日对基层社会建构与治理的价值》，《东南学术》2020年第2期。

⑦ 毛巧晖：《乡村振兴战略背景下民俗节日的传承发展》，《中国非物质文化遗产》2021年第2期。

⑧ 毛晓帅：《乡村振兴背景下节日建构的三种模式——基于山东省乡村振兴经验的考察》，《枣庄学院学报》2020年第3期。

“36 岁同龄人祈福迎春庆典”的重新命名，推动节日社交功能适应当代生活，以及这一举措对于乡村振兴背景下应对乡村空心化等现实问题有何启示。

一、“过三十六”植入“时节子”的社会语境

稷山县系山西省运城市下辖县，地处晋、陕、豫三省交界，西近黄河，南靠稷王山，北依吕梁山。稷山因境内稷王山而得名，即“邑以稷山名，以后稷始播百谷于兹也”，系民间信仰繁盛之地。全县下辖稷峰、西社、化峪、翟店、清河五镇，蔡村、太阳两乡，共 200 个行政村。稷山县地形呈南北高中间低的马鞍状，汾河自西向东横穿县域。

古节，在稷山县民间又称作“时节子”，原本是由正月间的民间社火发展起来的地方性节庆，普遍存在于稷山乡村。“时节子”属于新年年节的配套节庆，常与元宵节前后相继，但也有个别村落如清水庄将其放到农历二月办。2021 年，笔者在稷山开展古节田野调查，主要涉及清水庄、高渠村、东庄村、马家巷村、阳史村、西王村、西薛村等 7 个自然村。

稷山县民间另有一种习俗，即认为 36 岁是人一生中的重要节点，因而大办 36 岁生日。这原本与古节没有关联，但近年来，越来越多的村落将原先的古节植入村中 36 岁人的集体生日庆典，从而改变了古节原本的年节社火内涵。这引起了笔者的研究兴趣：为什么会出现这样的节庆变迁？为何 36 岁集体生日越来越受重视？要解答这一问题，首先还得从稷山县近些年的城乡经济社会结构变化谈起。

稷山县是中国较早发展农业的地区。进入 21 世纪，稷山的工业化进程明显加快，仅西社镇，目前就有 100 余家企业，其中规模以上的煤化工企业有 10 余家，全镇形成煤焦、化工、冶炼、建材、新材料加工等支柱产业。[①] 这些企业为当地民众提供了大量的就业岗位，年轻人大多选择外出打工或做生意，由此改变了稷山原本以务农人口为主的格局。以蔡村乡为例，目前已有外出务工的新型产业工人 4000 余人，并且形成四个特色行业：“一是以坑东、南

① 数据参见西社镇公开信息，稷山县人民政府网，http://www.jishan.gov.cn/doc/2021/05/20/10276112.shtml，2020 年 10 月 22 日。

埝为主，涉及全乡 20 个村的 2000 多人的‘打饼子’队伍，遍及全国 20 个多个城市；二是以柴村、杨村、大李、小李为主的 2000 余人的建筑工程行业；三是以杨村、柴村为主的 400 人在京跑运输队伍；四是以苏州衬布企业为主的 200 余人的打工队伍。”[①]这种生计模式的变化，带来了村民收入结构的变化。吴壁村村民张老四说：“因为种地的钱不够一家子的花销，现在是能出去的都出去了，留下老人和孩子在家，老人边种地边带孩子，这样就能拿种地和打工两份钱。”[②]这样，就形成了一种“半耕半工”的农村家庭经济模式。桂华认为：“农民生产方式的分化与收入水平的分化造成了村庄内部的阶层分化，并导致农民生活面相与生活预期上的分化。”[③]这一点也在张老四的言谈中有所体现：“我们 1992 年结婚那会儿几乎没有听说过谁要出去发展，大家都留在村子里种地，连去西社镇上工作的人也不多。关键是你得有门路才能出去，否则你在外边连站稳脚跟都很困难，现在不一样了……村子里平时很难看见年轻人。”[④]从“在家务农”到“外出务工”，稷山县多数年轻人的生活轨迹在近三十年间有了巨大的变化，这是 36 岁人集体生日得以兴起的一大背景。伴随着城市化进程，“乡村中人们的日常劳作模式、休闲模式、交往模式都发生了深刻变化”[⑤]，家庭经济状况的变化，使乡民根据既有习俗作出调整，以适应这一变化。那些挣了钱的 36 岁人，在正月回乡时便借助古节来过集体生日，这实际上促成了可以“称作村庄记忆的全民性文化实践”[⑥]。

稷山县传统的古节必须依靠村庙来办，而稷山本身就有浓厚的民间信仰氛围，因而民间庙宇极多。作为民间信仰活动的载体，这些庙宇成为本村的“神圣场所”，为诸多民俗活动提供了存续和发展的空间，比如较为重要的古节“时节子”。据张老四描述：“村村都有‘时节子’，就是这个村的传统节日。这一天要放火、唱戏、闹热闹，就是在庙跟前献爷，保佑村子这一年能够

① 《蔡村乡》，稷山县人民政府网，http://www.jishan.gov.cn/doc/2021/05/20/10276109.shtml，2020 年 4 月 23 日。

② 访谈对象：张老四（化名），吴壁小学教师，51 岁；访谈人：郑晓东；访谈时间：2021 年 12 月 30 日；访谈地点：稷山县清河镇吴壁村娘娘庙。

③ 桂华：《城市化与乡土社会变迁研究路径探析——村落变迁区域类型建构的方法》，《学习与实践》2011 年第 11 期。

④ 访谈对象：张老四；访谈人：郑晓东；访谈时间：2021 年 12 月 30 日；访谈地点：稷山县清河镇吴壁村娘娘庙。

⑤ 刘铁梁：《城市化过程中的民俗学田野作业》，《文化遗产》2013 年第 4 期。

⑥ 刘铁梁：《城市化过程中的民俗学田野作业》，《文化遗产》2013 年第 4 期。

丰收，请一些蒲剧名角来唱，还有就是锣鼓队之类的，闹得好了周边村子都会来看。”[①]有的村庙还会主动解释“时节子”“古节”“三十六”的关系，如清水庄新观音庙外墙上的《观音菩萨与村古节》写道：

> 观音菩萨诞辰为农历二月十九，这是她为人的日子，这天她成了三公主。成道于农历六月十九，是她证得果位的日子。出家于农历九月十九。因此也有她有三个生日之说。
>
> 我村将观音菩萨生日农历二月十九定为本村节日，由来已久。每年此时，春暖花开，万物萌生。村民要在节日当天前往观音堂、土地庙、马王庙、行神祠祭拜诸神，祈求风调雨顺，物阜民康。要唱大戏，闹社火。多年来卅六同龄人也来助兴古节，放烟火，唱歌舞。助学慰老，捐物植树，投身公益，回报家乡，极大丰富节日的文化内涵。随着社会的进步，古节将焕发出新的生机。（刘红元撰文，公元二零一九年三月十五日立）[②]

古节和“时节子”是同一个节日，村民口头交流，常用“时节子”这一方言概念，古节因为看起来文雅而多出现在书面记录和横幅标语中。虽然古节正逐渐走进社区的日常交流，不过还是有不少村民只知“时节子”而不知古节。

如今，对于“时节子”，稷山县的不少村落都有用“过三十六”取而代之的趋势。比如村民日常寒暄会说：“今年你们村哪天过三十六？”“过三十六”即36岁同龄人的生日祈福庆典，这一日时年36虚岁的同龄人会集体“献爷”。在稷山县民间生活中，这个活动不只是同龄人自己的事情，而且与全体村民息息相关。2021年春节过去不久，新一轮的“过三十六”交相开展，其中以清水庄举办的“36岁同龄人祈福纳祥”“清水庄村传统古节文艺汇演”“清水庄村古节颁奖仪式”较有代表性。通过田野调查，我们对古节和“过三十六”及其关联有了新的认知，对于这个问题，需从古节和“过三十六”的民俗传统说起。

---

① 访谈对象：张老四；访谈人：郑晓东；访谈时间：2021年12月30日；访谈地点：稷山县清河镇吴璧村娘娘庙。

② 该碑现存于清水庄新观音庙外墙之上（2020年5月4日记录）。

二、"36岁同龄人"在古节前台的展演

传统古节是广泛存在于晋南乡村的村落节日，方言唤作"时节子"，时间一般根据本村主庙的传统来定，多在正月到三月间，尤以正月为主。村村都有自己的"时节子"日子，且尽量避免"相撞"，以免社火戏剧表演时无人捧场。而有无人捧场，恰恰是古节举办是否成功的重要标准。比如，同在西社镇的东庄村和高渠村，"时节子"时间"相撞"后，经济能力不如对方的东庄村就主动调整。东庄村旧称"东社"，与高渠村同属"五社七村"。旧时，这几个村子在每年农历三月十五会共同举办盛大的羲和祭祀仪式。羲和陵庙在东庄村，但随着羲和陵墓、庙宇群的消逝，东庄村在周边"五社七村"中的地位大大下降，加上村里没有兴旺的产业和各色能人，所以在"时节子"的选定上就需要另作文章。①

传统的古节，通常由村庙办庙会、闹社火，包括敬拜神灵，组织秧歌队、高跷队搞文艺汇演，邀请著名蒲剧团演出等，属于村集体筹办。其举办的目的主要有二：一是组织以娱神为目的的社火戏剧表演，祈福本村来年风调雨顺、五谷丰登，保佑村民集体顺利平安；二是吸引本村及邻近村落民众，在提供文化娱乐活动的同时，增强村落的影响力，因为当地人的惯常认知是"比谁办得更红火"。

要理解古节变迁的动因，首先要分析其所依存的民间信仰体系。稷山县的民间庙宇大致有四类：一是已被高度遗产化的国家文物保护单位，这类一般已经成为旅游景点；二是虽坐落在村落民居之间，并非旅游景点，但也成为文物保护单位；三是新兴中老年居士群体依托村落善款新建的庙宇；四是原庙已毁，今人根据记忆自费恢复的新建筑，这类庙宇数量很多，很多村子甚至有10座以上。一座庙宇的灵验程度决定了该村古节的规模，显然，保存完好、信众广泛的庙宇，拥有更大的祭祀圈和更多资金。过去，稷山数个村落共修一座庙、集体祭祀的现象很普遍，东庄村所在的"五社七村"就是典

① 访谈对象：王孟，东庄村老人，70岁；访谈人：郑晓东；访谈时间：2021年5月6日；访谈地点：稷山县王孟家中。

型的例子。这些村子的“时节子”大都重合或相邻，灵验的庙宇通常会使本村“时节子”更盛大、更热闹。其资金也来自共有的庙产，按照规定好的游神制度进行分配。

村庙和古节的依存关系，从一个反例亦可看出。随着羲和陵庙的毁坏消失，“五社七村”的共祭制度崩溃，这几个村子的“时节子”延续至今，靠的是本村自身资源的组织和供给。这带来的后果之一便是“人气”衰落，古节的社会功能发生变化。过去，“人气”衰落并不会给村落带来严重影响，因为哪怕降低等级，乡民仍需向神灵祈福，年后农闲时段依旧需要一场“热闹”。但是，改革开放以来，经济快速发展，电视机、手机的普及丰富了大众娱乐生活方式，村落间的经济发展水平拉大，正月间的“时节子”不再是村中唯一的消遣，愿意参与献神祈福和社火表演的群体尤其是青年群体缩小，只有少数几个手头富裕的村落请得起各式各样的鼓乐表演。[①]

2021年农历二月十九(3月31日)，清水庄村举办了当年的古节活动。这里的古节非但没有衰败，反而比过去的规模更大。“2021年清水庄古节的花费和社火规模是有明确记录以来最大的一次。”[②]整个节庆主体为一整天，请来的蒲剧团提前5天每晚都有表演。整个节庆的核心仪式有祈福纳祥、社火表演、颁奖仪式三部分，其中36岁同龄人的祈福纳祥代替了全村民众的祭拜，也就是说该群体成了全体村民在神灵前的代表。

在同龄人拜庙献神的同时，古节社火表演也于当天早上9点开始。表演大都是本村老少自发组织的，周边村落以及永济、绛州、陕西西安及韩城等周边县市也纷纷选送节目，包括“黄河战鼓”“清河车鼓”“高台花鼓”“绛州锣鼓”“西安舞狮”等各色传统社火项目，以及“背冰”“高跷走兽”等非物质文化遗产表演，另外还夹杂着本村临时组建的多支表演团的舞乐演出。古节当天上午的“清水庄村2021年传统古节文艺汇演”是五天来各种演出的高潮。这一系列社火表演在本村、周边村落乃至周边县市之间搭建了一个社区交际平台，这在以往限于本村内的古节中是不多见的。

---

① 访谈对象：王孟；访谈人：郑晓东；访谈时间：2021年5月6日；访谈地点：稷山县王孟家中。

② 访谈对象：田益民，清水庄1996年古节36岁领头人之一，60岁；访谈人：郑晓东；访谈时间：2021年4月11日；访谈地点：稷山县清水庄田益民家中。

除了社火文艺汇演，清水庄村的这次古节还有一些新的项目，包括“清水庄村36岁同龄人祈福纳祥”“清水庄村36岁同龄人祈福贺岁演唱会”以及“清水庄村2021年古节颁奖仪式”。前一个活动在当天上午举行，后两个活动在当天晚上举办。36岁同龄人在村委会的致辞中被频繁提及：

> 31名60岁同龄人，29名36岁同龄人，共同参与了这次的庆典活动。他们为学校捐桌椅，价值2万多元，给礼堂捐餐桌60套，价值5万元，上山植树造林，做了好多公益事业，唱大戏，唱歌舞，打篮球，搞文艺汇演，活跃了我们村的文化生活。
>
> 为传承传统古节，29名36岁同龄人慷慨解囊、无私奉献，为我村的公益事业增砖添瓦。60岁的同龄人也不甘示弱，举办了我村首届篮球邀请赛，并慰问我村80岁以上老人。在此，村委会代表全体村民为他们举行简短的颁奖仪式。①

其中“60岁同龄人”正是24年前开始以“36岁同龄人”的身份参加古节的第一批人，如今代表一个轮回再次出现，并希望延续传统。② 这是一个显著的变化，以36岁为主的同龄人群体以一个“无私奉献”的形象登上古节的舞台，受到了全体村民的表彰。

36岁同龄人为什么会登上古节的前台？这其实与稷山县乡村社会经济条件的变化密切相关。如今，古节整个庆典的资金以及筹划办法都来自“36岁同龄人”，而村委会只是给予引导的“中间人角色”③。通过对7个村落的调查可见，如今36岁同龄人基本上都成为古节的主导力量。无论新旧、有无名气，村庙都因为过36岁集体生日而再度充满“人气”。例如，稷山县西王村的古节在农历正月十二日举行，官方名称是“西王村36岁同龄人敬神暨迎春祭祀活动”。该活动以西王稷王庙为主，并祭本村关帝庙、娘娘庙、槐仙庙、佛爷庙、观音庙、眼光菩萨庙，对每座庙宇的祭祀都包括叩首、披圣衣、燃香、

---

① 引自郑晓东2021年3月31日在稷山县清水庄的田野调查资料，根据现场讲述记录。

② 访谈对象：田益民；访谈人：郑晓东；访谈时间：2021年4月11日；访谈地点：稷山县田益民家中。

③ 访谈对象：田飞飞，春水村2021年古节36岁领头人之一，36岁；访谈人：郑晓东；访谈时间：2021年4月10日；访谈地点：稷山县滨河广场。

读皇恩、点花红、鸣炮、点酒、再叩首等程序。[①] 以往缺乏灵验传说的小庙断然没有举办盛大祭祀的可能，而现在由于36岁同龄人的加入，原本在古节祭祀圈之外的小庙也被纳入其中。

有关36岁举办祈福仪式的原因，在稷山大致有三种说法。第一种说法认为，36岁为“克寿年”，预示着这一年多灾多难，年满36岁的同龄人须在正月期间祈福祛邪，积德行善。[②] 第二种说法是，忌讳年龄数字中包含有“九”，有“明九”“暗九”之分。“明九”指49岁以上含有“九”的年龄，如59岁；“暗九”指36岁以上含有“九”的倍数年龄，如36岁、45岁等。稷山有俗语称“明九好防，暗九难躲”，“四九三十六，不死掉块肉”，“三十六”谐音“山上留”，“四十五”谐音“死是吾”，“四十九”谐音“死上柩”[③]，所以这一年不光要穿红背心、红裤衩辟邪保命，还要献神祈福，热闹庆祝。第三种说法认为，36岁正是人降生于世“三轮回”后的“本命年”，处于事业发展的“定型期”，36岁的青年无论走到哪里，都需要回来看看，给自己往后的人生求得保佑。

总的来说，36同龄人祈福活动是一项“有年头”的民俗活动，只不过如今进入了古节的庆典体系，并作为核心仪式而存在。可以说，现在的古节和36岁祈福实则已经融合为一个节日。鉴于古节和36岁祈福分别代表集体和个人两种价值取向——前者是维系村落认同的重要平台，后者是保证自己平安度过36岁的人生大事，所以这两者的结合意味着村落集体正在动用新的个人力量来维系整体认同。

三、节日再命名：公共性和公益性的价值重构

刘铁梁认为，“民俗指明了民俗学研究的一个根本视角，这就是要求通过民俗来观察一定地域和人群的生活……民俗的传承与变迁从来都是与具体的人群、个人连接在一起，同时又与时代社会背景紧密联系”[④]。因此，以

① 访谈对象：秦育台，52岁；访谈人：郑晓东；访谈时间：2021年8月17日；访谈地点：稷山县大佛寺旁。

② 《村民三十六岁时，都要为村里做好事》，《山西晚报》2013年3月8日。

③ 王洪江：《山西民间禁忌文化琐谈》，《太原师范学院学报》(社会科学版)2004年第3期。

④ 刘铁梁：《感受生活的民俗学》，《民俗研究》2011年第2期。

36 岁同龄人为主角的古节，有机地将两种民俗传统融合在一起，显示了乡民在社会发展过程中不断进行自我调适的努力。这种文化调适所带来的变化，主要体现在偶发的捐赠仪式、重构新的熟人社区、民间信仰的民俗化三个方面。

(一)偶发的捐赠仪式

"1999 年以前，村民们到了 36 岁，也进行祈福。"①对于马家巷来说，1999 年是一个重要的节点。当年，村委会计划在"时节子"正月二十三大闹一次，在村里组织了十几支秧歌队、高跷队，还想请蒲剧团来唱一场。18 位准备按习俗祈福的 36 岁村民听说了此事，决定"凑个份子，请个大乐队来表演，夜里还要拜关公、放烟火，给大伙祈福要搞得好一点"②。36 岁村民请乐队的打算很快传到村委会，"以前村民过 36 岁祈福，村里头是不插手的，但我们总觉得这有一点资源上的浪费"③。村委会主任很快找到领头人谈自己的想法，提出村里缺少乐器，总要向别村借的现状，于是建议 36 岁村民换个法子，把乐器买回来自己组织演奏，等用完了再捐到村里。这件事情最初遇到了一些阻力，不过村委会挨个做工作后，决定"钱由 36 岁村民自己拿着，自己来操办买乐器的事，不过事后捐给村里，就算是给村里做好事了，到时候村委会出面，给大家来个感谢捐赠的颁奖仪式"④。

1999 年这次偶然事件，此后竟在村子里延续了下来。2000 年，20 位 36 岁村民给本村小学捐赠 200 套组合式课桌，代替原先自备的打满"补丁"的桌椅。2010 年，在一位上大学时受到村里资助的 36 岁村民的带领下，本村成立了助学基金。此后，36 岁同龄人每年向助学基金捐献资金，帮助了本村数十位大学生。2013 年，36 岁村民资助村里建了一所农科培训所。以往村里请专家来开讲座，村民总是很热情，建立农科培训所，可谓雪中送炭。村民们都把这个捐赠仪式视作古已有之的"惯例"，以至于现在几乎没有人会追问这个捐赠仪式的兴起者、兴办时间。"每年都是这个样子嘛，谁今年

---

① 参见《村民三十六岁时，都要为村里做好事》，《山西晚报》2013 年 3 月 8 日。
② 《村民三十六岁时，都要为村里做好事》，《山西晚报》2013 年 3 月 8 日。
③ 《村民三十六岁时，都要为村里做好事》，《山西晚报》2013 年 3 月 8 日。
④ 《村民三十六岁时，都要为村里做好事》，《山西晚报》2013 年 3 月 8 日。

36就挨着他来办了,没有为什么,咱们这里就兴下这样,毕竟是给村里办好事嘛,人不能光顾着自个儿。"[①]每年"给村里做好事"的36岁村民都会拿到村委会颁发的一张"无私奉献"证书,这张证书成为联系36岁村民和村集体的纽带,既在道德意义上为36岁村民从幕后走向前台提供了渠道,也为古节被"再命名"为"36岁同龄人祈福迎春庆典"提供了条件。捐赠的财物也被进一步利用,并在三个方面推动了该节庆的变化:一是它正迎合了36岁希望平安度过"克寿年""殉头年"的需求;二是"捐赠"巧妙地将本用于演艺的花费转化为"做好事"的善举并有所拓展;三是在这场仪式背后,一个新的熟人社区交际场和乡村礼俗文化实践平台正在悄然重建。

(二)重构新的熟人社区

随着城市化背景下大量外出务工人员的出现,村落的社会交往、文化传统以及乡民对生活的预期等都受到影响,当下的村落已多少偏离了费孝通所谓的"熟人社会"[②]这一定位,"半熟人社会""无主体熟人社会"等概念相继出现。[③] 但是,以"过三十六"为核心的古节,却体现出不同的面相。

因为36岁人的加入,稷山的村落正在自发地尝试重建熟人社区的交际场。从上述案例可见,乡民善于调动传统民俗事象来应对城市化的冲击,如以一场独特的捐赠仪式赋予36岁同龄人群体以新的仪式体验。这个过程包含多方主体的积极互动,集中体现了乡民们在村落重构中的文化实践。其意义在于:一方面,虽然农民工的大规模流动导致以36岁群体为代表的青年与传统村落的人际关系日渐疏远,但作为日后村落共同体建设的主要力量,他们在此获得了一个展示自己的平台;另一方面,36岁祈福活动与古节融合,为村落社区人际关系的弥合提供了新手段。根据36岁是人生"三轮回"后"定型期"的民间说法,稷山乡村乡民常认为无论在外闯荡是否成功,一到36岁,青年都得回家乡一趟,如果在外事业不顺,就趁机回乡发展。这也是古节融合同龄人生日庆典的一个重要背景。可以说,36岁同龄人祈福本身,

① 访谈对象:李家胡;访谈人:郑晓东;访谈时间:2021年8月17日;访谈地点:稷山县马家巷学校。

② 费孝通:《乡土中国 生育制度》,北京大学出版社1998年版,第9页。

③ 参见桂华:《城市化与乡土社会变迁研究路径探析——村落变迁区域类型建构的方法》,《学习与实践》2011年第11期。

是利用传统乡土社会的民俗和观念进行节日重构的过程，对于乡村文化治理有着积极的启示意义。

根据7个村落的调查，20世纪90年代以及21世纪初，带头捐献的36岁人多是移居城市或者经常外出工作的“游子”，包括商人、事业单位人员、公务员、运输车司机、工人等，他们拥有更多财富，并希望自己在老家有好的名声和影响力。在对村落的“捐献”中，贫富之间的矛盾也会得到一定程度的缓和。当然，也经常会有一些“掐后腰子”（给予资金保底）的村民。“其他同龄人只要每人攒1000元，剩下的一切花费由人家承包，不管多少万，只管请人来表演”[①]，也就是一般“掐后腰子”者的花费要超过其他所有人的总和，相应地他就会成为该村声名远扬的能人，其事迹会口口相传，数年不息。另外，捐献还与民间信仰相勾连。一位报道人曾说：“在我看来，36就是一个要出出血的时候，有钱的人要在这时候花钱‘献爷’求平安，保佑自己健康，然后更富贵。没钱的也要尽力参加，因为36还是一个转折点，过了今年，有的人发财，有的人倒遭，谁能说得准呢。你这个时候舍不得花钱，倒遭的时候再后悔就来不及了。所以，那些这个时候还抠抠搜搜的人，我们也是瞧不起的。”[②]归根到底，同龄人的捐献最终会用于本次的神灵祈福、文艺演出和公共事业建设，所有同龄人都对村落有贡献，由此才作为一股有效的乡村社会治理力量受各方青睐。总之，“36岁同龄人祈福迎春庆典”是青年群体重新建立人际链接的契机。青年群体在外工作获得了财富，村委会希望这批强力群体参与村落共同体建设，不希望他们完全游离于村落之外。

古节中的社火表演也是方便同年龄人交流的重要活动。36岁同龄人参演的花鼓、鼓车等是每年的保留节目，在排练的过程中，“作为身体经验和身体记忆的个人叙事，对于人们体会民俗传统的意义和价值具有特别重要的作用”[③]。2021年农历正月十四（2月25日）晚，阳史村北甲关帝庙前锣鼓喧天，本村有社火表演经验的老年人带领村中一众男青年表演“拉鼓车”式的锣鼓。这是每年村落庆典必有的内容，由当地“拉鼓车”的民俗演艺形式发

① 访谈对象：田飞飞；访谈人：郑晓东；访谈时间：2021年4月10日；访谈地点：稷山县滨河广场。

② 访谈对象：张旭，工厂会计，52岁；访谈时间：2021年12月30日；访谈人：郑晓东；访谈地点：稷山县家中。

③ 刘铁梁：《身体民俗学视角下的个人叙事——以中国春节为例》，《民俗研究》2015年第2期。

展而来，不过现在多用汽车代替驴车来拉大鼓，一般每组一人敲鼓，数人打锣，以能在高速行进中表演而为人称道。其打法富有节奏，并在锣、鼓两种乐器的互动中有所变化，如今已内化成一种身体记忆，嵌在村民的生命体验当中。在老手的带领下，整个表演队很容易进入状态，表演效果震撼人心。这也是36岁同龄男青年需要排练和表演的内容。[①] 这项活动需要选出一到三位能够服众的大鼓手来掌控整体结构，并通过不断的演奏，实现锣手对鼓点的规律承接。正是在这种深度的合作交流里，人与人之间互相探知对方的性情，为日后可能的交际打好基础。这种合作模式在历年庆典活动中表现出越来越重要的地位，且已经不限于同龄人之间。2016年，阳史村正月十五的36岁、49岁庆典上只有军乐队的程式化表演，且文艺晚会上多是传媒公司的老套节目。到了2021年，庆典的组织者特意将文艺表演提前到正月十四，并在关帝庙前举行，有舞蹈基础的女青年带领村中妇女跳秧歌和花鼓舞，这也是36岁同龄女青年学习的内容；12岁的孩子则融合军乐表演和花鼓舞来表演自己的节目；更有村民以特有的民俗演艺形式排练了闹新婚、土特产与大老板等主题的小戏。[②] 以上节目在庆典当天夜晚轮番上演。这种自导自演的演艺活动，成为各年龄段争相参与的活动，为村民提供了一种不同于往日的交际模式。

（三）乡村礼俗实践：民间信仰的民俗化

张祝平指出，“民间信仰民俗化”是“中国当代社会民间信仰转化创新的基本政策取向”。[③] 稷山县乡村的“36岁同龄人祈福迎春庆典”，恰好体现了民间信仰民俗化的实践。

首先，民间信仰中符合现代社会的价值被发掘，诸如孝、义、忠、勇、公等民间价值观就在祈福仪式的过程中得到了有力表述。西王村在7座村庙中选择稷王庙作为主庙，并将其安排在仪式的头尾，作为价值的出发点和落脚点；而后稷作为“中华农耕人文始祖”，充分体现了“天下为公”的精神农业兴盛的追求，这在其祭祀祝词中也有所体现。阳史村选择的主庙是关帝庙，这

① 郑晓东田野现场的记录。时间：2021年2月25日；地点：稷山县阳史村北甲关帝庙前。
② 郑晓东田野现场的记录。时间：2021年2月15日；地点：稷山县阳史村村广场。
③ 张祝平：《民间信仰民俗化：价值、问题与路径》，《宁夏社会科学》2020年第3期。

在当地更有普遍性。与之类似的还有三义庙或三结义庙，以刘关张的历史故事为蓝本的讲述，符合当下生活实际的精神表述。在仪式场合，长者在宣读祝词时常常从奉献国家、回报家乡、拼搏奋斗等层面出发，表达自己对社会主义核心价值观的认识，从而以国家礼仪正统自立，获得祝福的权威。

其次，民间信仰的民俗化，更好地满足了民众精神需求。传统的36岁祈福仪式乃是基于本命年和克寿年的认知。具体来说，就是为乡民的生活期望提供了一个表达渠道，用集体的力量赋予个体更多积极的暗示和实际的帮助。作为重要的节日要素，这个仪式也被新古节继承，使民众能更积极地面对未来生活的挑战。

再次，民间信仰被转化为村落共同记忆的“小历史”，并为独特的民俗载体所承接。例如，“水陆神”的重新展出，便是西薛村的创造性实践。过去每逢正月十五“栽灯”“放火”“唱戏”“闹元宵”，都要悬挂“水陆神”，供人们瞻仰，借助各方水陆神仙向大众进行“德孝”文化宣传教育。1949年之后，“水陆神”成为文物，被博物馆收藏。2016年，西薛村36岁同龄人“为弘扬发展‘善做魂’‘诚立身’‘孝当先’的社会主义核心价值观”，特地复制了“水陆神”中的一套“十殿闫君”，置于村广场走廊展出，历史的连续感在这一过程中得以修复。类似的例子还有小阳村的稷王、姜嫄叙事。小阳村村民广泛搜集有关后稷、姜嫄的神话传说，将文本和图像绘于村中各处墙壁，作为稷王庙和姜嫄庙祭祀仪式的补充，由此稷王和姜嫄的美德在村落中便获得了的新传播途径。在这一过程中，地方知识分子发挥了很大作用，还与村落申请非物质文化遗产的行动相关联。

最后，将民间信仰作为一种非制度性安排，内化于村落社区的治理之中，成为一种中国传统社会“礼俗互动”机制的延续，体现出“民间微政治”的集体智慧。[①] “村庄是一个主动回应城市化冲击的主体，其中绝大多数村庄不会即刻消失，而是要经历村庄变迁与再造的过程。”[②]在这里，城市化作为外部力量利用了民间信仰的民俗化来应对村落人口流动和阶层分化所带来的变化，重塑了新的“村落文化边界”，为村落的文化认同提供了新的渠道和机制。

---

① 参见张士闪：《礼俗互动与中国社会研究》，《民俗研究》2016年第6期。

② 桂华：《城市化与乡土社会变迁研究路径探析——村落变迁区域类型建构的方法》，《学习与实践》2011年第11期。

当36岁同龄人为村落、全体村民以及自己祈福时，村庙和民间信仰的庆典就被作为一种强有力的文化资源，发挥着增强社会凝聚力的文化纽带功能，使得36岁群体从幕后走向前台有了文化和道德意义上的合理性。此处的祈福行为已经带有考验性质，是对36岁村民的一次大考，只有经过这个“通过仪式”，其才能真正成为成年人，以及村落的永久成员。祈福行为兼具人生礼仪和岁时节日双重性质，实现了个体人生与村落治理的有效结合。

“36岁同龄人祈福迎春庆典”还与春节、元宵节、二月二等传统节日融合，进一步获得其所赋予的传统性和合法性，而同龄人的参与又使原本的庙会更加盛大或创生出原本没有的节日庆典。阳史村将正月十七的古节置于春节和元宵节的传统节日体系中，依托同龄人群体提供的充足资金，创设迎新春、庆元宵、保平安三位一体的话语表述，并在此基础上举办由村委会支持、36岁同龄人出资、全体村民共享的元宵节文艺晚会，在保持节日“神圣性”的同时，以36岁同龄人为中心整合了全村的社交关系网络，搭建了一个全面、完善的节日社交平台。

余论：乡村振兴进程中晋南乡村的文化选择

2018年发布的《国家乡村振兴战略规划（2018～2022年）》，设独立篇章强调“繁荣发展乡村文化”，包括“加强农村思想道德建设”“弘扬中华优秀传统文化”“丰富乡村文化生活”等一系列旨在焕发乡村文明新气象的具体规划。同时，作为“五个振兴”之一的“乡村文化振兴”理应放到乡村整体环境中去考量。

随着城市化、市场化的推进，乡村文化面临着城市文化的外部冲击、内部的自我怀疑困境，传统的“文化下乡”手段难以解决社会现代化所带来的“价值困境、现状困境、主体困境、治理困境”[①]等诸多现实问题，乡村振兴内动力的发掘成为当务之急。唯有直面农民流动的乡村社会常态，因地制宜地将处于流动状态的青壮年重新纳入乡村文化建设当中，才能缓解留守群体对自我价值观的怀疑和否定。

① 吕宾：《乡村振兴视域下乡村文化重塑的必要性、困境与路径》，《求实》2019年第2期。

“36 岁同龄人祈福迎春庆典”的节庆再造，正是乡村文化内生的应对措施。它在充分应用地方民俗文化的基础上，通过节庆再造，实现对“打工潮”的反向推动。经过重塑的节日，具有公共性和公益性价值，体现出其在基层社会建构与治理方面的意义。首先，新古节精准地锚定 36 岁这一年龄节点，并通过它推动了整个青年群体逐年参与乡村礼俗公共文化建设，从而弥补了乡村重要主体的缺失。其次，新古节的公共性和公益性导向，意味着其作为基层公共文化活动具有强大的人群聚合和社会交往功能，并在其中传导以“做好事”为中心的新时代礼俗文化体系，促使全年龄段的村民在亲身参与和历年强化之后形成深刻的文化认同。最后，村委会在其中扮演的不是自上而下的“改造者”角色，而是因势利导的“引导者”角色，并对古节进行恰当、积极干预，尽量保持民众主体的高参与度，将节日交还给村民。

对稷山县或晋南乡村来说，36 岁这个年龄的节点已经被赋予了新的含义，也是各个村落社区共同作出的文化选择。乡村振兴的话语，在村委会的宣讲声中以更日常的形式进入了民众的生活。可以预见，在国家推进乡村振兴战略的新语境中，稷山县新古节的作用将更加凸显。2019 年以来，涌现出一种新的捐款趋势，即捐款名单上新出现了 1～12 岁孩子的名字，其后附有孩子父亲的名字。“给村里做好事”是一股动力，村民整体上愿意参加这个起初只有 36 岁同龄人参加的祈福迎春庆典，由此带来越发盛大的祈福庆典仪式以及公益性的新变化。比如，老年人协会作为代表出现在文艺晚会的主席台上，是近年来公益性建设向老年人倾斜的表现之一。捐助老年日间照料中心和关爱老人献爱心成了做好事的新风尚。将来，村落社区里一代代疏离的年轻人或许能在这里寻找到群体的纽带。

面对乡村空心化，乡民们没有无动于衷，而是积极应对。外出务工获得的财富，足以支撑他们完成一场祭拜、一出戏剧和一次捐献。回顾 36 岁同龄人群体在节庆台前持续了 20 余年的展演，其背后最重要的保障来源于进城务工带来的经济改善。所以，古节的再造其实是村落社区依托传统文化和城市化两股力量，对时代变化作出的适应性调整。

古节带来的变化还体现在通过民俗塑造新生活。“36 岁祈福”与古节的民俗传统通过民间信仰这一交会点实现了融合转化从而“发挥作用”，并得到了村落社区“局内人”的认可和实践。[1] 正是这种民俗节日内在生命力和社区的文化选择，为乡村提供了应对巨变的缓冲时间和渠道。所以，顺应并适当引导乡村社区节日的变化，发挥其内生的积极作用，是改善乡村基层社会治理的有效途径，也应是实现乡村振兴战略的重要文化举措。

新古节只是村落民俗文化变化的一个阶段，在近二十年来的发展中不断完善。但作为主要参与者的36岁村民，在未来社会发展中还会发生变化，并不是稳固的。因此，未来的节日研究也应该不断跟踪这些微观变化。

① 参见刘铁梁：《民俗文化的内价值和外价值》，《民俗研究》2011年第4期。

社祭传统与村落公共性

——浙江平卿村“做福”的再讨论*

贺少雅**

摘　要

“做福”是古代社祭的当代存续形式，与当地社会文化结合后体现出独特的样貌。“做福”通过社神祭祀、仪式组织者的构成与职责以及仪式过程等彰显出一定的公共性，具有调解族际关系、培养公共意识、维系村落秩序的作用。当前“做福”正在走向失落，折射出村落公共性消解的整体态势，也在一定程度上影响着村落的发展。

关键词

“做福”　社祭　社日　公共性

“社”是一种古老的传统。历史中的“社”，“随着时代的演进，兼具了祭祀神明名号、祭祀空间、祭祀礼仪和祭祀聚落（社区），甚至于各种不同人群组织等多种内涵”①，本文主要关注的是“社”作为祭祀礼仪的含义。社祭曾在古代国家制度和民间社会中长期存在，至今在民间仍可见其存续和变形。

---

*　本文系中央高校基本科研业务费专项资金资助项目（2020NTSS11）的阶段性成果。

**　北京师范大学中国社会管理研究院/社会学院讲师。

①　黄瑜：《“社祭”传统与“萨玛”坛祠——都柳江流域的村寨空间、生计变迁与国家制度》，《清华大学学报》（哲学社会科学版）2021年第4期。

关于社祭的研究，前辈学者就其历史源流、仪式、功能、特征等已多有讨论。晁福林先生通过对春秋时期的社神与社祭的研究，提出这一时期社祭已“不再是单纯的对于神灵的祈祷，而是一个欢悦聚会的场合”[①]。郑振满撰文论述了明清福建地区的里社组织的不同形态和历史演变[②]，并从“祭祀圈”理论出发考察了当代的社祭仪式[③]。赵世瑜从社火的仪式表演探讨了“社”存在的功能意义，并在长期的田野调查的基础上比较分析了珠三角地区的社坛、浙南遂昌的社殿、太湖流域的猛将堂和山西晋祠周边村落的五道庙等“社”在当代不同的存续和变身。[④] 张勃的研究细致呈现了唐代的春秋二社祭祀和饮宴娱乐的盛大场面，并对社日兴盛的社会原因进行了剖析。[⑤]

在论及社祭的特征时，社祭的公共性备受学界重视。萧放认为，公共性原则是社日区别于其他节日的最主要特征，主要表现在社神信仰的公共性和娱乐活动的公共性方面。[⑥] 加俊在研究山西后土祠时，论及了春社传统及其公共性。[⑦] 李秋香讨论了秦汉时期的社祭中民众的集体献祭、集体歌舞、共同分享祭品，其“集体性”概念与公共性有异曲同工之处。[⑧] 李翠玲[⑨]和刘道超[⑩]的研究则分别显示出社祭在当代社区重构、人际关系和族际关系调解方面的重要作用。与上述学者直接或间接使用“公共性”概念不同，杜正贞在对晋东南地区“社”组织的研究中，对东西方关于中国是否存在介于国与家之间的“公共领域”的论争进行了回顾，认为“社”是介于国与家之间的公

---

① 晁福林：《试论春秋时期的社神与社祭》，《齐鲁学刊》1995 年第 2 期。

② 郑振满：《明清福建里社组织的演变》，郑振满、陈春声主编：《民间信仰与社会空间》，福建人民出版社 2003 年版，第 335～353 页。

③ 郑振满：《神庙祭典与社区发展模式——莆田江口平原的例证》，《史林》1995 年第 1 期。

④ 赵世瑜：《历史过程的“折叠”与“拉伸”——社的存续、变身及其在中国史研究中的意义》，《清华大学学报》（哲学社会科学版）2020 年第 2 期。

⑤ 张勃：《春秋二社：唐代乡村社会的盛大节日——兼论社日与唐代私社的发展》，《华中师范大学学报》（人文社会科学版）2011 年第 3 期。

⑥ 萧放：《社日与中国古代乡村社会》，《北京师范大学学报》（社会科学版）1998 年第 6 期。

⑦ 加俊：《节日仪式中的后土信仰与公共秩序——从后土祠农历三月十八传统庙会认识中国古代的春社传统》，《中北大学学报》（社会科学版）2013 年第 1 期。

⑧ 李秋香：《秦汉的社神信仰及其地域文化认同功能探析》，《上海交通大学学报》（哲学社会科学版）2011 年第 2 期。

⑨ 李翠玲：《社神崇拜与社区重构——对中山市小榄镇永宁社区的个案考察》，《民俗研究》2011 年第 1 期。

⑩ 刘道超：《社神崇拜在当代之盛行及原因探析——以广西博白客家社区为例》，《广西师范学院学报》（哲学社会科学版）2010 年第 2 期。

共组织，综合了地缘关系、宗教信仰两种力量来组织人群，有助于弥补国家基层管理的不足，促进官民沟通和社会稳定，并主张从主体的角度将“社”与社祭的研究置于具体的历史和地方情境中进行理解。①

受到前辈学者的启发，笔者在研究中对“社”组织、社祭传统格外关注。2016年，在对浙西南平卿村“做福”进行田野调查时发现，这一当地文旅部门所谓的“成人礼”，实为古代社祭的当代存续和变体。② 随后，笔者撰文对“做福”仪式及其文化内涵进行分析，认为“做福”是古代社日和“成人礼”传统的文化融合体③，又对该村的信仰体系和文化空间构建进行了阐述④。而后，笔者进一步注意到“做福”对村落公共性构建的重要作用，及“做福”的当代演变与村落公共性消解问题，这是以往研究较少关注的。

一、“做福”与社祭传统的当代存续

本文所研究的平卿村位于浙江省丽水市松阳县西北部山区，海拔近800米，距松阳县城约40公里。元末明初，周姓始祖来此开基，明中后期又有张姓族人迁入，至清中期逐渐形成两姓并居的人口结构，并延续至今。现全村580余户籍人口中，周、张两姓族人各约占半，仅有三户李姓。20世纪90年代初，随着人口外流，村内常住人口减至百余名，且以中老年人为主。传统中，村民以水稻种植等农业生产为生，兼营竹编、木工等手工业。20世纪90年代末，村民开始改种茶叶，现全村茶叶种植面积达800余亩，90%以上农户从事茶叶种植、加工相关产业。茶叶经济的快速发展带动了村民生活水平的提升。但单靠茶叶经济仍难以满足家庭发展的需要，所以多数家庭都采用“以代际分工为基础的半工半耕”⑤家计模式，老年人多居家种植茶

① 杜正贞：《村社传统与明清士绅：山西泽州乡土社会的制度变迁》，上海辞书出版社2007年版，第258～261页。

② 2016年，笔者赴平卿村调查时，当地文旅部门在打造“永不落幕的民俗文化节”中提到平卿成人礼。但经过实地调查，笔者认为，其是古代社祭和成人礼传统的融合，具有丰富的内蕴。

③ 参见拙文《乡土文化传统对当代农村社会治理的价值探讨——以浙江省松阳县平卿村做福仪式为例》，《社会治理》2018年第5期。

④ 参见拙文《论乡村公共文化空间的建构与功能——以浙西南平卿村为例》，《东方论坛》2019年第3期。

⑤ 贺雪峰：《小农立场》，中国政法大学出版社2013年版，“前言”。

叶,年轻人有的常年在外务工经商,有的在茶叶经济之外兼打工。

平卿的岁时节日体系除春节、清明节、端午节以外,最为集中的就是"做福"。"做福"曾广泛存在于松阳、遂昌、景宁等浙西南地区,这一带几乎村村都建有社庙,祭社祈福、迎神赛会、请社戏酬神等至今绵延不绝。据清顺治《松阳县志·坛壝》载,清初"每里一所,春秋社日,各乡村致祭"①。延至民国,"各社又年例必演之,不愆期,不减短。……各乡村均有闹冬戏"②。闹冬戏一般于立秋第五个戊日秋社举办,"多举行演傩戏酬神"③,"各村为择戏班,都遣专人四处看戏,遇中意戏班连夜抢戏担回村,俗称抢戏箱"④。由此足见当时社祭活动之热闹程度。

如今,平原地区的"做福"多已不传,仅山区尚有不同程度的传承。比如,与平卿村相距几里的大岭根村每年做一次立秋福,华山头村每年六月初一"做福"一次,景宁县以惠明寺村为代表的"六保"村落每年举行次数不等的"做福",其中惠明寺村有上元福、端午福、保禾苗福等 8 次。⑤ 平卿村"做福"是这一带传承形态较为完整且有特色的一例,2021 年被列入丽水市第五批非物质文化遗产名录。

社神祭祀是"做福"的核心内容。平卿村社庙(当地称"社殿")位于东南端,主祀大禹(当地又称"社公""社主"),庙内的神主牌塑有"敕封八保新兴社平水禹王之位",并绘有社公、社婆以及唐葛周三元帅、陈林李三夫人、马元帅、温元帅、法通、法青等道教诸神,显示出道教与社神信仰的融合,这一点与晋东南、福建等地的社神信仰系统相似⑥。关于禹为社神,史籍多有记载,较早见于《淮南子·氾论训》:"禹劳天下,而死为社。"高诱注:"劳天下,谓治水之功也。托祀于后土之神。"⑦至现代,历史学家顾颉刚通过考证提出禹在汉代为社神的论断。⑧ 这与当地人的认知是一致的,村民称禹能平水

① (清)佟庆年修,(清)胡世定纂:《松阳县志》,清顺治十一年(1654),第 11 页。

② 吕耀钤等主修:《松阳县志》,民国十五年(1926),第 10~11 页。

③ 松阳县志编纂委员会编:《松阳县志》,浙江人民出版社 1999 年版,第 544 页。

④ 松阳县志编纂委员会编:《松阳县志》,浙江人民出版社 1999 年版,第 538 页。

⑤ 王逍:《走向市场——一个浙南畲族村落的经济变迁图像》,中国社会科学出版社 2010 年版,第 79、82~86 页。

⑥ 参见杜正贞:《区域社会中作为信仰、制度与民俗的"社"——基于近十年晋东南研究的反思》,《学术月刊》2016 年第 6 期。

⑦ (汉)刘安等编著,(汉)高诱注:《淮南子》,上海古籍出版社 1989 年版,第 150 页。

⑧ 参见顾颉刚:《〈古史辨〉第一册自序》,《古史辨自序》(上),商务印书馆 2011 年版,第 70~78 页。

土，助农业丰产，故祀为主神。

“做福”在不同村落有着不同的形态，是社祭传统与地域社会文化结合的产物。平卿“做福”具有自己独特的样貌。

其一，“做福”时间序列紧贴农业生产节律。“做福”遵循春祈秋报的农业生长规律，围绕着积肥、播种、驱虫、收割来开展，有着山地农业生产的特性。若与秦汉时期逐渐定性的春秋二社相比，第一个福日上山福时间在谷雨时节，与春社相近；秋分前后的八月福，可看作秋社。如今的“做福”时间更为细致，一年共10次，其中包括4个大福日、4个小福日。大福日依次为谷雨上山福、小满下山福、立秋福、白露八月福。谷雨时做上山福，以保上山积肥，备耕顺利；小满时做下山福，祈愿秧苗茁壮生长；立秋时做立秋福，祈求禾苗无虫害，生长顺利；白露时做八月福，盼望稻谷入仓，五谷丰登。4个小福日选在每个大福日前后几天。此外，正月初八、六月初一也在“做福”时间序列中。在当地，正月初八是一年福日的开启日。俗语说：“吃了初八的饭，后面自己算。”意思是年过完了，要开始筹划新一年的生产和生活。按宋陈元靓《岁时广记》引洪迈《容斋五笔》载，正月初八为谷日，“八日为谷，所系尤重，而人罕知者”①；《月令占候图》亦云：“八日谷，如昼明，夜见星辰，五谷丰稔。”②六月初一也与江南地区的农业生产节律相符。在江南地区，农历六月初一前后，新麦初熟，不少地方有过年、尝新麦之俗，平卿村民在这一天要食粽子。需要说明的是，“做福”的具体时间要由道士每年进行吉凶的选择。据村内道士讲，日子很难挑选，比如上山福不能用子午日，春天不用子日，夏天不用卯酉日。汪桂海在研究汉简中的社祭仪式时就指出，汉代社日并非如一般文献所载的有固定的某月某干支日，而是要进行选择的。③ 平卿的“做福”择日传统可谓一脉相承。该村2018、2019、2022年“做福”日期详见表1。

① （宋）陈元靓撰，陈逸民点校：《岁时广记》卷九，中华书局2020年版，第178页。

② （宋）陈元靓撰，陈逸民点校：《岁时广记》卷九，中华书局2020年版，第178页。

③ 参见汪桂海：《汉简所见社与社祭》，《中国历史文物》2005年第2期。

表 1　　　　　平卿村 2018、2019、2022 年“做福”日期

类别	时间		
	2018 年	2019 年	2022 年
小福	二月初一戊申日(3 月 17 日)	二月十八庚申日(3 月 24 日)	二月初六庚申日(3 月 8 日)
上山福	三月初四辛巳日(4 月 19 日)	三月十八日乙酉日(4 月 22 日)	三月十八辛丑日(4 月 18 日)
下山福	四月初二戊申日(5 月 16 日)	四月十九日庚申日(5 月 23 日)	四月廿一甲戌日(5 月 21 日)
小福	五月初八甲申日(6 月 21 日)	五月廿二壬辰日(6 月 24 日)	五月十九辛丑日(6 月 17 日)
立秋福	六月廿九甲戌日(8 月 10 日)	七月初六乙亥日(8 月 6 日)	七月十二甲午日(8 月 9 日)
八月福	七月廿六庚子日(9 月 6 日)	八月初八丙午日(9 月 6 日)	八月十四乙丑日(9 月 9 日)
小福	八月二十甲子日(9 月 29 日)	九月初九丁丑日(10 月 7 日)	九月十三甲午日(10 月 8 日)
立冬福	九月廿七庚子日(11 月 4 日)	十月初六癸卯日(11 月 2 日)	十月十四甲子日(11 月 7 日)

注:括号内为公历日期。

其二,“做福”融合了成人礼传统。“做福”由同辈群体组织社庙头首来轮值负责。社庙头首是负责社庙和村落公共事务的主要组织者,传统上由 4 名18 岁青年组成。① 按照当地习俗,村内男子满 18 岁②需在社庙行“上丁礼”,向社神敬献祭品和红对联等。红对联的内容多是“酬神保佑”“祈求风调雨顺”之词,如 2017 年几位成丁者敬献的对联“风调雨顺千秋乐 国泰民安万传通(上社弟子周×辉百拜)”“风调雨顺千秋乐 国泰民安万万年(上社弟子张×军百拜)”“千年社主保清吉 万年灵圣保泰平(上社弟子张×龙百拜)”等。上社预示着男子已正式成为村社的“一丁”,拥有参与家族、村落公共事务的权利,也有了主持“做福”的资格。原则上,这些成丁者需要通过“做福”

① 关于社庙头首的职责等详见下文。

② 18 岁为虚岁,当地人称“毛岁”。

来掌握村落社会规则，履行对村社的义务。对此，笔者曾撰文指出，“做福”具有成人礼的过渡礼仪意义，只是一度在“文化大革命”期间被迫中断，其之于个体生命的转折和教育意义已有所下降。[①]

其三，“做福”对社日习俗的传承。平卿“做福”较完整地传承了古代社日的祭祀社神、均分胙肉、演剧酬神等习俗。此处将一年的“做福”过程简述如下：年底，头首们集合起来，请道士择吉，确定来年8个大小福日的日期，并接手上一年社庙头首的财务资金，接续保管村社锣鼓等。正月初八，头首们备祭品送至社庙，祭社神后，在社神注视下抓阄决定自己主事大福日的日期，即每一位头首负责张罗一个大福日的活动，并商定一年中所有仪式活动事宜。这天，村中有男丁的家户要各拿一块肉、半斤米，到社庙汇合。头首们将肉煮好，并用肉汤将米煮熟，然后各户再分别拿走肉和米饭，至香火堂祭祖。之后，头首们要按照既定的大小福日，负责具体福日的仪式活动。其中，大福日的习俗最为典型，核心内容包括采办祭品，集体筹米，杀猪，均分猪肉，祭祀社神等村落诸神，向全体村民分社肉和社饭。小福日只需备祭品祭祀社神。另外，六月初一，村民集体筹米，头首们及其家人包无馅白米粽，祭社后分给村民享用。六月初一前后，头首们负责请社戏，唱戏酬神保平安[②]。他们要联系剧团，商定剧目，迎送戏班子，负责演剧安全，做好物资保障，会后按人丁数收取戏金等，尤其在村里未通公路以前，头首们通常要长途跋涉迎送戏班子。

明清以后，“社”传统逐渐式微，虽历前所未有之大变局，但平卿社祭却能较完整地保留下来。究其原因，主要有以下两点：

第一，村落地处相对稳定的社祭文化圈。平卿地处深山，较少经历战争侵扰。明清以来，这里形成了关系密切的村社联盟，当地人称其为“七社八坦”。所谓“七社”，指的是平卿村八保新兴社、大岭根八保义兴社、坳后八保平安社、李山头八保旺兴社、大岭里八保重兴社、北坑下九保新兴社、塔岭七保永安社等7座社庙；所谓“八坦”，指的是平卿村、大岭根、孟坑、坳后、李山头、大岭里、北坑下和塔岭等8个村庄。“八坦”中，除孟坑村因建村历史较短

① 参见拙文《乡土文化传统对当代农村社会治理的价值探讨——以浙江省松阳县平卿村做福仪式为例》，《社会治理》2018年第5期。

② 因剧团常演出木偶戏，又称“请木偶戏”“请傀儡戏”，因常在立秋前后举办，故也称“请立秋戏”。

无“做福”以外[①]，其他村落均有不同程度的“做福”存续。这些村落关系密切，例如平卿村周姓始祖自大岭根迁来[②]，孟坑村为平卿张姓迁出成村。村民之间的礼俗往来、通婚、贸易等也较为频繁，例如从周、张两姓宗谱中就可见平卿村与李山头、大岭根、大岭里、坳后等村通婚普遍；茶叶产业发展起来之后，平卿村口形成了一个小型交易市场，周围村民常来此交易。“七社八坦”还构建了共同的信仰中心——东钵殿。该殿位于大岭根村，殿内主祀胡公大帝，并供奉观音、韦陀、陈十四娘娘、关帝以及周围“七社八坦”放置的各路仙圣。“七社八坦”凡遇天旱，即赴殿内抬出仙圣祈雨；过年舞龙也要先赴东钵殿祭祀，才出龙。这为平卿“做福”相对稳定的传承提供了较好的外部生态环境。

第二，长期较为低下的物质生活水平和相对均衡的组织力量使然。萧放曾指出，村民贫富差距拉大，宗族所带来的村社共同体瓦解，是社日衰变的主要原因。[③] 平卿村的实际情况是，村民之间的贫富分化并不明显，一直到 1949 年以后，村内也没有被定性为地主富农者。另外，平卿村自清代中期已有周、张两姓宗族，且两者势均力敌，并未出现宗族吞并情况。个中原因，笔者曾从村落信仰体系的角度进行过分析，认为他们对公共文化空间的构建在一定程度上缓解了宗族之间的矛盾冲突。[④] 当然，本文以下两部分还会进一步讨论两姓家族通过“做福”来调解族际关系的努力。那么，依萧放的论断，平卿村社祭传统得以延续，恰恰得益于村落内部物质生活水平相对平均，以及宗族组织力量相对均衡。

传统一旦形成便会深植于民众生活和心灵，具有历史的惯性。“做福”对于个体生命成长、人群关系调整、村落秩序维系的作用，反过来成为其存在的合理条件。

---

① 孟坑村建于清代中后期，为平卿村张姓三房迁徙而成，至今传承十余代。村内有社庙一座，但无祠堂，遇宗族内祭祖、修祠以及过年祭祀等与平卿村张氏联合进行，共用平卿张氏宗祠。

② 据民国六年(1917)重修平卿村《周氏宗谱》中《汝南周氏宗谱源流序》记载：“三道公，由大岭根游览斯土，相其地之宜，乐其水之秀，遂卜筑而居之。今为平卿另提一世之始祖也。”

③ 参见萧放：《社日与中国古代乡村社会》，《北京师范大学学报》(社会科学版)1998 年第 6 期。

④ 参见拙文《论乡村公共文化空间的建构与功能——以浙西南平卿村为例》，《东方论坛》2019 年第 3 期。

二、"做福"与村落公共性的构建

节日是具有一定公共性的民俗传统,"不仅仅是一种时间制度与充满丰富内涵的社会文化现象,也是一种重要的人群聚合与社会交往方式",还是"当下基层社会建构与治理的一个重要考量与面相"。[①]作为古代社祭的当代变身,"做福"有助于培育乡民的公共意识,孕育公共伦理和规则,维系村落社会秩序的相对稳定。

(一)社神祭祀与规则的建立

社神作为地方的保护神,在平卿村的信仰体系中居于最高位置。笔者此前曾撰文讨论了平卿的信仰体系,认为该村的信仰体系可分为四个层次。第一层次是三代以内的祖先祭祀,其表现为在堂屋内悬挂祖先神像,逢年节祭祀。第二层次是香火堂,其为传家族香火之地,当地人也称"家庙"。香火堂主祀徐侯大夫,为开放性的公共空间,比如周氏香火堂常被用作"做福"时村民筹米之所。香火堂的建立也可以看作宗族分支的标志,比如张姓宗族有三个房支,每个房支拥有一座香火堂,其中三房香火堂为一座独立的棚式建筑,二房香火堂为一间公共堂屋,大房香火堂因人丁不多位于自家二层阁楼。第三层次是祠堂。村内祠堂分属周、张两姓,为整个宗族祭祀祖先神之所。祠堂由专人负责管理,平时是关闭的,只有春节、冬至等固定节日才会打开,举行宗族集体活动。第四层次是地缘性的神灵,包括社神、四相公、三太子、仙岩寺诸神、主人神树等。本文认为,堂屋的祖先神像祭祀、香火堂祭祀和祠堂祭祀主要依托血缘关系,主要面向家庭或宗族"私"领域,而社神则是面向全体村民的地缘性神灵,也可为非本村村民所祭拜[②]。

社神信仰的公共性使其可以作为村民解决纠纷、确立规则的工具。比如,清道光十七年(1837)周、张两姓宗族曾围绕神灵祭祀订立合约,实现了

---

① 王加华:《作为人群聚合与社会交往方式的节日——兼论节日对基层社会建构与治理的价值》,《东南学术》2020年第2期。

② 据当地村民讲,过去有家庭条件不好的,流落至此,在社庙内祭拜甚至临时居住。随着村落开放性和流动性的增强,旅游爱好者、摄影爱好者、艺术家、学者等纷至沓来,也会进社庙祭拜。

纠纷调解。兹列约文如下：

立议约字人张周二姓，为和乡邻，省冗费事，原子午卯酉迎神赛愿，若各起灶烛，殊觉不睦费烦。今两姓酌定，历年赛还戏愿，周姓古祠演起，张姓接抬神明，赫赫威光以赛愿之先后而福报有厚薄哉。至于迎送仙圣戏箱、值奉香烟油烛，一切社甲之事以齿轮流，周而复始，不得推诿。如周姓轮不着甲头，张姓直办。若张姓轮不着甲头，周姓直办，不得争竞。如有分头接社，顽梗不驯，禀公律究。庶几乡党和睦，费用省约，岂不懿哉。书此约字贰纸，各姓存执一纸为证。

道光十七年正月初四日立议人张×宝

同侄×兴×相

代笔人李×坛

这则约文并没有明确指出他们迎神赛会所酬谢的神灵是谁及其构成如何，但笔者据田野调查材料可以印证的是，这里所祭的就是社神。现在每年八月福前后，村里会请社戏。开戏之前，社庙头首们要主持请神仪式，将社神请至周氏祠堂，然后开始唱戏。由此可以看出，周、张两姓宗族同居一村，共祀一神，却有两套祭社队伍。这种两姓竞争让他们“殊觉不睦费烦”，最后双方诉诸共同的信仰——社神来解决世俗纠纷，将其作为“民俗协商”[①]的对话基础。通过妥协互让，双方突破了宗族边界，创造出两姓共享的村社公共文化，借助神圣的力量成功地化冲突为合作。也就是，将原来以宗族为单位举行的迎神赛会，改为两姓宗族联合的地域性公共活动，通过共同举办活动，促进宗族之间的协作，凝聚起村落共同体意识。这一习俗延续至今。

（二）社庙头首的公共职责

社庙头首是“做福”仪式的主持者，他们不分宗族，不论姓氏，是地缘性较强的同辈群体组织。以2016～2022年28位社庙头首来看，周姓有16人，张姓11人，李姓1人，每年轮值的4位头首也不论姓氏宗族，较少出现某一宗族独占的情况。每年共同主事的头首们，往往从小一起长大，拥有相似的成长经历，也有着或近或远的亲戚关系。比如，2016年的头首中李×富、周

① 高丙中：《世界社会的民俗协商：民俗学理论与方法的新生命》，《民俗研究》2020年第3期。

×华是同学，2018 年的头首中张×明、周×华是表兄弟。[①] 头首们的组合方式，原则上是自由的，但相对来说都是关系比较好、互动较多的青年群体，因为他们面临的是从未主持过的大量村落公共事务，这需要相互之间的密切合作和配合。

具体来说，社庙头首要完成社庙管理、社祭、村落公共事业、“做福”四类公共事务。第一，社庙管理事务。具体包括过年期间，共同负责清扫社庙，看管庙内香火，参与社庙的日常修缮或重修等。第二，与社祭相关的村落公共事务。具体包括过年时迎送前来平卿社庙舞龙的队伍，主动分发红包，过去逢天旱还要组织求雨，负责社神祭祀和接抬神明[②]，参与组织社庙内打醮等[③]。第三，村落公共事业。浙西南地区有白露节修路习俗，平卿村的修路也由社庙头首来组织。20 世纪 90 年代以前，修路是村落全体男丁派工完成，后来外出打工者增多，一些男丁不能或不愿到场则以钱代工，此时社庙头首要负责修路记工、收工钱等事项。第四，“做福”。“做福”是头首们一生中只能参与组织一次的村落公共活动，其之于头首们的重要意义不言而喻。但是“做福”贯穿全年，事无巨细，需要耗费大量的时间和精力。从前文所述一年多次的“做福”中可以看到，头首们“做福”需要组织的事务涉及村落日常生活的方方面面，如与全体村民沟通、协作，习得地方知识。对于涉世未深的青年人来说，这些都具有极大的挑战性，要求他们从中学会协作，以便在为村民和村落的公共服务中得到历练。仅以大福日当天活动为例。仪式开始时，通常会有两个头首负责在香火堂筹米，两个头首负责在社庙杀猪；切分生肉、熟肉的过程中，有的切肉，有的挂肉，有的负责在厨房里烧水；分胙肉时，通常一个头首负责对着写有男丁名字的红纸高声念唱，叫到者则来领米肉，一个头首负责按重称米，两个头首则负责分发切分好的生肉和熟肉。当然，这些事情通常需要头首们亲人的协助。

作为一种轮值制度，社庙头首组织的目的是聚全村之力解决事关全体

---

① 关于 2016～2022 年的历届头首信息，请详见下表 2。

② 此俗自 20 世纪 80 年代末以后已绝。

③ 2018 年 1 月，笔者参与了平卿村社庙重修后打醮仪式。在仪式过程中，社庙头首分工协作，有的配合道士举行请神降神等仪式活动，有的配合管理财务，有的负责物资采办等其他事务，是活动的重要参与者。通过参与仪式，年轻的头首们深化了对村落内部知识的认知和理解。

村民的事务。这使得村里的每一位男子在成丁以后可以通过处理公共事务，培养起集体精神；通过与前辈头首们的交接，习得村落本土知识，较快地明确自身在村落中的角色定位和权利职责，融入成年人群体；通过亲自主持和参与村落公共事务，培养起为村民服务、维系村落共同利益的公共意识。

（三）“做福”与村民公共精神的滋养

“公共精神是共同体和社会的灵魂。一个社会的公共精神越发达、越充分，这个社会的环境和氛围就越好，每个社会成员享有的社会资源和福利就越多。”[①]从这个意义上讲，“做福”对村落成员公共精神的培养作用不容忽视。以大福日仪式活动为例，其集中体现出社祭所具有的公平、公正、公开原则和共享精神。

第一，强调集体参与和共同分享。大福日“做福”仪式要集体献祭，包括所杀的社猪是集体购买的，所需的米是按照村里 18～59 岁男丁每人半斤米的份额以户为单位众筹的（汇集起来后再煮熟），祭祀用的黄表纸、香、烛等是每家每户汇集的，社肉、社饭按照参与“做福”的男丁人数均分。

第二，注重公平和公正。社祭最重视“平均”，正如《汉书·陈平传》所载：“里中社，平为宰，分肉甚均。里父老曰：‘善！陈孺子之为宰。’”[②]“做福”过程中，杀好猪后，要去掉头尾、内脏和猪血，称白肉净重，作为后面均分生肉和计算买肉份子的依据。均分社肉是“做福”仪式中耗时最长的，因为头首们要严格按照参加仪式的男丁人数均分生肉和熟肉。生肉是便于切分的猪身，熟肉是不便于切分的骨头肉和头尾肉等碎肉。传统中，屠户切分生肉后，都要用杆秤一块块称量，近几年改用电子秤，但在此之前，必须校准秤，以保证分量不差。近年来，由于部分人家已在外定居或因打工不便回乡，甚或并不在意“做福”所分得的微薄物资，所以一些人家不会领取社饭或社肉，但头首们会一一将其记录下来，以保证分肉饭的公平、公正。

第三，注重活动的公开透明。整个“做福”过程基本都在社庙内完成，这也意味着全程接受社神的监督。仪式过程也在社庙、香火堂等公共空间内

---

① 郭湛主编：《社会公共性研究》，人民出版社 2009 年版，第 14 页。

② 转引自（宋）陈元靓，陈逸民点校：《岁时广记》卷十四，中华书局 2020 年版，第 279 页。

进行，村民随时都可以看到或参与。比如，筹米选在周氏香火堂中进行，这里空间宽敞且位于村中央，便于村民走动。分肉时，分完的生肉要分装或捆扎并悬挂于社庙内的横梁上，均分的熟肉也要公开放置于社庙前的桌案上。当然，还有最重要的一项，即经费公开。现有社庙经费来源于前几年村民舞龙的收入，属于社庙的公共财产。因此，每个大福日当天，头首们要主动公开账目，如2016年上山福公布“猪白肉归群184斤，每斤单价13.5元，白肉合计币2484元。全村社丁164丁，每丁币15元，合计币2460元，欠20.4元”。待一年的“做福”完毕之后，头首们要主动将经费花销名目张贴于香火堂、村主干街道旁等显要位置。例如，2017年度社殿“做福”归出开支：

> 上山福交众白肉180斤，全社丁169丁，每丁摊12.5元，上山福结余42.5元。下山福交众白肉198斤，全社丁165丁，每丁摊13.5元，下山福结余50.5元。立秋福交众白肉156斤，每斤11.5元，折币1794元，除骨3元，等于1971元，全社丁164丁，每丁摊11元，合计1804元，立秋福结余13元。八月福，交众白肉161斤，全社丁167丁，每丁摊10元，八月福结余20.5元，付八月福先生红包60元，全年四福共结余106.5元，白露结余10元，立秋戏结余131元，上年结余3356元，全年合计结余3563.5元转下年。

我们从中可以看到，这里一年共做4次大福，每个福日分肉的总重量、参与分肉的人数以及按照当时市场批发价格折算的分摊金额都胪列分明。但为了便于计算，主事者并不会严格计较分厘，而是本着“宁多勿少”的原则，这样就会出现少量的结余，最后再将每一个福日的结余汇总到一起。另外，遇到福日有特殊的开支，也要记录下来，比如八月福，向村民分米、肉之前，请道士先生祈福诵经所付的红包；一年中从社庙基金中出资的白露修路、请立秋戏等费用也要记录在案。所有涉及社庙基金支出的细节透明公示之后，再转交下一年轮值头首。整个“做福”充分体现出社祭传统的公平、公正、公开原则和共治、共管、共享精神。这种不断重复的仪式活动将其蕴含的象征性意义不断内化为村社成员共有的价值观，进而形成较强的村落共同体意识。

第四，分胙肉还注重遵循长幼有序的传统伦理。例如，在分胙肉之前，社庙头首们要专门为孩子们留出小份的肉，若有孩子来，就单独给他们食用。对分胙肉顺序的确定,还体现出对长者的尊重。分胙肉之前,头首们要先拈香,抽香签决定从哪一方开始,且最早分到肉的一定是这一方中年龄最大者。原来,头首们在登记参与"做福"的男丁人数时,会事先按照"做福"的先后顺序,把所有名字都写在一张红纸上。也就是,最早"做福"的,年龄最大,被排在最前面,可以较早分到肉,后面依次排列,前一年"做福"的头首排最末。于是,熟知这一原则的人,就会判断出自己家什么时候能够分到肉,即越晚"做福"的,越晚分到肉。

总之,一年多次的"做福"通过社神祭祀和地缘关系构建出无关宗族、姓氏、血缘的"公共领域",涵育出村民的公共意识和集体精神,起着凝聚人心、维系村落秩序的作用。

三、"做福"的当代演变与村落公共性消解

改革开放以来,中国乡村社会在向现代化转型的过程中,出现了整体性公共性危机,表现为"公共空间萎缩、公共交往减少、公共服务缺位、公共规则解体、公共精神凋零"①等。在此大背景下,平卿村呈现出公共性消解的整体态势,"做福"也在发生着变化,并在一定程度上加速着村落的公共性流失。

(一)"做福"时间的改变与村民公共交往的减少

"做福"主要基于水稻种植、收获的农事节律,对应着谷雨至霜降的春种秋收规律。但自 20 世纪 90 年代以来,伴随着茶叶的大面积种植,村民的生产节奏开始转变。茶叶的生长周期与水稻不同,如平卿村的茶叶采摘期很长,分为春茶、夏茶和秋茶。春茶采摘一般始于三月中旬,在清明前后达到高峰,至四月底谷雨节气或者五月初立夏节气时结束。立夏以后,茶叶采摘量减少,但仍可延续至十月的寒露、霜降。霜降以后,茶叶采摘结束。当然,村民的生产仍是依节气而动,但重要的节气点与此前的水稻种植节律已有所不同。对于村民来说,春茶采摘时期是一年中最重要的时间段,因为春茶

① 吴理财、刘磊:《改革开放以来乡村社会公共性的流变与建构》,《甘肃社会科学》2018 年第 2 期。

的收入决定着他们一年的生活质量，必须分秒必争、日以继夜地工作，所以这一时期又被戏称为“抢黄金的时节”。也在这一时期，年轻的头首们要主持上山福、下山福，村民们要等待送米、分肉。于是，民俗传统与现实生活之间的冲突出现了。最后，为减少“做福”对采茶的影响，人们将“做福”的时间大大提前。10余年前，福日筹米杀猪都是在天亮之后举行的，下午再均分胙肉，分肉后村民各自回家至香火堂祭祖，然后自食肉饭；而现在，筹米杀猪则从凌晨三四点开始，中午分胙肉，分肉后村民都赶紧散去忙着采茶。较之以往，如今大家互动交流的时间有所减少。

此外，代际沟通也有所减弱。以年轻的头首们为例，原则上，“做福”是村民之间交往互动的过程，但是现在村民大多仪式一结束就离开，彼此并不熟识；再加上，依托农业生产周期的“做福”与城市生活时间之间出现冲突，年轻头首们多因请假不便而难以返乡，一年10次“做福”的高密度返乡更是难以实现。这使得年轻头首与年长者的交流受到一定影响，也在一定程度上影响了村落文化的传承。

（二）社庙头首的分离分化与公共参与弱化

社庙头首的分离与平卿村人口外流的趋势平行。自20世纪90年代以来，平卿村人口外流呈现出以下四个特征。

一是外流的速度加快，规模加大。这一趋势主要受国家关于山区农民异地搬迁工程的政策影响。自2000年开始，按照国家扶贫办的统一部署，丽水市扶贫办大力推行农民异地搬迁，并获得“2001～2010年全国扶贫开发先进集体”称号；2013年1月16日，丽水市成为国家扶贫改革试验区之一。[①]数据显示，2000～2015年，丽水共投入资金117亿元，累计搬迁农民9.8万户、34.5万人。仅“十二五”期间，便投入58.7亿元，实现农民异地搬迁3.2万户、10.3万人，整村搬迁752个。[②] 2018年9月25日，丽水市委、市政府《关于全面实施“大搬快聚富民安居”工程的指导意见》指出，至2022年，全市将要完成15万山区农民搬迁工作。在此背景下，平卿村搬迁至古市镇居住者

① 2013年，国务院扶贫开发领导小组印发《关于设立扶贫改革试验区的意见》（国开发〔2013〕1号）。

② 参见江宜航：《浙江丽水：异地搬迁圆农民“进城梦”》，《中国经济时报》2016年7月22日。

有 40 余户、200 余人，占全村人口的一半。

二是人口迁徙由季节性向永久性发展。约 20 世纪 90 年代至 2010 年，平卿村家庭一般是家中男性外出务工，并候鸟式返乡；2010 年以后，越来越多的村民举家搬迁至平原地带定居，甚至 2011 年以后，随着村小学撤并，村里已很少见到儿童的身影。

三是村民的流动性和离散性越来越强。在人口外流的初期，村民主要奔赴临近的遂昌县、衢州市、温州市等地求生；21 世纪以后，他们开始去往更远的上海、广东、陕西、云南、贵州、四川等地发展。2016～2022 年，28 位社庙头首中，11 位在古市镇，14 位散居于浙江省内其他城市及外省，仅有 3 位在村内。

四是村民的异质化程度越来越高。传统而言，村民绝大部分以农耕为业，但近三十年来，村民的职业分化日益明显。仍以 2016～2022 年 28 位社庙头首为例，他们当中有 9 人从事茶叶种植加工产业，约占 1/3；另有 2/3 分布于物流、汽车买卖、高压电厂等不同行业（见表 2）。这些都造成以社庙头首们为代表的年轻人时空分离。人群分化，彼此的交往互动、同辈群体认同以及对村落公共事务的关心和参与都存在不同程度的弱化。

表 2　　2016～2022 年社庙头首流动情况

年份	姓名	居住地点	生计方式
2016	周×亮	村内	种茶
	李×富	村内	茶叶种植和加工
	周×根	古市镇	茶叶加工
	周×华	古市镇	经营熟食店
2017	周×海	村内	种茶
	周×新	本人长期在外，家在本村	高压电路铺设、木材开采等
	周×明	古市镇	经营五金店
	张×伟	衢州市区	货车运输
2018	张×伟	杭州市	经营超市
	周×樟	古市镇	茶叶加工
	张×明	古市镇	茶叶种植和加工
	周×华	金华市	房地产等

续表

年份	姓名	居住地点	生计方式
2019	周×旺	古市镇	经商
	周×伟	深圳市	工厂上班
	周×满	古市镇、丽水市区	汽车修理、二手车买卖
	张×贵	宁波市	物流
2020	张×森	贵州省	装修设计
	张×鹏	古市镇	种茶
	周×伟	杭州市	设计相关行业
	张×明	丽水市区	工厂上班
2021	周×发	村内	茶叶加工
	周×金	古市镇	汽车驾驶培训
	张×芳	金华市	打工
	张×富	衢州市区	房产中介
2022	周×贵	本人常住四川,家在古市镇	茶叶种植和加工
	周×伟	宁波市	打工
	张×福	宁波市	物流
	张×鹏	古市镇	建筑工程

笔者了解到,现在即将担任社庙头首的年轻人一般只在春节或者遇家族亲戚有红白喜事时会短暂回乡,其余时间奔忙于异地,通过手机电话和微信进行日常交流互动。较之以往共同居于村内的时代,即使是有着共同成长经历的年轻人也因互动不足而缺失同辈群体归属感,甚至有个别年龄相仿的年轻人从小离开家乡,彼此互不相识。因此,他们较少因村落公共事务而有共同话题,也较少在意乡土文化的传承。对于处在城镇化进程中的他们来说,或许解决生存问题、维护自己的家庭利益乃是当务之急,这也造成他们对"做福"产生了功利性认知,更重视满足个体愿望的面相,甚至很多头首直言,"做福"就是为了求神保佑种茶收入好一些。这种信仰的工具理性,增加了"做福"的随意性。年轻的头首们一般除了在自己主事的大福日可能会返回家乡,其他福日都由父亲或亲戚代替,这进一步削弱了"做福"对个体的教育价值以及对群体的公共价值。

(三)公共活动的减少与村落公共精神流失

集体性和共享性是社祭公共精神的体现,不仅体现在大福日杀猪分肉的仪式过程中,还体现在与社祭相关的其他活动(如白露修路、请立秋戏等)对集体组织和全村共享的强调。但是,1986 年重新恢复"做福"后,这些活动的公共价值也在逐步走向失落。

2018 年,社庙头首们提出,改造地方文化传统,要求请立秋祈福戏的钱由村集体资金支付。他们解释说,挨家挨户收摊派的钱,既劳神也无效率。为何如此?在笔者来看,原因有二:一是 1986 年以后重新恢复的"做福"之于个体生命转折的意义有所下降。头首们主持"做福"时已经成年,懂得了社会上的人情世故和村落生活规则,不必通过"做福"得到历练。二是"做福"所承载的社会意义有所下降。村民人际关系逐渐理性化,且异质性逐渐增强,常年不在村的年轻头首对村民缺少熟知度,也无意于用心构建与村民的人际关系。很多人在城镇生活时已建立起以朋友、同学、同事为主体的现代人际关系圈,村落地缘性人际关系的重要性有所减弱,为此,他们可以公然挑战传统的村落公共规则。后来,村委会展开集体讨论,考虑到立秋戏本是按照全村人丁来摊派的,同意由村集体资金偿付请戏费用。这也意味着村民集资请戏的历史宣告结束。

当年,头首们还提出白露节气修路的经费也由村集体支付,但是这一提议被原村主任周×贵阻止。周×贵对于家乡传统文化颇为用心,2017 年曾作为学员参加北京师范大学主办的文化部、教育部中国非遗传承人群研修研习培训计划——中青年非物质文化遗产传承人传统节日仪式研讨班的学习。经过学习,他认识到"做福"的文化内涵和现代价值,并用自己的实际行动有意识地传承家乡文化。当头首们提出请立秋戏费用改由村集体支付时,他一开始比较反对,提出应尽力传承自己的文化,毕竟"做福"已被列入"非遗"名录,但看到村两委其他成员对此表示同意,便不再强争。而头首们提出白露修路也要改由村集体支付时,他认为这一项改了,地方文化传承会受到影响,且这一项还事关村落集体精神建设。为此,他提出,修路是面向全体男丁摊派,不涉及全体村民,不应由村集体出经费。这一解释得到了村两委的支持。事实上,白露节修路传统已发生变化。20 世纪 90 年代以前,村里的乡间小路是村民通往田地、外界的重要通道，因而修路是一项重要的集体活动，要由村里男丁们派工集体参加，不能到者代之以20元份子钱（有的家户因出不起份子钱只能被迫参加）。后来，随着年轻人的外出，在村人口日益减少，加上公路的修通，乡间小路的作用也有所弱化，再者人们也不太在意为数不多的份子钱，因此修路变成了简单的锄草活动，一般由三四个人完成即可。

需要补充说明的是，以上都是就村落内部文化生态的变化而言的。从外部文化生态来看，1949年以后，平卿村所处的浙西南社祭文化圈已逐步解体。60年代初，东钵殿被毁，一定程度上影响了村际互动；90年代以后，“七社八坦”村庄规模逐渐缩小；2000年以后，国家加快推进合村并居、撤乡并镇、小学撤并等，有的村庄已经消失，如坳后村，一些“做福”习俗相对完整的山村也因整体搬迁而出现文化传承断裂或危机，比如松阳县与武义县相接的汤山头村。由此，“做福”呈现出整体式微之势。

结　论

前文已述，尽管中国乡村所内生的这种“公共性”与西方学者所提出的“公共性”存在一定的差异，但社日祭祀的公共性已是学界的某种共识。本文通过平卿“做福”的案例，展示出一个传承相对完整且具有区域社会特色的社祭形态，分析了“做福”对于村落公共性构建的作用和机制，将社祭置于特定的社会发展背景下，呈现了“做福”的演变过程，并注意从主体出发看到主体的生活方式变迁、情感需求变化等对于“做福”行为的影响。

应该说，“做福”在相当长的一段时期内，是相对封闭的村落社会文化不可或缺的一部分。“做福”通过社神祭祀、仪式组织者的构成与职责以及仪式过程等彰显出一定的公共性，有助于缓解族际冲突，培养村民的公共意识，维系村落秩序。“做福”的社神祭祀和均分米肉，展现的是公开、公平、公正精神，以及乡土文化的现代价值，这也可以成为当前乡村社会治理的本土资源。与李翠玲、刘道超等学者不同的是，笔者看到的是平卿村“做福”正因乡村社会结构转型、乡村社会制度不够完善、市场经济冲击、乡土文化传统消解等综合影响而出现公共性消解。[1] 这只是中国数量众多的乡村公共性消解的缩影。在乡村振兴大背景下，乡村公共性重建成为备受关注的问题。按照贺雪峰的判断，伴随着人员流动、市场经济冲击以及现代传媒渗透等，村落共同体虽在一些地方仍然存在，但在更多地方是在解体。[2] 因此，以平卿村为代表的中国乡村公共性能否重建，尚待细致考察。

① 参见吴理财、刘磊：《改革开放以来乡村社会公共性的流变与建构》，《甘肃社会科学》2018 年第 2 期。

② 参见贺雪峰：《新乡土中国》（修订版），北京大学出版社 2013 年版，第 55～60 页。